2015年江苏省实验教学与实践教育中心建设专项经费支持

知识产权国际保护

叶建川　王　鸿　姚兵兵◎编著

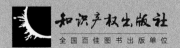

知识产权出版社

全国百佳图书出版单位

图书在版编目（CIP）数据

知识产权国际保护 / 叶建川等编著. —北京：知识产权出版社，2017. 12

ISBN 978-7-5130-5073-9

Ⅰ.①知… Ⅱ.①叶… Ⅲ.①知识产权保护 Ⅳ.①D913.04

中国版本图书馆 CIP 数据核字（2017）第 194707 号

责任编辑：刘　睿　邓　莹　　　　　　责任校对：谷　洋

文字编辑：邓　莹　　　　　　　　　　责任印制：孙婷婷

南京理工大学知识产权创新实践教育中心系列教材

知识产权国际保护

Zhishichanquan Guoji Baohu

南京理工大学知识产权学院　组织编写

叶建川　王鸿　姚兵兵　编著

出版发行：知识产权出版社 有限责任公司　　网　　址：http://www.ipph.cn

社　　址：北京市海淀区气象路50号院　　　　邮　　编：100081

责编电话：010-82000860 转 8113　　　　　　责编邮箱：liurui@cnipr.com

发行电话：010-82000860 转 8101/8102　　　发行传真：010-82005070/82000893

印　　刷：北京九州迅驰传媒文化有限公司　　经　　销：各大网上书店、新华书店及相关专业书店

开　　本：720mm×960mm　1/16　　　　　　印　　张：18.5

版　　次：2017年12月第1版　　　　　　　　印　　次：2019 年 6 月第 2 次印刷

字　　数：270千字　　　　　　　　　　　　定　　价：58.00 元

ISBN 978-7-5130-5073-9

编委会

总　序

当前，我国正在深入推进知识产权强国建设，知识产权人才作为建设知识产权强国最基本、最核心、最关键的要素日益受到高度重视。近年来，我国相继发布《深入实施国家知识产权战略行动计划（2014~2020年）》《关于新形势下加快知识产权强国建设的若干意见》《国家创新驱动发展战略纲要》《"十三五"国家知识产权保护和运用规划》《知识产权人才"十三五"规划》等重要政策文件，对我国知识产权人才培养提出了新的要求。

知识产权作为一门独立的学科，有自己独特的研究对象，有自己特有的基本范畴、理念、原理、命题等所构成的知识体系；知识产权作为一种特定的专业，有自己特殊的人才培养目标，也有自己特定的人才培养规格。结合知识产权的学科特点，知识产权人才培养应当符合以下三个基本定位：

第一，知识产权人才应当是复合型人才。知识产权归属于法学，但与管理学、经济学、技术科学等有着交叉和融合，因此知识产权人才应当具备多学科的知识背景。他们除了掌握法学的基础知识外，还应当能够理解文、理、工、医、管等学科的基本原理和前沿、动态，成为懂法律、懂科技、懂经济、懂管理的复合型人才。第二，知识产权人才应当以应用型人才为主。知识产权是一门实践性极强的学科，无论是知识产权的确权与保护，还是知识产权的管理与运营，都是实践性工作。立法、司法机关、行政管理部门、公司企业、中介服务机构等实务部门对知识产权人才有着广泛的需求。第三，知识产权人才应当是高端型人才。知识产权跨学科的特点，意味着单一的本科学历根本无法实现知识产权专业的目标要求，要使

1

知识产权人才有较高的起点、较广博的知识，双学士、硕士、博士、博士后等高学历人才应当成为今后知识产权人才培养的主流。

知识产权人才培养是我国高校中最年轻、最有生命力的事业。但从总体上看，由于当前高校知识产权人才培养在复合型师资、培养方案、课程设置、实验条件等方面存在诸多困难与问题，从而导致我国知识产权人才数量和能力素质与上述目标定位还存在一定差距，特别是高层次和实务型知识产权人才严重缺乏。因此，要以知识产权人才培养定位为目标，提升知识产权人才培养的软硬件条件，实现知识产权人才培养工作的科学化、体系化和制度化，为知识产权强国建设提供坚实的智力支撑。

值得欣慰的是，围绕上述培养目标，我国很多高校已经开始积极探索知识产权人才培养的新途径。例如，南京理工大学知识产权学院，借助工信部、国家知识产权局以及江苏省政府三方共建的契机，在国内率先成立独立建制的知识产权学院，建立起"3+1+2"知识产权本科实验专业、法律硕士（知识产权）专业、知识产权管理硕士点、知识产权管理博士点，并建立了省级知识产权创新实践教学中心。

本套系列教材正是基于上述背景由南京理工大学知识产权创新实践教育中心组织编写的。该系列教材共六本，分别为《知识产权案件审判模拟》《知识产权国际保护》《知识产权代理实务》《专利文件撰写》《专利检索与分析精要》和《企业知识产权管理理论与实践》。从学科背景上看，该系列教材涵盖法学、管理学、经济学、情报学、技术科学等不同学科知识，符合"知识产权人才应当是复合型人才"的要求；从课程设置上看，该系列教材更加注重知识产权诉讼、专利文书撰写、专利检索分析等知识产权实务技能的培养，符合"知识产权人才应当以应用型人才为主"的要求；从适用对象上看，该系列教材既可作为高校知识产权专业本科生和研究生的课程教学教材，也可作为企事业单位知识产权高级法务人员和管理人员的参考教材，符合"知识产权人才应当是高端型人才"的要求。衷心希望通过该套教材的出版发行，总结出我国复合型、应用型、高端型知识产权人才培养的先进经验，以期为加快知识产权强国建设贡献力量。

是为序。

中南财经政法大学文澜资深教授、博士生导师

2017 年 6 月

自　序

　　知识产权国际保护是指以多边国际公约为基本形式，以政府间国际组织为主要协调机构，通过协调各国国内知识产权法律制度，从而在相对统一的基础上对知识产权进行保护的一种法律制度。该制度不为取代知识产权的国内法保护，而是通过国民待遇、最惠国待遇、独立保护、最低保护标准、公共利益等原则，协调各国国内法，提高并统一知识产权保护标准，消除地域性障碍，实现对知识产权的跨国保护。

　　19世纪末诞生的《保护工业产权巴黎公约》和《保护文学和艺术作品伯尔尼公约》被认为是知识产权国际保护制度的发端。这两部条约创造性地为工业产权和版权的跨国保护提供了基础性法律框架，迄今仍为世界上多数国家所遵守。进入20世纪，国际贸易、国际投资等跨国经济合作交流日益频繁，同时，知识产权的地域性特征成为这种交流的障碍。20世纪中叶以后，经济全球化成为世界经济发展的主流，知识产权贸易和含有知识产权内容的其他国际经贸活动迫切需要一种既普适又高效的知识产权法律规则为其保驾护航。脱胎于巴黎公约和伯尔尼公约机制的世界知识产权组织承担起这个任务，其管辖下的数十部多边条约，构筑了知识产权国际保护的网络，使得知识产权国际保护制度经过发展和变革，日趋成熟。20世纪90年代，"经济的联合国"——世界贸易组织制定了《与贸易有关的知识产权协定》，标志着知识产权制度全方位融入经济全球化进程。进入新千年，虽然在知识共享、生物多样性及公共健康等议题上存在分歧，多边规则体系也面临挑战，但毫无疑问，知识产权国际保护制度已成为知识产权法律制度的核心内容之一。

本书对上述知识产权国际保护制度的演进过程进行梳理，采用"以案说法"的方式，对专利权、商标及版权的国际保护规则作了重点介绍，同时结合司法审判经验，对我国涉外知识产权保护的理论与实践状况进行阐述。本书作为南京理工大学知识产权学院创新实践教学中心配套教材，以该中心相关教学平台上的学生和学员为主要目标人群。全书包括概论、专利权的国际保护、商标权的国际保护、版权及其邻接权的国际保护以及中国涉外知识产权保护五个部分。本教材有以下特点：

第一，在注重学术严谨性的同时，编写体系具有新意。主要体现在两个方面：一是弃繁就简，重点着墨于专利权、商标权、版权的国际保护规则，以免面面俱到却面面不到；二是加入"中国涉外知识产权保护"一章，使学习者有机会了解知识产权国际保护规则如何在中国"着陆"以及中国运用这些规则进行涉外知识产权保护的实际效果，增强了教材的实用性。

第二，内容安排注重理论性、知识性与实践性的结合。本教材在介绍相关法律规则时，穿插大量的"知识链接""延伸阅读"等内容，使教材内容既有普及性，又有延展性，较好地匹配了课堂教学和自学的实际需要。"以案说法"的表述方式也提高了教材的应用性和趣味性。

第三，强调易读性和易用性。作为创新实践教育中心教材，本书在编写体例上兼顾了课堂教学和自学的双重需要。编排上，以"本章导读"引导学习思路，以"本章思考与练习"检验学习效果。在保持规范性的前提下，编写者尽量使用通俗易懂的语言，以期达到易于理解、便于使用的效果。

本书既可作为课堂教学教材，也可作为自学教材；既适用于高等院校知识产权及法学专业，也适用于各类知识产权人才培训项目。编写者期望借由这些途径，为我国知识产权事业的发展作出应有的贡献。

2017年3月26日

目　　录

第一章　知识产权国际保护概论

【导读】

虽然知识产权国际保护制度与世界各国知识产权制度都是在知识产权理论基础上构建而来，但两者还是有所不同。知识产权国际保护起始于19世纪的《保护工业产权巴黎公约》和《保护文学艺术作品伯尔尼公约》，发展至今，又以《与贸易有关的知识产权协定》为核心规范性文件。当今的知识产权国际保护主要包括了版权国际保护、专利权国际保护、商标权国际保护等内容。同时，气候变化、公共健康保护等正在对知识产权国际保护产生着重大影响。

本章教学重点是《保护工业产权巴黎公约》《与贸易有关的知识产权协定》等国际条约中有关知识产权保护的目标和原则、最惠国待遇、国民待遇等内容以及与这些内容有关的WTO争端案件的解读。

第一节　国际经济中的知识产权的范畴、分类、保护目标和原则

基于知识产权对技术创新和智力创作的根本保障作用以及对促进全球经济发展的积极影响，当今世界各国包括最不发达国家在内不仅都已经确立起本国的知识产权法律制度，同时，各国还通过缔结各项知识产权国际公约构建知识产权国际保护规则。但需要指出，各国立法机关依据自身国情界定的国内知识产权概念与国际条约中的知识产权概念通常并非同一概念，尤其在知识产权范畴方面更是有所差异。这就意味着在谈及知识产权

国际保护问题时，发言者不能以本国的知识产权概念或范畴简单地代指国际经济中的知识产权概念或范畴，各方所讨论的"知识产权"是一个独立于各国国内知识产权之外的国际法中的"知识产权"概念。在此，需要指出，目前在已缔结的知识产权国际条约中，《与贸易有关的知识产权协定》（以下简称TRIPs协议或《知识产权协定》）是全面保护知识产权最为重要的公约。

一、"知识产权"的范畴

（一）《建立世界知识产权组织公约》的规定

该公约规定"知识产权"包括有关下列项目的权利：（1）文学艺术和科学作品；（2）表演艺术家、录音和广播的演出；（3）在人类一切活动领域内的发明；（4）科学发现；（5）外型设计；（6）商标服务标记、商号名称和牌号；（7）制止不正当竞争；（8）以及在工业、科学、文学或艺术领域内其他一切来自知识活动的权利。

（二）TRIPs协议的规定

该协定并没有直接界定知识产权的概念或者范畴，但第1条第2款指明：本协定所称的"知识产权"一词系指第二部分第1~7节所列举的所有种类的知识财产。其中，具体包括版权和相关权利、商标、地理标识、工业设计、专利、集成电路布图设计、对未披露信息的保护和对协定许可中限制竞争行为的控制8项内容。这8项内容不仅是TRIPs协议适用的对象，也是TRIPs协议所言的知识产权之范畴。

（三）中国的相关规定

在中国当今法律体系中，立法机关并没有制定所谓的"知识产权法"，但《民法总则》第123条第2款规定："知识产权是权利人依法就下列客体享有的专有的权利：（一）作品；（二）发明、实用新型、外观设计；（三）商标；（四）地理标志；（五）商业秘密；（六）集成电路布图设计；（七）植物新品种；（八）法律规定的其他客体。"据此，结合中国学界观点，可以认定中国的知识产权包括以下内容：著作权及与其相关的权利（含计算机软件、民间艺术作品）、商标权、地理标志权、专利权（包括发明专利、实用新型专利和外观设计专利）、集成电路布图权、商业秘密权、植物新品种权、反不正当竞争权等。

二、"知识产权"的分类

目前，世界各国学界和立法对知识产权分类并不统一，各有类别，但在知识产权国际保护中，无论是世界知识产权组织还是世界贸易组织都将版权和相关权利与工业产权作为知识产权的基本分类。原因有二。

第一，文学或艺术作品作者的权利受到版权保护，表演者、录音制品制作者和广播组织的权利则是与版权有关的权利。保护版权和相关权利的主要社会目的在于鼓励和奖励创作性活动。

第二，工业产权一般被分为两个领域，一个是以保护显著标志，尤其是商标和地理标志为特点，目的在于通过保证消费者对于各种各样商品和服务享有知情权以刺激和保证公平竞争和保护消费者；另一个主要是对发明、设计和技术革新进行保护，包括由专利保护的发明、工业设计和商业秘密。工业产权保护的社会目的在于对新技术发展投资成果的保护，为资助研究和发展活动提供动机和方法。❶ 需要指出，《保护工业产权巴黎公约》第1条规定："工业产权的保护对象有专利、实用新型、工业品外观设计、商标、服务商标、厂商名称、产地标志或者原产地名称和制止不正当竞争。对工业产权应当作最广义的理解，它不仅适用于工业和商业本身，而且也应同样适用于农业和采掘业，适用于一切制成品或者天然产品，例如葡萄酒、谷物、烟叶、水果、家畜、矿物、矿泉水、啤酒、花卉和谷粉。"

---

❶　WTO: What are intellectual property rights?[EB/OL]. [2017–02–05]. https://www.wto.org/english/tratop_e/TRIPs协议_e/intel1_e.htm.

三、知识产权国际保护的目标与原则

自1883年《保护工业产权巴黎公约》迄今，纵观各项知识产权国际公约，TRIPs协议无疑是当前知识产权国际保护规则集大成者，其中，就包括以往知识产权国际公约均未回答的知识产权国际保护的目标与原则。

就目标而言，根据TRIPs协议第7条，知识产权的保护和实施应当对促进技术革新以及技术转让和传播作出贡献，对技术知识的生产者和使用者的共同利益作出贡献，并应当以一种有助于社会和经济福利以及有助于权利与义务平衡的方式进行。

就原则而言，根据TRIPs协议第8条，（1）各成员方在制定或修正其法律和规章时，可采取必要措施以保护公众健康和营养，并促进对其社会经济和技术发展至关重要部门的公众利益，只要该措施符合本协定规定。（2）可能需要采取与本协定的规定相一致的适当的措施，以防止知识产权所有者滥用知识产权或借以对贸易进行不合理限制或实行对国际间的技术转让产生不利影响的做法。

需要指出，与上述国际条约相比较，中国知识产权法律也对知识产权保护的目标和原则有所规定。其中，中国《著作权法》第1条规定："为保护文学、艺术和科学作品作者的著作权，以及与著作权有关的权益，鼓励有益于社会主义精神文明、物质文明建设的作品的创作和传播，促进社会主义文化和科学事业的发展与繁荣，根据宪法制定本法。"中国《专利法》第1条规定："为了保护专利权人的合法权益，鼓励发明创造，推动发明创造的应用，提高创新能力，促进科学技术进步和经济社会发展，制定本法。"中国《商标法》第1条规定："为了加强商标管理，保护商标专用权，促使生产、经营者保证商品和服务质量，维护商标信誉，以保障消费者和生产、经营者的利益，促进社会主义市场经济的发展，特制定本法。"

目前，在世界贸易组织范围内，尚未有与知识产权范畴和分类有关的争端案件发生，但与知识产权保护原则和目标有关的争端案件已有发生。

【案例1-1】2010年印度诉欧盟及其成员运输途中仿制药品查封争端案（WT/DS408）

在过去两年内，荷兰海关根据所谓专利所有人的侵权投诉，已经查封了大量来自印度处于托运途中的仿制药品。印度认为这些查封是将实际为印度制造并且运输至第三国的仿制药品视同为荷兰制造。这些托运的仿制药品最初被扣押，随后或者被销毁或者被返还给印度。在少数情况下，托运的仿制药品经过相当长的拖延后被许可继续运往目的国。已有证据证明荷兰海关在2008年和2009年期间已经查封了至少19起运输途中托运的仿制药品，其中，16起来自印度。

印度认为争端措施严重损害世界贸易组织中的发展中国家和最不发达国家成员对于公共健康的保护以及为全体提供药品。因此，涉及的TRIPs协议之规定应当依据TRIPs协议第7条和第8条、2001年11月有关TRIPs协议与公共健康的多哈部长级宣言、《经济、社会、文化权利国际公约》第12（1）条进行解释和实施。

欧盟理事会1383/2003条例针对涉嫌侵犯知识产权货物规定了宽泛的海关措施，不仅规定成员国海关在何等情况下可主动处理涉嫌侵犯知识产权的货物，而且也规定了当货物被发现侵权时海关可采取的具体措施。海关在下列情况下可以采取行动：（1）当商品为自由流通而入境、出口或者转出口；（2）当商品在出境或入境时被查明仍有相关的法律程序未完结，或者在准备转出口的过程中处于免税区、保税仓库，此种情形下对涉嫌商品采取海关行动不以报关为前提条件；（3）当假冒商品、盗版商品或侵犯知识产权的商品原产于或来自第三国时，其进入共同体关税领土应予禁止，这种进入包括转运，这种情形下对涉嫌商品采取海关行动不以报关为前提条件；（4）处于理事会第450/2008条例第135条特别程序之下的商品。这类商品的目的地不是欧盟市场，而是过境欧盟领土销往第三国。根据上述规定，即使过境或转运货物没有进入欧盟内部市场，欧盟的知识产权海关保护规则同样适用。执行程序和海关措施包括如下内容：（1）根据知识产权权利持有人提出的权利保护申请，海关可对涉嫌侵权的商品采取措施。（2）海关依职权主动采取相关措施。（3）对涉嫌侵犯知识产权的商品，海关可中止放行或予以扣押。（4）对确认侵权的商品，这些商品将：（a）不得进入共同体关税领土；（b）不得为自由流通目的被放行；（c）不得从共同体关税领土移走；（d）不得出口或转出口；（e）不得置于免税区或保税仓库。上述规定既可阻止侵权商品直接进入欧盟市场，同时也可防止侵权商品的进一步贸易，包括转运和过境。（5）在不损害权利持有人获得其他法律救济的前提下，成员国海关可销毁侵权商品，或将之摒除于商业渠道之外，或以其他必要方式收缴侵权人因侵权商品交易所获得的商业利润，或上缴国库。❶

本案至今尚未被专家组裁决。

【思考】

（1）如何理解TRIPs协议第7条规定的"权利与义务平衡"？

（2）如何理解TRIPs协议第8条规定的"知识产权所有者滥用知识产权或借以对贸易进行不合理限制或实行对国际间的技术转让产生不利影响的做法"？

第二节　最惠国待遇与国民待遇

最惠国待遇原则与国民待遇原则并非国际知识产权法所独有的原则，而是国际贸易法中的非歧视原则在国际知识产权法中的延伸，最惠国待遇原则和国民待遇原则共同组成国际贸易法中的非歧视原则。需要指出的是，与以往知识产权国际公约所承认的国民待遇原则不同，国际知识产权法通过TRIPs协议首次承认了最惠国待遇原则的存在。

一、知识产权国际条约中的最惠国待遇原则

在国际贸易法中，根据GATT1994，最惠国待遇原则一般是指任何缔

---

❶ 冯洁菡，李蔚然.印度仿制药品过境运输争端案评析——以理事会1383/2003条例与TRIPs协议为视角[J].法学杂志，2011（12）：39-42. European Union and a Member State-Seizure of Generic Drugs in Transit. WT/DS408/1，11 May 2010.

约方给予来自或运往任何其他国家任何产品的利益、优惠、特权或豁免应当立即无条件给予来自或运往所有其他缔约方领土的同类产品。在知识产权国际保护中，根据TRIPs协议第4条，在知识产权的保护方面，由一成员方授予任一其他成员方国民的任何利益、优惠、特权或豁免均应立即无条件地给予所有其他成员方的国民。一成员方给予的下列利益、优惠、特权或豁免，免除此项义务：

（1）得自国际司法协助协定或一种一般性的并非专门限于保护知识产权的法律实施的；

（2）按照认可所给予的待遇，只起在另一成员方所给予的待遇的作用，而不起国民待遇作用的《伯尔尼公约》（1971）或《罗马公约》的规定授予的；

（3）有关本协定未作规定的录音与广播组织的表演者及制作者权利的；

（4）得自世界贸易组织协定生效之前已生效的与知识产权保护有关的国际协定的，条件是此类协定已通报与贸易有关的知识产权理事会，并且不得构成一种对其他各成员方国民随意的或不公正的歧视。

二、知识产权国际条约中的国民待遇原则

在国际贸易法中，根据GATT1994，国民待遇原则是指每一成员对来自任何一个其他成员的进口商品所直接或间接征收的国内税或其他国内收费均不得高于其本国的同类产品；在进口商品从通过海关进入进口方境内至该商品最终被消费期间经过的销售、推销、购买、运输、分配或使用的法令、条例和规章方面，所享受的待遇应不低于相同的国内商品所享受的待遇。而在知识产权国际保护中，相关国际条约规定的国民待遇原则的内涵与前有所不同。

（一）《保护工业产权巴黎公约》的国民待遇

该条约第2条规定了"本联盟各国国民的国民待遇"。具体内容如下：

（1）关于工业产权的保护，本联盟任何国家的国民在本联盟所有其他国家内应当享有各该国法律现在授予或者今后可能授予国民的一切利益；一切都不应损害本公约特别规定的权利。因此，他们应当享有和国民同样的保护，在他们的权利被侵犯时享有同样的法律救济手段，但是以他们遵守对国民规定的条件和手续为限。

（2）但是，对于本联盟国家国民不得规定在其要求保护的国家必须有住所或营业所才能享有工业产权。

（3）本联盟每一国家法律中关于司法和行政程序、关于管辖权以及关于指定送达地址或委派代理人的规定，工业产权法律中可能有要求的，均明确地予以保留。

（二）《保护文学艺术作品伯尔尼公约》的国民待遇

该条约规定了文学艺术作品国际保护中的国民待遇原则。具体内容如下：

（1）根据本公约得到保护的作品的作者，在除作品起源国外的本联盟各成员国，就其作品享受各该国法律现今给予或今后将给予其国民的权利，以及本公约特别授予的权利。

（2）享受和行使这类权利不需履行任何手续，也不管作品起源国是否存在有关保护的规定。因此，除本公约条款外，只有向之提出保护要求的国家的法律方得规定保护范围及向作者提供的保护其权利的补救方法。

（3）起源国的保护由该国本国法律作出规定。即使作者并非作品起源国的国民，但他就其作品根据本公约受到保护，他在该国仍享有同该国公民作者相同的权利。

（三）《世界版权公约》的国民待遇

该公约第2条规定了国民待遇原则。具体内容如下：

（1）任何缔约国国民出版的作品及在该国首先出版的作品，在其他各缔约国中，均享有其他缔约国给予其本国国民在本国首先出版之作品的同等保护，以及本公约特许的保护。

（2）任何缔约国国民未出版的作品，在其他各缔约国中，享有该其他缔约国给予其国民未出版之作品的同等保护，以及本公约特许的保护。

（3）为实施本公约，任何缔约国可依本国法律将定居该国的任何人视为本国国民。

（四）《世界知识产权组织表演和录音制品条约》的国民待遇

该条约第4条规定了国民待遇原则。具体内容如下：

（1）在本条约所专门授予的专有权以及本条约第15条所规定的获得合理报酬的权利方面，每个缔约方均应将其给予本国国民的待遇给予第3条第（2）款所定义的其他缔约方的国民。

（2）本条第（1）款规定的义务不适用于另一缔约方使用了本条约第15条第（3）款允许的保留的情况。

（五）《关于集成电路的知识产权条约》的国民待遇

该条约第5条规定了国民待遇原则，具体内容如下：

在与第3条第（1）款（A）项所述的义务不冲突的条件下，每一缔约方在其领土范围内在布图设计（拓扑图）的知识产权保护方面应给予下列人员与该缔约方给予其本国国民同样的待遇：

（1）是任何其他缔约方国民或在任何其他缔约方的领土内有住所的自然人。

（2）在任何其他缔约方领土内为创作布图设计（拓扑图）或生产集成电路而设有真实的和有效的单位的法人或自然人。

（六）《国际植物新品种保护公约》的国民待遇

该公约第3条规定："就承认和保护植物新品种育种者的权利而言，在不损害本公约专门规定的权利的前提下，在其中一联盟成员国居住或有注册办事机构的自然人和法人，只要他们遵守和履行这些国家为本国国民制定的规定和手续，就能享受这些国家根据其各自的法律给予或随后可能给予与该国国民同样的待遇。"

（七）TRIPs 协议的国民待遇

该协定第3条就国民待遇原则进行了规定，具体内容如下：

（1）在服从分别在《保护工业产权巴黎公约》（1967）、《伯尔尼公约》（1971）、《罗马公约》或《关于集成电路的知识产权条约》中已作的例外规定的条件下，在保护知识产权方面，每一成员方应给予其他成员方的待遇其优惠不得少于它给予自己国民的优惠。对于录音及广播机构的表演者、制作者，本项义务只对本协定中规定的权利适用。任何利用由《伯尔尼公约》（1971）、第6条或《罗马公约》第16条第1款第（2）项所规定之可能性的成员方均应向与贸易有关的知识产权理事会作出在哪些条款中预知的通报。

（2）第1款所允许的与司法及行政程序有关的例外，包括在一成员方司法管辖权范围内指定服务地址或委任代理人，只有在为确保与本协定规定不一致的法律、规章得到遵守所必要的，并且此种做法不以一种可能对贸易构成变相限制的方式被采用的条件下，各成员方方可利用。

三、与国民待遇原则有关的案例

目前，根据WTO统计，与TRIPs 协议第4条——最惠国待遇原则有关的知识产权争端案件共有4起，具体为美国诉日本录音带进口措施案（WT/DS28）、美国诉欧共体农产品及食品商标及地理标志保护案（WT/DS174）、《美国综合拨款法》211节案（WT/DS176）和澳大利亚诉欧共体农产品及食品商标及地理标志保护案（WT/DS290）。与TRIPs 协议第3条——国民待遇原则有关的知识产权争端案件共有12起，具体为美国诉日本录音带进口措施案件（WT/DS28）、印度尼西亚影响汽车产业措施案（WT/DS59）、美国诉欧共体农产品及食品商标及地理标志保护案（WT/DS174）、《美国综合拨款法》211节案（WT/DS176）、《1930年美国关税法》第337节案（WT/DS186）、澳大利亚诉欧共体农产品及食品商标及地理标志保护案（WT/DS290）、美国诉中国知识产权措施案（WT/DS362）、乌克兰诉澳大利亚烟草平装措施争端案（WT/DS434）、洪都拉斯诉澳大利亚烟草平装措施争端案（WT/DS435）、多米尼加诉澳大利亚烟草平装措施争端案（WT/DS441）、古巴诉澳大利亚烟草平装措施争端案（WT/DS458）、印度尼西亚诉澳大利亚烟草平装措施争端案（WT/DS467）。其中，以美国、澳大利亚诉欧共体农产品及食品商标及地理标志保护案（WT/DS174、WT/DS290）和美国诉中国知识产权措施案（WT/DS362）最具有代表性。

（一）美国、澳大利亚诉欧共体农产品及食品商标及地理标志保护案

1.WT/DS174和WT/DS290的基本信息

【案例1-2】美国、澳大利亚诉欧共体农产品及食品商标及地理标志保护案

欧共体1992年第2081/92号条例旨在加强对农产品与食品地理标志的保护。此后，欧共体在2003年第692/2003号条例中对第2081/92号条例作了以下修改：把对地理标志登记提出异议的权利扩大到WTO其他成员；位于欧共体外的地理标志在欧共体登记，要求达到等同于欧共体内部的保护标准；创建欧共体产品申请注册体系；商标与地理标志的注册出现不一致时的法律应用。1999年，美国向世界贸易组织争端解决机构提出，修改后的欧共体第2081/92规则在地理标志方面没有对与地理标志相同或相似的已有商标予以充分保护，违反了TRIPs协议第3条、第16条、第24条、第63条和第65条。2003年，美国提出了补充请求，认为该规则违反了TRIPs协议第2条、第3条、第4条、第16条、第22条、第24条、第63条、第65条和GATT1994第1条和第3条第4款。在2003年，澳大利亚同样就欧共体第2081/92规则向世界贸易组织争端解决机构提出了异议，认为该规则违反了TRIPs协议第1条、第2条、第3条、第4条、第16条、第20条、第22条、第24条、第41条、第42条、第63条、第65条和GATT1994第1条和第3条。这两起争端案件开启了世界贸易组织争端解决机构并案处理争端案件的模式。

美国和澳大利亚的诉求：首先，由于欧共体条例规定了两种相似的申请程序，分别适用于位于欧共体境内的地理标志登记申请和位于第三国境内的地理标志登记申请。这两种申请程序都规定由申请人向地理标志所在

国政府提出申请；所在国政府对于申请是否符合条例规定进行审查；如果所在国政府认为该申请合格，再将该申请转交给欧共体委员会。据此，澳大利亚与美国诉称，由于欧共体条例和指令主要是由成员国政府来实施，因此，欧共体国民通过本国政府提出地理标志登记申请实际上是直接向欧共体机构提出申请。相反，第三国政府没有任何义务执行欧共体的条例，也没有义务实施与欧共体相似的地理标志法律制度。与欧共体国民相比，第三国国民就在申请程序中多一道障碍。此外，两种申请程序中应递交的材料也不一样，而且要区分申请人提交给本国政府的材料和政府提交给欧共体委员会的材料。欧共体国民要提交给本国政府的申请材料应包括产品规格说明书，而成员国政府将申请转交给欧共体委员会时也应转交产品规格说明书和它据以作出决定的其他文件。第三国国民也要向本国政府提交与地理标志相关的产品说明书，但第三国政府应转交给欧共体的材料还包括对于地理标志得以在该国受到保护或确认的法律框架或习惯的说明、该国具备该条例第10条规定的审查机构的声明和其他作为决定依据的文件。由此，与欧共体国民相比较，第三国国民就在欧共体地理标志的效力和取得方面受到了歧视待遇。所以，欧共体条例在地理标志登记的申请与审查程序、异议程序方面没有为非欧共体国家国民提供与欧共体内国民同等待遇，违反了TRIPs协议与GATT1994的国民待遇与最惠国待遇原则。其次，由于欧共体条例没有为在先商标的所有人提供合法权利，可以排除任何第三方对与其注册商标相同或相似的标志（包括地理标志）的误导性使用或不正当行为。据此，澳大利亚与美国诉称，该措施违反了TRIPs协议第16.1条的规定。最后，由于欧共体条例在地理标志保护实施中没有为注册商标所有人以及非欧共体国家地理标志的利害关系人提供法律救济途径，以防止误导性使用及不正当竞争行为。据此，澳大利亚与美国指出，该措施违反了TRIPs协议第22.2条、第41.1条、第41.2条与第42条的规定。

专家组的裁决：欧共体第2081/92号条例在以下方面不符合TRIPs协议第3.1条和GATT第3.4条的规定：在是否保护地理标志方面的互惠与对等要求；要求WTO其他成员审查并转交注册申请和异议申请；要求WTO其他成

员制定与欧共体类似的审查制度并提交政府声明。

欧共体允许与商标冲突的地理标志得到注册不符合TRIPs协议的第16.1条，但是，其规定的只是商标权利的有限例外，符合TRIPs协议第17条的规定。

【思考】

（1）TRIPs协议中的最惠国待遇与GATT1994、GATS中的最惠国待遇的比较？

（2）TRIPs协议中的国民待遇与GATT1994、GATS中的国民待遇的比较？

2.本案中最惠国待遇和国民待遇的争议

（1）TRIPs协议第3.1条《保护工业产权巴黎公约》第2条——国民待遇（保护的效力：相当与对等条件）。

TRIPs协议第3.1条规定在知识产权保护方面，在遵守《保护工业产权巴黎公约》（1967）、《伯尔尼公约》（1971）、《罗马公约》或《关于集成电路的知识产权条约》中各自规定的例外的条件下，每一成员给予其他成员的国民待遇不得低于给予本国公民的待遇。

澳大利亚与美国诉称，条例与TRIPs协议第3.1条、通过TRIPs协议第2.1条纳入《保护工业产权巴黎公约》第2（1）条不相一致，因为其在其他成员的地理标志保护的可用性方面强加了相当与对等条件。它们还指出，条例与《保护工业产权巴黎公约》第2（2）条不相一致，因为外国国民只有在欧共体内生产或制造出的产品才能登记其地理标志。欧共体辩称，第2（1）条并没有取决于国籍，无论地理区域位于欧共体之内或之外，均与相关产品的国籍问题无关。专家组分别对基于TRIPs协议第3.1条的诉求与基于《保护工业产权巴黎公约》的诉求进行审查。由于司法经济的原因，专家组对基于《保护工业产权巴黎公约》第2（1）条的诉求没有作出裁定。

专家组认为，如果当事方主张某项措施违背了这条义务必须满足两个因素：（1）引起争议的措施在知识产权保护方面必须适用；且（2）其他成员的国民享有的待遇必须低于成员本国国民所享有的待遇。在此，应当对这两个因素依次加以考察。首先，就TRIPs协议第3条的国民待遇义务是否适用于"涉及知识产权的保护"而言，脚注3对第3条、第4条所使用的"保护"措辞下了定义："在第3条和第4条中，'保护'一词应包括影响知识产权的效力、取得、范围、维持和实施的事项，以及本协定专门处理影响知识产权使用的事项。"专家组指出，条例是指地理标志的知识产权效力，按照TRIPs协议的目的，知识产权包括地理标志。因此专家组认定，此处的诉求与"知识产权保护"相关。其次，就是否给予其他成员的国民"较少优惠待遇"。参照美国—337条款案的GATT专家组报告以及美国—211条款案的专家组报告与上诉机构报告，专家组准备审查这些待遇之间的差异是否影响其他成员国民与欧共体国民在知识产权保护方面的有效机会平等，并且审查"条例基本内核与效力"的重要性，包括对其措辞与实际执行的分析。

注意到相当与对等条件给予适用该条件的地理标志利害关系人以较少优惠待遇，专家组认为，这些条件从两个方面对获得保护的有效机会平等作出修改：（1）根据条例的规定，地理区域位置未得到委员会认可，根据第12（3）条的第三国的地理标志将不能得到保护。（2）如果地理标志所在的第三国加入了国际协定或符合条例第12（1）条的条件，则条例规定该地理标志可以获得保护。这两种要求在地理标志获得保护方面扮演了重要的"附加障碍"角色，但是对地理区域位于欧共体内的地理标志却不适用。基于此，专家组认定，相当与对等条件对于渴望根据条例获得地理标志保护的人而言，修改了其获得保护效力的有效机会平等，对那些希望获得保护但地理区域位于包括WTO成员在内的第三国的人造成了损害。这就是较少优惠待遇。专家组的任务是审查根据TRIPs协议第3条第1款的目的，条例所给予的较少优惠待遇在地理标志保护的效力方面，是如何影响给予其他成员国民的待遇与给予欧共体自己国民的待遇。

就"国民"的含义而言，TRIPs协议第1.3条将"其他成员的国民"定义为"合乎《保护工业产权巴黎公约》1967年文本、《伯尔尼公约》1971年文本、《罗马公约》及《关于集成电路的知识产权条约》

所规定的保护标准的自然人或法人，且WTO全体成员应视为上述公约的全体成员"。除此之外，专家组还参考了欧共体对自然人的解释。根据欧共体的内部法，任何一个欧共体成员国的国民相应地也是欧共体的国民。此外，就法人而言，欧共体内部法并未规定明确的国籍定义，但是根据欧共体成员国的国内法，任何被视为国民的法人也应当是欧共体的国民。澳大利亚与美国没有对这一标准提出质疑，它们与其他国际公法中使用的措辞是相同的。专家组指出，其将使用这一标准去确定哪些人是TRIPs协议第3.1条的国民。重新审视条例后，专家组认为条例并未指"国民"，而是指"地理标志的位置"。因此从理论上看，外国公民或公司可能有权使用位于欧共体内的地理标志，并获得条例的保护。所以专家组认定，当该待遇取决于地理标志的位置时，问题是……确定给予其他成员的待遇与给予其欧共体自己国民的待遇。

专家组否决了美国与澳大利亚基于TRIPs协议第1.3条脚注1的"WTO单独关税区的成员"更新的某些"国民的特殊定义"。接受了欧共体提交的材料中关于脚注1含义所指的WTO单独关税区的说法，并认定为了TRIPs协议的目的，其国民不受脚注定义的限制。"欧共体并未形成一国领土的独立部分，而欧共体的领土主要是由欧洲的领土组成，也即在本争议进行时由25个成员国的领土组成。"因此，欧共体已告知专家组，其将自然人视为其公民，总体来看，将根据欧共体成员法律成立的法人视为根据其内部法上的欧共体国民。

该条例的条款对不同成员的国民待遇而言，在形式上是一致的。然而，并没有任何裁定认定形式上一致的条款可以给予"较少国民待遇"。专家组认为，即使条例的条款给予其他成员国民与给予欧共体自己国民的待遇在形式上一致，专家组仍有必要审查条例是否在涉及知识产权保护方面提供了有效机会平等。

为此，专家组审查了用哪个国民作比较的问题，如表1-1所示。

表 1-1　国籍与地理标志的组合

1. 地理标志位于欧共体内的欧共体国民	3. 地理标志位于欧共体外的欧共体国民
2. 地理标志位于欧共体内的非欧共体国民	4. 地理标志位于欧共体外的非欧共体国民

　　专家组解释，表1-1在项中表述了国籍与地理标志可能的四种组合，基于之前的裁定，该协议第12（1）条规定的相当与对等条件仅仅适用于项3与项4。因此，一方面，在项1与项2的人员之间存在歧视；另一方面，在项3与项4的人员之间也存在歧视。

　　澳大利亚与美国指出，专家组应当将地理标志位于欧共体内假定的欧共体国民的待遇与地理标志位于欧共体之外假定的非欧共体国民的待遇进行比较，也即比较项1与项4中的人。专家组忆及，条例在不同成员国民之间规定了形式一致的条款，在缺乏基于国籍正式标准的较少优惠待遇，或完全符合国籍标准的较少优惠待遇，专家组不愿意将假定的某成员的国民与假定的另一个成员的国民进行比较，因为他们均要求同样种类的知识产权。专家组认为，这在可能的、无法预料的体制含义方面，对TRIPs协议所涵盖的所有知识产权而言，是较低的门槛。

　　澳大利亚与美国也提出按照国籍，对希望通过条例获得地理标志保护的欧共体自己的国民团体，与希望通过条例获得地理标志保护的WTO其他成员的国民团体进行比较仍然存在歧视。专家组认为这是对项1与项3，项2与项4的人员进行比较。审查标准是基于"有效机会平等"。如果国民与TRIPs协议第3条第1款的审查相关，则他们不应当是那些在比较情形中就同样种类的知识产权寻求机会的人。因此，专家组认为，对于该诉求适当的措施是，将希望根据条例寻求地理标志保护的其他成员的国民与希望根据条例寻求地理标志保护的欧共体自己的国民之间的实际机会平等进行比较。

　　在比较给予其他成员国民的待遇与给予欧共体国民的待遇时，专家组发现，条例在人员、特殊成员的领土以及保护效力方面创设了联系。因此，专家组认为，到目前为止，条例一方面在位于欧共体的地理标志保护效力方面存在歧视，另一方面在位于第三国的地理标志保护效力方面也存在歧视；一方面，它对按照产品说明书在欧共体生产、制造和/或加工产品的人进行歧视，另一方面，它对按照产品说明书在第三国（包括WTO成员）生产、制造和/或加工产品的人进行歧视。澳大利亚与美国诉称，基于法人成立地与生产农产品与食品地而存在的区别，与基于国籍与对根据条例将地理区域的名称作为地理标志进行保证登记的利害关系人的区别之间的最准确、密切的对象，将绝大部分是地理区域所在地的WTO成员的国民。专家组同意，在本争议WTO成员领域内，根据产品说明书生产、制造和/或加工产品的绝大部分自然人与法人将是该成员的国民。

专家组同意，也存在这些人不符合国民条件的事实——没有一个引起注意——并未改变一个事实，即条例基于地理标志的位置进行的区分，在实践执行过程中，对给予希望根据条例寻求地理标志保护的其他成员的一批国民与给予希望根据条例寻求地理标志保护的欧共体自己的一批国民之间产生了歧视，从而对其他成员国民造成了损害。此外，专家组指出，毋庸置疑，希望获得保护的WTO其他成员国民的地理标志绝大部分位于欧共体之外。专家组认为，这一裁定得到美国提供的证据的支持，该证据表明某些法国、德国、意大利、西班牙国籍的人与美国证明商标持有人的国籍正是相关地理区域所在的国家。条例的设计与结构在保护机会方面的暗示在操作中通过不同程序给予欧共体国民与给予其他成员。国民不同待遇，对其他成员国民造成了损害。基于此，专家组裁定，关于保护效力的初步裁决是，给予其他成员国民的待遇不同于且低于给予欧共体自己国民的待遇。

专家组否决了欧共体基于"系统考虑"而作出的不同抗辩。专家组认为，TRIPs协议与GATT1994之间没有位阶之分。TRIPs协议与GATT1994的义务是并存的，并且互不重叠。TRIPs协议并不包含与GATT1994第20条一般例外条款类似规定的事实，并不会对专家组分析TRIPs协议第3.1条产生影响。

基于此，专家组裁定，就相当与对等条件适用于地理标志保护的效力而言，条例给予其他成员国民的待遇低于其给予欧共体自己国民的待遇，这与TRIPs协议第3.1条的规定不相一致。

（2）TRIPs协议第3.1条——国民待遇（申请程序）。

欧共体条例对于地理标志的申请规定了不同的条款，设定了不同的程序，适用于不同地理位置的地理标志：第5条适用于位于欧共体内的地理标志，第12a条适用于位于第三国的地理标志。根据第5条，首先向地理区域所在的欧共体成员国提交申请，成员国应当审查申请是否适当，如果成员国认为申请符合条例的要求，则会递交给欧共体委员会。第12a条规定，首先向地理区域所在国的政府递交申请，如果该国政府认定申请复核条例的要求，则应当将申请转交给委员会，并附送以下材料：（a）法律条款以及原产地标记与地理标志在该国已受到保护或已设立的表述；（b）关于该国已在领土内建立了符合条例第10条的审查机构的声明；（c）政府作出评价的其他材料。在向欧共体成员国或第三国递交申请后，条例第6（1）条与第12b（1）条要求委员会审查登记申请是否包括所必需的细节，是否满足保护的条件。

专家组认为，要提出与TRIPs协议第3.1条的规定不相一致必须满足两个条件：①引起争议的措施在知识产权保护方面必须适用；且②其他成员的国民享有的待遇必须低于成员本国国民所享有的待遇。专家组对这两个条件注意进行审查。

首先，就条例是否适用于知识产权保护而言，专家组注意到，TRIPs协议脚注3的规定，第3条与第4条所使用的措辞"保护"所包含的定义是，就第3条与第4条而言，"保护"应当包括本协定规定的知识产权利用的事项，也应包括涉及知识产权的效力、获得、范围、维持及行使等事项。重新审查条例后，专家组认定，提出与审查登记申请是影响涉及地理标志的知识产权获得的事项，根据TRIPs协议的宗旨，地理标志构成知识产权的一部分。因此，专家组裁定，该诉求与知识产权的保护有关。

其次，就较少优惠待遇而言，专家组忆及之前的裁定，即就根据条例按照地理标志的位置给予其他成员国民的待遇作出的裁定，专家组仍要审查涉及知识产权保护的"有效机会平等",并着重审查条例的基本内核与效力。

专家组在审查条例的申请程序时发现,欧共体对其内部宪法安排的解释,欧共体法律并非通过欧共体层面的机构执行,而是通过其成员国政府执行的,在此情形下,欧共体如事实机构一样运转,因此欧共体应当对WTO法以及国际法负责。专家组认定,在实践中,地理区域位于欧共体成员国的申请可直接递交给欧共体的事实机构,该机构也负责初步审查。而地理区域位于第三国的申请不能直接递交给欧共体的事实机构,而是必须递交给外国职能政府,待遇在形式上存在区别。此外,条例第5条规定,欧共体成员国有义务审查申请并判断其是否适当,如果适当,则提交给委员会,然而第三国政府并未有此义务。因此,第三国递交申请的团体与个人无权享有这一待遇。所以第三国的申请者面临着附加障碍,因为必须保证其所在国政府执行其对该条例保留的这一功能,而欧共体成员国却没有这种障碍。

最后,专家组认定,根据欧共体内部法,欧共体有权根据其关于欧共体成员国政府的措施删除某些功能。然而根据条例,欧共体有权删除其对WTO其他成员的义务的一部分,为了保证没有给予其各自国民较少优惠待遇,该成员必须在申请程序中执行三个步骤。因此欧共体没有给予其他成员的国民不低于其自身优惠待遇的待遇。

基于此,专家组裁定,就申请程序而言,迄今为止,由于其要求政府审查并转交申请,条例给予WTO其他成员的待遇要少于给予欧共体自己国民的待遇,这与TRIPs协议第3.1条规定不相一致。

(3)TRIPs协议第3.1条、《保护工业产权巴黎公约》第2条——国民待遇(异议程序)。

欧共体条例根据地理区域的位置以及希望提出异议者所在地,分别对地理标志申请的异议程序设定了不同条款。第7条适用于地理区域以及希望提出异议者均位于欧共体成员国内的情况;第12b条适用于地理区域位于第三国,希望提出异议者也位于第三国的情形。根据第7条,位于欧共体成员国的自然人或法人直接向本国相应机构提出异议；根据第12b条与第12d条，自然人或法人必须向自己的政府提出异议，由政府将异议转交给欧共体委员会。第12b条仅仅适用于来自非WTO成员的第三国异议。第12d条适用于具有合法利益且来自WTO成员或得到条例第12（3）条规定的程序认可的任何自然人与法人。

澳大利亚与美国诉称，条例与TRIPs协议第3.1条及通过TRIPs协议第2.1条纳入的《保护工业产权巴黎公约》第2条的规定不一致，因为异议程序给予非欧共体的国民较少优惠待遇；欧共体国民能够对登记直接提出异议，而非欧共体国民却不能。此外，非欧共体国民在第三国政府对异议者的住所或营业场所进行确认后，才能通过该国政府提出异议。第三国政府对异议的确认与转交负责。此外，第12d条限制了下列人，即向在满足相当与对等条件国家有住所或营业场所的自然人或法人提出异议的人。

专家组认为，这些基于对地理标志登记申请的异议进行备案，并审查的程序的诉求是指"异议程序"。上述诉求涉及三个问题：①关于确认与递交；②关于相当与对等条件；③关于提出一项异议的起诉权要求。

就确认与递交程序——TRIPs协议第3.1条而言，专家组提出如果要证明与某一义务不一致，则必须满足两个条件：第一，引起争议的措施必须适用于知识产权的保护；第二，其他成员的国民必须受到比成员自己的国民"较少优惠"待遇。专家组将依次对这两个条件加以考察。首先，关于引起争议的措施必须适用于知识产权的保护，TRIPs协议脚注3规定，"就本协定第3条、第4条而言，所谓'保护'，既应包括本协定规定的知识产权利用的事项，也应包括涉及知识产权的效力、获得、范围、维持及行使等事项"。反观条例，专家组发现，该申请的异议程序与TRIPs协议第4段、第62条（使用的词是"反对"）及条款主题的取得程序相关。因此，专家组认定，"异议程序也即按照TRIPs协议的目的，在知识产权保护中影响知识产权取得的事项"。所以专家组裁定，此处的诉求是关于知识产权保护的。再者，关于"较少优惠待遇"，专家组发现与申请程序不同，异议程序与地理标志所指的地理区域并无关系，但是却指向异议者住所地或营业场所所在地。专家组根据早期的事实认定，关于条例给予在某些国家有住所的自然人或有营业场所的法人的待遇将客观地转化为给予具有这些国家国籍的国民的待遇。同时，条例自身也认可了国籍与住所或营业场所的密切联系。此外，"较少优惠待遇"的分析应当着眼于涉及知识产权保护的有效机会平等。通过审查条例，专家组指出，个人提出异议程序的第一个步骤可以分解如下：第一，要求所有的异议者向其住所地或营业场所所在国的机构提出异议，根据不同的情况，可以分为欧共体成员国的机构或第三国的机构。第二，收到异议的机构作出形式审查并向欧共体委员会转交申请。专家组认为，欧共体成员国的国民提出的任何异议将直接提交给欧共体委员会事实机构，而第三国国民提出的异议不能直接提交，而必须通过外国政府才能转交。此外，欧共体成员国负有条例下的义务对异议进行审查与提交，而第三国政府并没有宪法下或任何其他法律下的义务，接收申请并转交给委员会。专家组裁定，在第三国（包括WTO成员）有住所或营业场所并希望根据条例对登记申请提出异议的自然人或法人在异议程序中不享有权利，该权利只是提供欧共体的国民的。因此，第三国的异议者在保证其本国政府执行其对条约保留的权利时面临着"附加障碍"，这是欧共体异议者不曾遇到的。基于此，专家组裁定，关于异议程序，迄今为止，条例要求政府对异议进行确认并转交，条例给予其他成员国民较少优惠待遇，这与TRIPs协议第3.1条的规定不相一致。

就相当与对等条件——TRIPs协议第3.1条和《保护工业产权巴黎公约》第2（1）条，澳大利亚与美国诉称，按照条例第12d（1）条提出异议的权利仅限于满足第12（1）条相当与对等条件的国家。这一诉求是基于阅读"第12（3）条规定的程序认可的WTO成员或第三国"的措辞，似乎可以理解为"第12（3）条规定的程序认可的WTO成员或第12（3）条规定的程序认可的第三国"。专家组否定了该诉求，裁定根据上下文，第12（3）条的程序并不适用于WTO成员，而是适用于非WTO成员的第三国。专家组裁定，原告并未提供初步证据支持其基于TRIPs协议第3.1条或通过TRIPs协议第2.1条纳入《保护工业产权巴黎公约》（1967）的第2（1）条的诉求。

就起诉权的要求——TRIPs协议第3.1条和《保护工业产权巴黎公约》第2（1）条而言，美国诉称，基于第7条所指的"合法相关的"人与第12条所指的"具有合法利益"的人在语言上的差异，按照条例提出异议的要求也存在差异。专家组发现，这两个措辞之间的差异是非常微小的，因为彼此是对方的定义，专家组认为二者可以适用于同样的情形。因此，专家组裁定，关于异议标准要求美国并未提供初步证据支持其根据TRIPs协议第3.1条及《保护工业产权巴黎公约》第2（1）条的诉求。

（4）TRIPs协议第3.1条、《保护工业产权巴黎公约》第2条——国民待遇（管理委员会）。

欧共体条例规定，欧共体委员会应当根据该条例第15条设定的程序作出某些决议，第15条规定，欧洲理事会应当得到欧洲委员会的协助。1999/468欧共体决议规定了由委员会行使这些职权。该决议规定了强制程序，要求由无表决权的欧洲理事会代表主持的、由欧共体成员国代表组成的强制性委员会应当协助理事会的工作，引起争议的相关决议是，决定不再继续审查涉及第6（5）条与第12b（1）（b）条的地理标志登记；决定是否继续审查根据条例第7（5）（b）条、第12b（3）条以及第12d（3）条规定对地理标志登记提出的可以接纳的异议；决定取消第11a条的地理标志登记；决定第三国是否满足第12（3）条的相当与对等条件。条例还规定，理事会在作出其他决定前，可询问委员会提供第15条的规定供其选择，例如决定是否继续审查位于第12b（1）（a）条规定的第三国的地理标志申请，决定对已按照第6（6）条获得登记的地理标志的同名地理标志进行登记。

澳大利亚诉称，《欧共体条例》与TRIPs协议第3.1条及通过TRIPs协议第2.1条纳入《保护工业产权巴黎公约》的第2条不一致，因为非欧共体国民的商标权持有人在委员会并没有国民代表主张其利益。专家组认为，澳大利亚的诉求是基于以下假定，即欧共体成员国在强制性委员会的代表是作为各自领土内提交申请的团体的代表、是在各自领土有住所或营业场所并希望提出反对的人的代表，也是对各自领土内地理标志登记申请主题产品利益的代表。专家组否定了澳大利亚的诉求，注意到欧共体的解释，在履行第2081/92号条例的功能时，成员国绝不可能以申请者或提出异议的人而识别。在确认异议申请或材料时，成员国必须准确、公正、客观地适用条例的条款。同样地，在审查成员国在委员会的作用时，成员国必须受条例条款的指引，而不能作为任何单独的申请者或反对者的代表。专家组随后指出，条例"as such"并未向不同地理标志强加任何不同待遇，根据TRIPs协议的国民待遇义务，在这些程序的申请中要求提供证据证明政府机构不能、不会也不愿将条例用同样的方式适用于其他成员的国民与欧共体自己的国民。但是澳大利亚没有提供这一方面的证据。基于此，专家组裁定，澳大利亚并未提供初步证据支持基于TRIPs协议第3.1条及通过TRIPs协议第2.1条纳入的《保护工业产权巴黎公约》（1967）第2（1）条的诉求。

（5）TRIPs协议第3.1条、《保护工业产权巴黎公约》第2条——国民待遇（审查机构）。

《欧共体条例》第10条要求建立单独地理标志登记的审查机构。第10（1）条解释，审查机构的职能是保证农产品与食品所具有的受保护的名称符合产品规格说明书上的要求。第10（2）条规定，审查机构可由欧共体成员国的一个或数个指定审查机构和/或为审查目的而设立的私人机构组成。正如专家组的解释，欧共体成员国负有该条例第10条下的义务保证设立审查机构，且欧共体肯定这一要求对欧共体成员国与第三国是相同的。

美国诉称，审查机构要求与TRIPs协议第3.1条以及《保护工业产权巴黎公约》第2条的国民待遇义务相背离。美国特别指出，除其他以外，审查机构在欧共体及WTO成员国民的待遇方面并不平等，因为欧共体成员国有义务按照条例建立特殊机构，以使欧共体的国民自动享有符合要求的审查机构，而WTO其他成员却不行。因此，所有欧共体国民处于满足审查机构要求的地位，而其他成员国民却不能满足这一条件，至少相关的WTO成员尚未建立欧共体要求的审查机构。

专家组认为如果要证明与某一义务不一致，则必须满足两个条件：

第一，引起争议的措施必须适用于知识产权的保护；第二，其他成员的国民必须受到比欧共体成员自己的国民"较少优惠"待遇。专家组将依次对这两个因素加以考察。首先，就措施是否适用于知识产权保护而言，专家组指出TRIPs协议脚注3规定，"在第3条和第4条中，'保护'一词应包括影响知识产权的效力、取得、范围、维持和实施的事项，以及本协定专门处理的影响知识产权使用的事项"。反观条例，专家组注意到，审查机构保证产品满足规格说明书的要求，因此审查机构影响地理标志保护的效力与取得的事项。此外，专家组指出，根据TRIPs协议的目的，地理标志构成知识产权的一部分。因此专家组裁定，上述诉求涉及知识产权保护。其次，关于"较少优惠待遇"，专家组忆及根据地理标志的位置而给予其他成员国民待遇的裁定，将审查涉及知识产权保护的"有效机会平等"，并侧重审查条例的基本内核与效力。美国诉称，根据审查机构要求而给予位于第三国地理标志的待遇要低于给予位于欧共体内地理标志的待遇，基于以下两点原因：第一，关于要求的说明性质；第二，政府参与问题。

关于"审查机构依其陈述的说明要求"，专家组指出，在适用位于欧共体内的地理标志要求与位于第三国的地理标志的要求之间没有"实质性形式上的差异"。专家组注意到，美国指出，根据《欧共体条例》以及普通法的权利，某些证明商标、集体商标持有人将不能满足第10（3）条与EN45011标准的要求，例如审查机构在生产者中保持独立的方面。专家组否定了这一诉求，指出原产国的保护水平并不影响根据TRIPs协议在寻求保护国家的地理标志保护，除了缺乏地理标志保护的原产国根据第24.9条提供了拒绝地理标志保护的背景。在这一方面，专家组指出，美国诉求暗示要欧共体承认给予美国保护的形式。专家组裁定，从缺乏不同待遇的证据来看……关于审查机构依其陈述的说明要求，美国并未提供初步证据支持基于TRIPs协议第3.1条提出的诉求。

关于"政府参与审查机构"，专家组注意到，第10条要求欧共体成员国保证设立审查机构，然而第三国政府却没有条例下的义务。此外，第12a（2）（b）条要求第三国政府出具关于在其领土内已建立审查机构对其领土的地理标志申请登记进行审查的声明。因此，第三国的申请者在确保本国政府执行对条例保留的职能方面面临着附加障碍，而欧共体成员国的国民却无此障碍。基于上述原因，专家组裁定，就第10条审查机构要求政府参与以及第12a（2）（b）条要求政府出具声明的条款而言，条例给予其他成员的国民待遇要低于给予欧共体自己国民的待遇，这与TRIPs协议第3.1条不一致。相反，美国没有特别就《保护工业产权巴黎公约》第2（1）条提出诉求，因此专家组认定，美国没有提供初步证据。

（6）TRIPs协议第3.1条——国民待遇（标签要求）。

欧共体条例第12（2）条规定对地理标志贴标签的要求如下："如果第三国受保护的名称与欧共体受保护的名称相同，基于当地使用、传统使用与混淆实践的风险考虑，给予登记。使用上述名称应当只有标签的可视位置清晰标明产品的原产国后才能被授权。"

澳大利亚与美国诉称，标签要求适用于来自WTO其他成员的地理标志的使用，以致使用从WTO另一个成员方进口的产品的地理标志只有在满足该标签要求时才能被授权。此外，该标签要求仅仅适用于第三国与欧共体相同的地理标志，而非欧共体内与欧共体相同的地理标志。欧共体辩称，第2段的"上述名称"既是指"第三国受保护的名称"，也包括"欧共体受保护的名称"，以致标明原产国的要求不仅适用于第三国名称，也适用于欧共体名称。在实践中，这种做法意味着不论何种获得登记的标志都通常被要求标明原产国。

专家组同意澳大利亚与美国关于该措施的观点，指出，"上述名称"是指"前面一款的名称，即第三国与欧共体受保护名称相同的、可使用的地理标志"。专家组认为，虽然"欧共体受保护的名称"也出现在前面一款上，但是它们的登记不是问题。因此专家组裁定，第一款的名称仅仅是指来自第三国地理标志的登记，而第二款的名称对上述登记附加了条件，仅仅适用于来自第三国的地理标志。所以第二款的标签要求仅仅适用于来自第三国，并与欧共体受保护地理标志相同的地理标志的登记与使用。第12（2）条第一款所使用的语言几乎与条例第6（6）条所使用的相同。第

6（6）条适用于在欧共体内的地理标志登记申请，该地理标志与欧共体或条例第12（3）条规定程序认可的第三国的已登记的名称相同。与第12（2）条第二款不同的是，第6（6）条有如下规定：已登记相同名称的使用应遵守后登记的相同名称与已登记名称在实践中的清晰区别，有必要用平等的方式对待相关生产者，且不会误导消费者。因此，考虑到国民待遇的诉求，专家组认定，在审查该诉求时，应当转而审查第12（2）条与第6（6）条的要求。

美国诉称，标签要求给予第三国国民的待遇要低于给予欧共体国民的待遇，因为第12（2）条对位于第三国的地理标志登记强加了要求，而该要求却不适用于欧共体内的地理标志。尤其是第三国地理标志必须要在标签上清楚地标明原产国，这违反了TRIPs协议第3.1条。

专家组认为，如果当事方主张某项措施违背了这一条义务，必须满足两个条件：第一，引起争议的措施在知识产权保护方面必须适用；第二，其他成员的国民享有的待遇必须低于成员本国国民所享有的待遇。专家组将对这两个条件依次加以考察。首先，就该措施是否适用于知识产权保护而言，TRIPs协议脚注3规定，在第3条和第4条中，'保护'一词应包括影响知识产权的效力、取得、范围、维持和实施的事项，以及本协定专门处理的影响知识产权使用的事项。反观条例，专家组指出标签要求与产品上相同地理标志的使用有关。第12条设定的条件适用于位于第三国的地理标志，并对此类地理标志的登记附加了条件。因此专家组认定，标签要求是影响地理标志保护取得的事项。此外，专家组指出，按照TRIPs协议的目的，地理标志构成知识产权的一部分。所以专家组裁定，诉求涉及知识产权保护。其次，关于较少国民待遇，专家组提出，按照地理标志位置根据条例给予其他成员国民待遇的裁定，以及专家组将审查知识产权保护的有效机会平等，并侧重于条例的基本内核与效力。同时，美国提出根据标签要求给予位于第三国（包括WTO成员方）地理标志的待遇要低于给予位于欧共体内地理标志的待遇。专家组指出，标签要求仅仅适用于来自第三国与欧共体受保护名称相同的地理标志的产品。该条例第12（2）条与

第6（6）条基本使用同样的措辞按时每一个条款的目的在于使两个已登记的、相同的或同名的地理标志的使用在实践中实际混淆的危险最小化。然而，条例英文版本的区别是明显的，第12（2）条使用的是"同样的"（identical）与第6（6）条"同名的"（homonymous），且条例的另外两个官方文本——法文与西班牙文在上述两款也使用了相同的措辞。专家组认定，不同文本上下文的含义可以协调，因此第12（2）条与第6（6）条的措辞在英语中具有相同的含义。不论地理标志是位于欧共体还是第三国，是否与在先已登记的地理标志相同，条例的上下文没有规定制止欧共体用同样的方式对该地理标志登记的申请执行这两个要求。换言之，条例第6（6）条的措辞允许欧共体使用第12（2）条的相同条件，以致两个条款的要求将及时适用于地理标志的登记，而不管申请者的国籍与地理标志的位置。基于上述理由，尤其是欧共体肯定，条例第6（6）条在实践中的明显差异通常要求标明原产国，专家组裁定，关于标签要求，美国并未提供初步证据支持基于TRIPs协议第3.1条提出的诉求。❶

（二）美国诉中国知识产权措施案（WT/DS362）

1.WT/DS362的基本信息

【案例1-3】美国诉中国知识产权措施案（WT/DS362）

在本起争端案件中，美方向世界贸易组织争端解决机构提出了以下的观点：（1）刑事程序及处罚的门槛。根据《中华人民共和国刑法》第213条、第214条、第215条、第217条、第218条和第220条以及相应的司法解释规定，只有"情节严重""情节特别严重""销售额较大""销售额巨大""非法所得较大"或"非法所得巨大"的假冒盗版，并且只有是单位的行为，才属于犯罪行为。这样，对于某些商业规模的故意假冒商标和盗版行为，由于没有达到门槛，中国便不给予刑事处罚。这不符合TRTPs协议

---

❶　龚柏华. WTO案例集（2006年卷）[M]. 上海：上海人民出版社，2006：799-823；朱榄叶. 世界贸易组织国际贸易纠纷案例评析2003~2006[M]. 北京：法律出版社，2008：493-504. European Communities-Protection of Trademarks and Geographical Indications for Agricultural Products and Foodstuffs. WT/DS174/R, WT/DS290/R, 15 March 2005.

第三部分的要求，即对所有具备商业规模的故意假冒盗版都应采取有效行动。具体而言，中国的措施违反了该协定第61条和第41条第1款。（2）海关处置侵权货物。按照中国的《海关知识产权保护条例》等法律规定，处置查获侵权货物的方法，首选是除掉侵权标志，通过拍卖等方式，让这些货物重新进入商业渠道，只有在侵权标志无法清除的情况下才予以销毁。而TRTPs协议第46条规定的原则是销毁侵权货物。海关无权销毁，就违反了中国在该协定第59条项下的义务。（3）未被批准出版发行的作品不受版权法保护。根据中国《著作权法》第4条及一系列法规的规定，外国作品在中国出版发行必须经过审批，而未被批准出版发行，或者被禁止出版发行的作品，其版权不受法律保护。这样，正在接受审查的外国作品，就不受中国版权法的保护。但已经纳入TRTPs协议的《保护文学艺术作品的伯尔尼公约》第5条第1款规定，给本国作者的权利，外国作者应当同等享受，并且不得附加任何条件。因此，中国违反了WTO第9条第1款（WTO成员应遵守《伯尔尼公约》的若干规定）、第14条（保护版权相关权利的规定）、第3条第1款（国民待遇）、第41条第1款和第61条（刑事保护）。❶

中方就美方的观点，反驳意见如下：（1）就美国认为《著作权法》第4条第1款"依法禁止出版、传播的作品，不受本法保护"（报告中称为"第4（1）条"）的规定违反了TRIPs协议第9.1条，以及由此涉及的《伯尔尼公约》第5（1）条之观点，中国提出该条款只是否定对于此类作品的著作权保护，但并不否认此类作品著作权的存在。（2）就美国质疑的《中华人民共和国知识产权海关保护条例》《中华人民共和国海关关于<中华人民共和国知识产权海关保护条例>的实施办法》以下简称《海关知识产权办法》在审理过程中提到了海关总署公告2007年第16号（关于没收侵犯知识产权货物依法拍卖有关事宜），中国提出《中国公益捐助法》第6条规定"捐助应该符合法律法规，不违反社会公德，不损害公共利益和他人权利"。《海关知识产权办法》第30条规定"有关公益机构将海关没收的侵权货物

❶ 杨国华.美国诉中国知识产权诉状[J]. WTO经济导刊, 2007（9）: 59. China-Measures Affecting the Protection and Enforcement of Intellectual Property Rights, WT/DS362/R, 26 January 2009.

用于社会公益事业，海关应当进行必要的监督"。中方还提供了海关总署与中国红十字协会于2004年5月所签订的一个备忘录。该备忘录规定了海关的监督义务，侵权产品的使用目的和方式，以及防止这些产品进入流通渠道的措施。此外，中国提出在侵权物品拍卖之前还要征求权利人的许可，即构成"仅仅去除非法加贴的商标"之外的其他措施。（3）就美国质疑的《中华人民共和国刑法》第213条、第214条、第215条、第217条和第218条。2004年12月《最高人民法院、最高人民检察院关于办理侵犯知识产权刑事案件具体应用法律若干问题的解释》和2007年4月《最高人民法院、最高人民检察院关于办理侵犯知识产权刑事案件具体应用法律若干问题的解释（二）》，中国认为美国必须提供证据证明中国的法律事实上排除了一部分满足"商业规模"标准的侵权案件，虚拟的事例不能被认为是充分的证据。❶

最终，专家组裁定如下：（1）中国《著作权法》第4条第1款违反了《与贸易有关的知识产权协定》第9条第1款及该条款所纳入的《保护文学艺术作品伯尔尼公约》第5条（1）款，同时违反TRIPs协议第41条第1款。（2）TRIPs协议第59条不适用于该案系争的中国海关措施，如果这些措施是针对出口货物；驳回美国关于系争海关措施违反TRIPs协议第59条以及相关的该协定第46条第一句规定原则的指控，但是，该系争海关措施违反TRIPs协议第59条以及相关的该协定第46条第四句规定。（3）驳回美国关于中国的刑事门槛违反TRIPs协议第61条第一句项下义务的指控。❷

【思考】

（1）如何理解《伯尔尼公约》第5条第1款？

（2）如何评析"作品不受版权保护，但不代表否认作品版权的存在"观点？

---

❶　张慧霞.解读WTO中美知识产权第一案[J].电子知识产权，2009（4）：45-49. China-Measures Affecting the Protection and Enforcement of Intellectual Property Rights，WT/DS362/R，26 January 2009.

❷　张乃根.中美知识产权案评述及可上诉问题探讨[J].世界贸易组织动态与研究，2009（4）：1-9. China-Measures Affecting the Protection and Enforcement of Intellectual Property Rights，WT/DS362/R，26 January 2009.

2.本案中的"国民待遇"争议

本案中的"国民待遇"争议聚焦于中国《著作权法》第4条第1款的规定，即"依法禁止出版、传播的作品，不受本法保护"。美方指出，该条款就"其字面"而言拒绝给予某些作品立即且自动的保护，并且指控中国将《著作权法》第4条第1款适用于四类作品，即从未在中国递交受内容审查的作品、在中国等待内容审查的作品、在中国未授权传播的已编辑作品、未通过内容审查的作品。而中方如前文所言，提出该条款只是否定对于此类作品的著作权保护，但并不否认此类作品著作权的存在。

专家组在完成了对《著作权法》第4条第1款及其相关法律法规的审查之后，对TRIPs协议第9条第1款及其纳入的《伯尔尼公约》第5条（1）款，作了条约解释。《伯尔尼公约》第5条（1）款规定，"就享有本公约保护的作品而言，作者在作品起源国以外的本同盟成员国中享有各该国法律现在给予和今后可能给予其国民的权利，以及本公约特别授予的权利"。专家组认为，该条款授予成员国两种权利。一是享有该国法律现在给予和今后可能给予其国民的权利，即国民待遇义务；二是享有本公约特别赋予的权利。由于美国对该条款项下中国应履行的国民待遇义务，未提出指控，而中国以《著作权法》第10条已完全符合该条款规定保护的权利为依据，并且专家组也裁定该条款履行了《伯尔尼公约》第5条（1）款特别规定保护的权利，因此，就专家组对《伯尔尼公约》第5条（1）款本身的条约解释，对该争端解决并无实质意义。但是，专家组裁定：如美国所主张的，就其字面而言，该著作权法清楚地表明第4条第1款拒绝给予包括WTO成员国民作品在内的某些作品以第10条的保护。对于中国在该案审理的第一次实质性会议之后提出第4条第1款的"不受本法保护"所拒绝的并非"版权"而是"版权保护"这一解释，专家组不予接受，认为"法律所保护的就是版权"，并认定："中国未解释在依第4条第1款不予版权保护之后，在什么意义上，作者还能享受版权，或者版权还能存在。"当依《著作权法》第4条第1款不给予著作权保护后，中方并未解释在何种意义上作者在其作品中享有著作权或著作权依然存在，比如作者如何主张作品的所有权或转让其著作权。在这种情形下即使第2条项下所赋予的著作权存在，也最多只是一种虚幻的权利，也不能证明其存在。最终，专家组以前述对《著作权法》第4条第1款的审查结论为基础，裁定：拒绝给予未通过内容审查的作品或其部分内容的所有版权保护，违反了中国应履行保护《伯尔尼公约》第5条（1）款规定作品的版权义务。❶

【思考与练习】

一、名词解释

1.知识产权的范畴

2.知识产权国际保护中的最惠国待遇

3.知识产权国际保护中的国民待遇

二、简答

1.TRIPs 协议第7条的解释。

2.TRIPs 协议第8条的解释。

【资料链接】

1.《保护工业产权巴黎公约》（1967）文本。

2.TRIPs 协议文本。

3.China-Measures Affecting the Protection and Enforcement of Intellectual Property Rights，WT/DS362/R，26 January 2009.

4.Canada-Patent Protection of Pharmaceutical Products，WT/DS114/R，March 17，2000.

5.European Communities-Protection of Trademarks and Geographical Indications for Agricultural Products and Foodstuffs. WT/DS174/R，WT/DS290/R，15 March 2005.

---

❶ 张乃根.中美知识产权案评述及可上诉问题探讨[J]. 世界贸易组织动态与研究，2009（4）：1-9；余敏友，廖丽.评美国向WTO诉中国 "影响知识产权保护和实施的措施案" [J]. 国际贸易，2009（9）：59-66.

6.UNCTAD-ICTSD，Resource Book on TRIPs 协议 and Development，Cambridge University Press，2005.

第二章　专利权的国际保护

【导读】

专利权国际保护的法律体系主要由1883年的《保护工业产权巴黎公约》（以下简称《巴黎公约》）、1978年的PCT和1995年的TRIPs协议构成。《巴黎公约》创设了成员国作为国际义务共同遵守的专利确权和保护标准。PCT使得一项发明创造可以通过一次申请在众多国家同时寻求专利保护。TRIPs协议则在《巴黎公约》基础上进一步强化了专利权的国际保护。专利权国际保护制度的兴起和发展与国际经济贸易的快速发展有关，也是专利权制度自身变革的结果。专利权国际保护制度的核心内容有两个：一是建立专利权国际保护的基本原则、方法和路径；二是设定为相关国家所共同遵守的专利权保护标准。专利权国际保护的核心目的在于最大限度消除专利的地域性给专利权保护带来的影响，同时协调各国（或地区）在专利权保护领域的利益。

本章教学重点是三个专利权国际公约的主要内容，尤其是这些公约中体现的专利权国际保护的基本原则和保护标准。

第一节　专利权国际保护概述

专利权国际保护的起因是专利的地域性。专利权国际保护的方法主要是以政府间国际组织为协调机构，通过缔结多边的专利公约，协调各国国内专利法律制度，从而在相对统一的基础上对专利权进行保护，以此建立并维护国际经贸合作领域公平合理的法律秩序。

一、专利权的地域性与专利权的国际保护

专利权的本质特征是专有性。作为一种专有权,专利权的存续与实施受地域限制。在特定法域获得的专利权,只在该法域享有法律对其专有权的保护,一旦超出该法域（通常是某个特定国家）,专有权就无法获得持续的法律保护。专有权的丧失往往意味着与发明创造有关的经济利益的减损或者丧失。在专利权国际保护制度出现之前,规避这一风险的唯一途径是按照各国专利法的要求,分别履行各国授予专利权的行政程序,获得这些国家的专有权,并以此为依据获得这些国家的法律保护。即便如此,各国专利制度的差异也会导致权利人无法保持对其法律风险和商业利益的稳定预期。因此,地域性是产生专利权国际保护的内在原因。❶

知识链接2-1：专利权的地域性

专利权的地域性是由专利法的国内法性质决定的。一件发明创造若要在某一国家得到保护,必须依据该国专利法提出专利申请并取得专利。未在一个国家取得专利权的发明创造,不会得到这个国家法律的当然保护。人们利用那些在国外取得专利权但是在本国没有取得权利保护的技术,不会产生侵权问题。同时,专利权人常常会利用专利的国际申请,在有市场应用价值的国家都会考虑专利的保护。随着国际公约覆盖的国家和地区越来越广泛,《专利合作条约》以及《专利法条约》的实施,专利的地域性开始淡化。有些发达国家甚至主张建立世界专利体系。一旦该体系建立,专利权的地域性将不再依本国法产生,而是依据国际公约确定。即便未能建立国际公约,如果几个主要国家的专利局之间达成合作,也极有可能覆盖世界上的主要贸易区,达到实质上的专利授权国际化。目前,美国专利局、欧洲专利局和日本专利局正在推动三局专利审查标准的统一、授权效力的互相认可,可以说,随着互联网的迅猛发展和国际贸易全球化,专利权的地域性慢慢在淡化。❷

---

❶ 吴汉东.知识产权国际保护制度研究[M].北京:知识产权出版社,2007:346.
❷ 吴汉东.知识产权法学（第五版）[M].北京:北京大学出版社,2011:134.

地域性所导致的法律差异，不但给拥有发明创造的人带来法律风险和经济利益损失，而且造成不同专利保护水平的国家之间的利益冲突。这在国际贸易领域表现得尤其突出。专利保护水平的差异导致不受法律规制的仿制品泛滥，打击了发明创造人技术开发的积极性，产生了扭曲贸易的不良后果。从解决法律差异的角度看，仅凭单个或部分国家的作为是不可能取得成效的。在这个问题上，世界知识产权组织、世界贸易组织等政府间国际组织发挥了不可替代的作用。这些国际组织主持制定了多项有关专利的国际公约，通过为其成员设定国际义务的方式，建立了非歧视、独立保护、维护公共利益等专利权跨国保护的基本法律原则，设立了专利权保护的最低标准以指导其成员的国内立法，安排了方便发明创造人进行多国专利申请的程序。世界贸易组织的TRIPs协议更是对专利在内的知识产权执法措施作出了有约束力的规定，并在世界贸易组织框架内为其成员间包括专利在内的知识产权争端提供了有效解决途径。这些将在下文中详细介绍。

总而言之，专利权的国际保护是指以多边国际公约为基本形式，以政府间国际组织为协调机构，通过协调各国国内专利法律制度，从而在相对统一的基础上对专利权进行的保护。其目的一方面是降低经济要素跨国流动过程中财产权益灭失的风险，避免因法律差异导致的产权人精神权利和经济权利的减损；另一方面是通过协调各国立法，维持国际经济法律关系的公平性与合理性。在经济全球化背景下，专利权国际保护制度是维护专利法律秩序的重要手段，是国际经济贸易合作关系正常发展的重要保障。

延伸阅读2-1

张乃根：《国际贸易的知识产权法》（复旦大学出版社1999年版）。了解知识产权国际保护制度的历史分期知识。

二、专利权国际保护制度的兴起与发展

（一）从《巴黎公约》到TRIPs协议：专利权国际保护的兴起与完善

专利权的国际保护始于19世纪80年代《保护工业产权巴黎公约》。知识产权的国际保护首先着眼于专利，是因为专利对技术和商业领域影响巨大，还因为获得和实施专利权的费用总的来说高于其他形式的知识产权。

专利权国际保护兴起的基本背景是19世纪中后期西方资本主义市场经济的转型。随着自由竞争为主的经济形态转向垄断，资本主义各国的国内市场趋向饱和，资本的逐利性必然导致经济要素向国外流动，向国外市场发展成为资本主义各国的现实需求。在经济要素跨国转移过程中，专利权的地域性导致产权人的专有权和经济利益在国外得不到保护，一国的专利被他国"合法"仿造冒用的情形时常发生。独创技术被仿制冒用却得不到法律救济，必然导致拥有发明创造的人不愿在更大范围实施其技术，或者向其他国家转让、许可其技术。这对国际贸易，特别是国际技术贸易产生了明显的阻却作用。一定意义上还影响了人类智力创新成果的进一步涌现和有效普及。人们对国际经贸合作交往中的公平法律秩序的合理期待也将落空。

《巴黎公约》便是在这个背景下缔结的。公约确立了专利权国际保护的基本制度框架，作为专利权保护领域的基础性公约，其作用和效力一直延续至今。在其运作过程中，也出现了一些问题，比如，《巴黎公约》规定的优先权原则❶虽然为发明创造人的跨国专利申请提供了最长12个月的缓冲期，但是由于各国专利制度差异很大，并且各国专利局对于《巴黎公约》规定的优先权期限都不给予任何宽限，申请人在12个月内既要充分了解各国的专利法律，又要办理各种申请事务，包括文本翻译，律师选聘等，时间显然不够。超过12个月后再向其他国家提出申请，获得授权的可

---

❶ 即申请人在一个缔约国第一次提出专利申请后，可以在一定期限内（12个月或6个月内）就同一主题向其他缔约国申请保护，在后申请被视为是在第一次申请的申请日提出。

能性会降低。另外，由于时间仓促，申请人常常在尚未与现有技术进行充分比对，难以准确评估其专利的商业价值及专利申请的必要性的情况下，为了潜在的利益，不得不在盲目的状态下向外国提出专利申请。同一发明创造在多国申请专利，程序既烦琐又不一致，而且，申请人要在短时间内分别在不同国家支付申请费、审查费、律师费、语言翻译费、文档制作费、邮递费等多种经费，沉重的经济负担令一些申请人不得不放弃向国外申请专利的机会。从各国专利当局角度看，它们对于经过《巴黎公约》途径进入本国的、几乎完全相同的同族专利申请进行重复的审查和处置，既浪费了大量的人力和物力，也会因为审查条件和审查能力的差别，产生对于申请人来说不公平的审查结果。

为解决这些问题，世界知识产权组织于1970年主持制定了《专利合作条约》（PCT）以及《专利合作条约实施细则》（以下简称《PCT细则》）。PCT在《巴黎公约》的基础上，规范、简化了专利的跨国申请程序，被认为是专利权国际保护进程中最具意义的成果之一。

为方便专利的申请，世界知识产权组织根据《巴黎公约》第19条，于1971年在主持制定了《国际专利分类斯特拉斯堡协定》（*International Patent Classification Agreement*，IPCA），该协定对所有《巴黎公约》成员国适用。❶ 1977年，世界知识产权组织又主持制定了《国际承认用于专利程序的微生物保存布达佩斯条约》（*Budapest Treaty on the International Recognition of the Deposit of Microorganisms for the Purposes of Patent Procedure*，简称《微生物保存布达佩斯条约》）。该公约规定，为专利程序的目的要求微生物寄存的缔约国必须承认向任何"国际保存单位"提交的微生物寄存。这种承认应包括承认由该国际保存单位说明的保存事实和交存日期，以及承认作为样品提供的是所保存的微生物样品。❷

从19世纪末到整个20世纪，在世界知识产权组织主导下，包括专利在内的知识产权的国际保护体系已普遍建立。20世纪80年代，经济全球

---

❶　由于篇幅限制，本章不对该协定作详细介绍。
❷　详见《微生物保存布达佩斯条约》条款。由于篇幅限制，本章不对该条约作详细介绍。

化进程开始，在"关税与贸易总协定"（GATT）等国际组织倡导下，自由贸易得到推进。随着国际贸易规模的不断加大，专利等知识产权在国际贸易中的地位日益突出。一方面，以知识产权（特别是专利）为直接标的的许可贸易迅速发展，需要强化法律保护；另一方面，普通货物贸易中，未经授权使用他人发明专利或实用新型专利生产并出口货物、将模仿他人工业品外观设计的货物用于国际贸易的专利侵权现象越来越严重，正常的国际贸易秩序遭到这些侵权行为的扭曲。作为知识产权强国的发达国家在国际贸易中具有更直接的知识产权利益。在关于提高《巴黎公约》最低标准的谈判中屡屡遭受发展中国家阻击后，以美国为首的发达国家绕开世界知识产权组织，寻求在关贸总协定框架内制定关于知识产权的一揽子保护方案。1994年GATT成员签署《与贸易有关的知识产权协定》（TRIPs 协议），该协议之后作为附件被纳入《建立世界贸易组织的马拉喀什协定》（*Marrakesh Agreement Establishing the World Trade Organization*）。TRIPs 协议将包括专利在内的知识产权作为整体进行保护，在以往公约的基础上，丰富了专利的实体保护标准，对包括专利在内的知识产权的救济措施提出要求，并提供了较以往更有效的知识产权争端解决机制。❶ 从WTO管辖的范围及对各成员的约束和影响来看，TRIPs 协议相较于其他知识产权公约，对各国知识产权立法、技术贸易及企业竞争力的影响会更大。对于专利而言，TRIPs 协议提供了一个水平更高，保护措施更为严格的国际保护法律体系。

知识链接2-2：经济全球化

经济全球化（Economic Globalization）出现于20世纪80年代中期，90年代得到认可，但目前没有统一概念。国际货币基金组织（IMF）在1997年5月发表的一份报告中指出，"经济全球化是指跨国商品与服务贸易及资本流动规模和形式的增加，以及技术的广泛迅速传播使世界各国经济的相互依赖性增强"。而经济合作与发展组织（OECD）认为，"经济全球化可以

---

❶ 参见"导论"部分有关世界贸易组织和TRIPs协议的内容。

被看作一种过程，在这个过程中，经济、市场、技术与通信形式都越来越具有全球特征，民族性和地方性在减少"。经济全球化是当代世界经济的重要特征之一，也是世界经济发展的重要趋势。经济全球化是知识产权国际化的主要原因，是知识产权国际保护制度的基础背景。

（二）从世界知识产权组织到世界贸易组织：专利权国际保护的推进与强化

一直以来，世界知识产权组织都是专利国际保护法律秩序的主导者，其通过专利国际公约创立的专利保护标准和专利国际保护基本原则，已成为大多数国家国内专利立法的指南。世界知识产权组织管理着24项知识产权国际公约，其中16部与工业产权有关。❶ 其中《巴黎公约》和《专利合作条约》已成为专利权国际保护的主要法律渊源。在促进发达国家向发展中国家转让技术，推动发展中国家的发明创造活动方面，世界知识产权组织也发挥了重要作用，该组织一直致力于同发展中国家进行合作，帮助发展中国家科技、文化和经济的发展。

世界贸易组织的擅长当然是国际贸易。如前所述，它对知识产权保护的关注与经济全球化及发达国家的知识产权利益诉求有关。TRIPs协议的实施，提升了《巴黎公约》中的专利国际保护的水平，强化了执法机制和救济措施方面的保障。由于世界贸易组织成员众多，其规则对成员方内法律制度的介入较深，世界贸易组织因此成为另一个极其重要的管辖知识产权的国际组织。

在保护专利在内的知识产权事务上，世界知识产权组织和世界贸易组织有着密切的合作。1996年，两者签订合作协定，以此扩大了世界知识产权组织在全球化贸易管理中的作用，进一步提升知识产权在国际事务中的重要性。世界贸易组织在处理与世界知识产权组织的关系时，非常慎重。TRIPs协议在贸易角度定义或扩大知识产权的同时，明确了其与世界知识产权组织国际公约的关系。依据

---

❶　其余8部中，7部为版权公约，1部是《关于建立世界知识产权组织的公约》。

TRIPs协议，世界贸易组织成员必须遵守《巴黎公约》的实体性条款。这实际上意味着，TRIPs协议关于专利的保护要求，不仅局限于TRIPs协议本身，还包含《巴黎公约》的主要规则。可以说，关于工业产权国际保护的标准是由TRIPs协议和《巴黎公约》共同构成的。

延伸阅读2-2

韩立余：《世界贸易组织法（第三版）》（中国人民大学出版社2014版）。了解"关税与贸易总协定"与"世界贸易组织"的相关知识。

三、专利权国际保护的发展趋势

（一）ACTA和SPLT：专利权国际保护的更高标准与实体化的尝试

TRIPs协议生效后，在知识产权国际保护领域形成了世界贸易组织和世界知识产权组织并驾齐驱，共同发挥作用的局面。由于TRIPs协议的强执行力，世界贸易组织在知识产权国际保护方面的权威性更强。[1] 在后TRIPs协议时代，世界经济遭遇了严重的危机。经济萧条一方面降低了国际贸易与世界财富的增长，另一方面却成为刺激创新高潮的重要推动力，技术创新又成为下一轮经济发展新高潮的基础。同时，经济危机加速了各国国家经济战略的调整步伐，虽然某种程度上这种调整是被动的。以美国为代表的发达国家进一步明确了以知识产权的对外扩张带动经济发展的国家战略。而此时，TRIPs协议所建立的法律规则已无法满足发达国家对其知识产权在全球扩张战略中的保护要求。美国、欧盟、日本、澳大利亚等发达经济体通过秘密谈判，2011年10月1日签署了《反假冒贸易协议》（*The anti-counterfeiting trade agreement*，ACTA）。ACTA在TRIPs协议基础上设置了更高的执法标准，其中第9条第3款（C）的附加赔偿针对侵权人的公然侵权行为以及侵权人获益超过其应支付的赔偿额等情形，赋予

---

[1] 葛亮，张鹏.《反假冒贸易协议》的立法动力学分析与应对[J].知识产权，2014（1）.

专利权人一种法定赔偿金，用以威慑和制止被告的侵权行为。该协议通过对仿制、假冒行为的制裁，为权利人提供了超越TRIPs协议标准的保护。❶ACTA更多体现了发达国家的利益，其秘密谈判的做法能够不受干扰地实现知识产权高标准保护，其多边性则有助于将发达国家的知识产权执法标准"各个击破"地向发展中国家推送，避免在世界贸易组织或世界知识产权组织平台上出现发展中国家联合的局面。❷虽然随着欧洲议会的否决，❸ACTA无法按照预期付诸实施，但该协议创设的知识产权保护标准必然会给未来的知识产权条约提供重要的启发和参考。

专利国际公约偏重程序规则的传统由来已久。究其原因，实体规则，尤其是专利的授权标准，与所在国经济、科技发展水平直接相关，具有较高的敏感性。国际社会在对专利程序规则逐步达成共识的基础上，在发达国家推动下，世界知识产权组织于2001年启动了实体专利规则的制定。2002年形成了《实体专利法条约》（*Substantial Patent Law Treaty*，SPLT）（草案）。SPLT旨在确保所有成员的申请人适用相同的专利授权标准，减少同一专利申请项在各国可获授权的不确定性。专利审查中，可专利性主题和实质审查标准（即新颖性、创造性和实用性）是十分重要的两个方面，且不说立法主权问题，单就审查标准而言，各国的立场协调就不是易事。因此，SPLT的最终通过还有较长的路要走。

类似的尝试还发生在欧盟。2000年，欧盟通过了《共同体专利规则》。该规则规定专利的保护"不依赖于任何将其接受进国内法的措施而直接发生效力"。❹简言之，只要通过欧洲专利局的一次申请授权，成员各国都有义务对该合法授权的专利进行保护。

此外，美、日、欧盟等国家（地区）也在就统一授权标准以及授权互

---

❶　张磊，徐昕，叶波.《反假冒贸易协议》研究[J].河北法学，2013，31（11）：30-36.

❷　方芳，唐五湘.重大革命性技术与经济危机的关系研究[J].科技进步与对策，2009（23）：135~38.

❸　商务部.欧洲议会3个委员会否决《反假冒贸易协定》[EB/OL].[2016-12-20].http://www.mofcom.gov.cn/aarticle/i/jyjl/m/201206/20120608158628.html.

❹　胡安琪.欧洲专利一体化述评[EB/OL].[2016-12-20].http://www.nipso.cn/zywtyj/zl/200805/t20080509_399539.html.

认等问题上协调立场，如果这种尝试获得成功，实体专利法的一体化进程必然加快。❶

（二）TPP和CETA：知识产权国际保护的RTA/FTA模式

如前所述，世界贸易组织TRIPs协议所设立的知识产权保护标准未能完全满足发达国家的诉求，加之在多边体制内进一步提高知识产权保护水平的努力遭到发展中国家的集体抵制，美国等发达国家转而在双边或区域自由贸易协定（FTA）中追求比TRIPs协议更为严苛的知识产权保护标准，❷ 其中比较引人关注的是《跨太平洋伙伴关系协定》（*Trans-Pacific Partnership Agreement*，TPP）。这项包括美国、日本在内的经济体量巨大的12个缔约国参与谈判的协定，不仅关注市场准入、原产地规则、投资和金融服务等传统议题，还包括知识产权、政府采购、竞争政策、劳工和环境保护议题，被称为面向21世纪的、高标准的、全面的自由贸易协议。❸ 2015年11月初TPP正式文本公布，其知识产权章节（第18章）包括：总则、合作、商标、地理标志、专利/未公开试验或其他数据、外观设计、版权和相关权利、执法、网络服务提供商、涉及协定生效和过渡期的最后条款等多个部分。在专利议题上，TPP对专利授权要求、确权程序以及执法标准等问题都作了详细规定。TPP虽然不是专利国际保护的最高标准，但该协定强化了发达国家特别是美国在当今专利国际保护体系中的主导地位，有利于美国在多边谈判场所推行高水平的专利保护规则。TPP已进入成员国国内批准程序，无论最终是否得以生效，它和ACTA一样，将成为未来知识产权国际立法可资借鉴的一种模式。

延伸阅读2-3

（1）网络查询并阅读TPP文本，与TRIPs协议进行比较。（2）谢青轶：《〈跨太平洋伙伴关系协定〉（TPP）的专利条款研究》（载《知识产

---

❶ 付明星.专利国际保护的新动向——兼评《实体专利法条约》对我国的影响[J]. 专利法研究，2005.

❷❸ 谢青轶.《跨太平洋伙伴关系协定（TPP）》的专利条款研究[J]. 知识产权，2016（1）：127.

权》2016年第1期）。

如果说TPP是区域自由贸易协定（RTA）保护知识产权的模式，CETA则代表着另一种相似模式：双边自由贸易协定（FTA）的保护模式。CETA是《欧盟加拿大经济贸易协定》（*Comprehensive Economic and Trade Agreement*）的简称，该协定于2013年10月签署，2014年9月，协定文本对外发布。协定涵盖的议题十分广泛，其中，知识产权规则内容丰富，特别强调地理标志和药品专利的保护，执法程序涉及知识产权保护的民事程序和边境执法措施，而且在保护水平和执法程度上超越了TRIPs协议等现行知识产权国际规则。CETA进一步彰显通过区域或双边经贸协定加强知识产权保护的发展趋势。❶

延伸阅读2-4

（1）网络搜索并阅读CETA文本，找出其与TRIPs协议的不同之处。（2）孙益武：《欧盟加拿大经济贸易协定》知识产权条款研究（载《电子知识产权》2015年第10期）。

第二节　专利权国际保护的起步——《巴黎公约》

一、公约的背景

《巴黎公约》的直接起因是1873年在维也纳举办的一次万国博览会。博览会主办方奥匈帝国广发邀请，但受邀国反应冷淡。发生这种情况的原因在于，万国博览会上展出的通常是各国的新技术、新产品，在缺少专利权跨国保护机制的情况下，受邀国对它们国内的新技术和新产品在展出后会不会遭到仿制，会不会被抢先申请专利，以及被仿制或被抢先申请后能否得到及时有效的法律救济，心存疑虑。围绕这次博览会产生的这些问题最终产生了两个实际结果：第一，奥匈帝国当年通过了一项法律，为参加

---

❶ 孙益武.《欧盟加拿大经济贸易协定》知识产权条款研究[J]. 电子知识产权，2015（10）.

博览会的各国发明、商标和外观设计提供临时法律保护；第二，促成有关国家于同年在维也纳召开了关于进行"专利改革"的会议。会议提出若干有效且实用的专利原则，敦促各国政府积极倡导专利保护，以引起世界范围内对专利的关注，"早日达成专利国际保护协约"。❶作为维也纳会议的后续，1878年在法国巴黎召开了以工业产权保护为议题的会议。与会代表决定请求各国政府召集一次正式的国际会议，解决在工业产权领域"统一立法"的问题。会后，法国政府将其拟定的一份提议建立保护工业产权"国际联盟"的草案分发给各有关国家。1883年3月20日，在巴黎召开的外交会议上，比利时、法国、巴西、萨尔瓦多、意大利等11个与会国家通过并签署了《保护工业产权巴黎公约》（*Paris Convention on the Protection of Industrial Property*）。公约自1884年7月7日起正式生效。❷《巴黎公约》经过6次修订，分别是1900年的布鲁塞尔修订，1911年的华盛顿修订，1925年的海牙修订，1934年的伦敦修订，1958年的里斯本修订和1967年的斯德哥尔摩修订，斯德哥尔摩修订本于1979年10月2日被修正。《巴黎公约》最新文本共30条。第1~12条为实质性条款，涉及公约适用范围、国民待遇原则、各种工业产权的保护标准；第13~19条为有关内部机构、财务等事项的行政性条款；第20~30条为"最后条款"，规定了成员国的加入、批准、退出、国内执行、文本适用等内容。《巴黎公约》是世界知识产权组织管辖下的第一个实体性公约，也是专利国际保护的基础性公约。1984年12月19日，中国正式加入《巴黎公约》，也以此为标志正式登上了知识产权的国际舞台。

二、国民待遇与独立保护原则

（一）国民待遇原则

国民待遇原则如今已成为几乎所有知识产权国际公约的必备原则。第

---

❶ 唐广良，董炳和.知识产权的国际保护[M].北京：知识产权出版社，2006：9.
❷ 曾陈明汝.两岸暨欧美专利法[M].北京：中国人民大学出版社，2002：11-12.

一次将其写入专利国际公约的是《巴黎公约》，在该公约中，国民待遇原则是指，公约缔约国应当将其已经给予或者今后可能给予本国国民的工业产权保护方面的利益和待遇，给予其他缔约国的国民。❶ 国民待遇本质上是一种非歧视待遇，其实施效果是，缔约国国民在其他缔约国内能够享受到与所在国本国国民同样的工业产权保护，对侵犯他们的工业产权的行为享有同样的法律救济手段，不致因区别对待而遭受歧视。当然，缔约国国民若想在其他缔约国享受国民待遇，必须遵守这个国家对其国民规定的条件和手续。对于专利，这里的条件和手续主要是指专利申请、审批的条件和手续。除此以外，缔约国不得在将给予本国国民的待遇给予其他缔约国国民时附加其他任何条件，不得因为其他缔约国国民在该国没有住所或营业场所而拒绝给予国民待遇。❷

至于非公约缔约国国民，如果其在公约缔约国领土内有永久住所或有效的营业场所，也享有与公约缔约国国民同样的待遇。在国民待遇问题上，缔约国有权对司法和行政程序、管辖权以及指定送达地址或指定代理人等事项提出保留，即在这些事项上，缔约国可不给其他缔约国国民以国民待遇。❸

考虑到各国经济发展水平的差异，国民待遇原则并没有对保护水平和标准作出限制和约束。这是该原则能够得到发达和发展中国家一致认同的主要原因。

【案例2-1】荷兰飞利浦被假冒案

荷兰飞利浦电子有限公司向中国申请并获得了剃须刀、剃须器十余项外观设计专利。这些产品在中国畅销的同时，出现了假冒行为。2001年8月，荷兰飞利浦电子有限公司将26家经销商告到某省知识产权局。8月9日该省知识产权局、公安局联合行动对该地市场涉嫌销售侵权产品的26家销售商的柜台、仓库进行了检查，查获各式涉嫌侵权产品821件并封存。❹

---

❶❷ 见《巴黎公约》第2条。
❸ 见《巴黎公约》第2条第3款。
❹ 吴汉东.知识产权法教学案例[M].北京：法律出版社，2005：156.

【思考】

（1）我国有关部门对涉嫌专利侵权的产品进行行政执法的依据是什么？

（2）以行政执法的方式对外国国民（荷兰飞利浦公司）提供专利保护体现了《巴黎公约》的什么基本原则？

（3）外国国民的专利获得我国法律保护需符合哪些条件？

（二）独立保护原则

《巴黎公约》作为专利领域国际保护公约，设立了缔约国之间保护对方国民的专利的基本原则和最低保护标准。但是，《巴黎公约》并不是一项取代了各国国内专利立法的法律文件，无论是其制定的基本原则还是保护标准最终都要通过缔约国国内立法体现，因此，专利保护的地域性依然存在。独立保护原则便是对这个现实的确认。根据《巴黎公约》，在一个缔约国取得专利与在其他国家就同一发明所取得的专利是相互独立的。❶这里的"其他国家"包括非缔约国。独立保护的内涵涉及专利的取得标准，专利的效力，专利的无效，专利的保护期，等等。即使是利用优先权获得专利，也适用独立保护原则。❷

知识链接2-3：专利的国际保护与独立保护

专利的国际保护是依据公约基本原则和最低标准对专利的保护，这些标准直接体现在各国保护专利的立法上，在不违反公约的最低标准的基础上，各国仍保有各自独立的专利制度。因此，专利的国际保护与专利的独立保护并不矛盾。专利的独立保护应从两个方面理解：第一，申请人在其他国家是否获得专利，专利权利内容，不影响他在其他成员国的专利申请。也即是其他国家授予了一项专利，并不意味着其他成员国有授予该项专利的义务。其他国家授予某一内容的专利，并不意味着其他成员国应授予相同内容的专利。第二，申请人在各国所获专利权是完全独立的，互不

---

❶ 见《巴黎公约》第4第之二第1款。
❷ 见《巴黎公约》第4第之二第2款。

影响。申请人在一个国家获得的专利由于某种原因失效，并不导致他在其他成员国内获得专利的有效性。❶

三、优先权与临时保护制度

（一）优先权制度❷

如果专利申请人在某一国家提出专利申请后再向其他国家提出相同的申请，可能会因为专利保护的地域性以及各国专利法的差异遭遇风险。例如：在后申请有可能因为在先申请的存在而丧失新颖性、创造性；在后申请无法对抗他人的在先申请，等等。优先权规则便是针对这一问题而设立。根据公约，已经在某一个缔约国正式提出专利、实用新型、外观设计申请的申请人，或者他的权利继受人，在其他缔约国的正规申请，享有优先权。❸ 这里的"正规申请"是指"在有关国家中足以确定提出申请日期的任何申请，而不问该申请以后的结局如何"。❹ 专利和实用新型的优先权期间应为12个月，外观设计为6个月，均自第一次申请的申请日开始计算（申请日不计入内）。❺ 如果期间的最后一日在请求保护地国家是法定假日或者是主管局不接受申请的日子，期间应延至其后的第一个工作日。❻

优先权制度充分体现了《巴黎公约》对专利进行国际保护的宗旨，在当时尚不存在"PCT"式专利国际申请程序的情况下，有效降低了专利申请人进行跨国申请时的法律风险。在优先权期间内，申请人有机会评估跨国申请的必要性，有时间了解相关国家专利法的规定，不必担忧在这段时间内有其他人以相同的发明抢先申请专利，或者因为在先申请的存在令其

---

❶ 唐广良，董炳和. 知识产权的国际保护[M]. 北京：知识产权出版社，2006：42.

❷ 《巴黎公约》的优先权制度不仅适用于（发明）专利，还适用于实用新型和外观设计以及商标。关于商标的优先权可参见本书其他章节。

❸ 见《巴黎公约》第4条A（1）（2）。

❹ 见《巴黎公约》第4条A（3）。

❺ 《巴黎公约》中的"专利"相对于我国《专利法》中的"发明专利"。

❻ 见《巴黎公约》第4条C款。

申请丧失新颖性。优先权制度是《巴黎公约》为专利权的国际保护所作的重要贡献之一。❶

【案例2-2】"防眼疲劳镜片"专利申请案

1988年10月3日，日本某公司向中国专利局提交一份发明专利的申请书，名称为"防眼疲劳镜片"。该申请涉及的眼镜镜片能有效防止因长时间观看电视所造成的眼睛疲劳和眼睛损伤。该专利申请已经在1988年5月7日以相同主题向日本专利机关提出。该日本公司在向中国专利局提交专利申请的同时提交了要求优先权的书面声明。1988年12月25日，该公司又向中国专利局提交了第一次在日本提出的专利申请文件的副本。中国某大学光学研究所于1988年7月也研制成功一种镜片，可以用于减轻因长时间观看电视屏幕所造成的眼睛疲劳。这种镜片和日本某公司的镜片在具体结构、技术处理以及技术效果等方面都相同。该研究所于1988年9月10日向中国专利局提交该镜片的发明专利申请，名称为"保健镜片"。该研究所的专利申请与日本公司的专利申请的主题相同，其申请日早于日本公司在中国申请的申请日。中国和日本又都是《巴黎公约》的缔约国。中国研究所认为，根据我国专利法的先申请原则，其专利申请应当被受理，日本公司则主张根据《巴黎公约》的优先权规则，中国专利局应受理其申请。

【思考】

（1）根据《巴黎公约》，该案中同一主题的两个申请，谁的申请应被中国专利局受理？

（2）《巴黎公约》的优先权规则的含义是什么？

（3）优先权与"先申请原则"的关系是什么？

（4）《巴黎公约》优先权规则的意义是什么？

知识链接2-4：我国的发明人如何利用《巴黎公约》优先权制度？

中国是《巴黎公约》和TRIPs协议的成员，我国国民或居民在国际专利申请中可以主张优先权。但需要注意两点：第一，优先权不会自动获得，

---

❶ 吴汉东.知识产权国际保护制度研究[M].北京：知识产权出版社，2007：351.

任何人如果希望以在先的申请为基础享有优先权，需作出申请和声明，说明提出该在先申请的申请号、申请日期和受理该申请的国家。我国《专利法实施细则》第32条第1款规定，申请人办理要求优先权手续的，应当在书面声明中写明在先申请的申请日、申请号和受理该申请的国家；书面声明中如果未写明在先申请的申请日和受理该申请的国家的，视为未提出声明。第二，申请和声明优先权时，相关国家可能会要求提交以前提出的申请（说明书、附图等）的副本。这些材料可以在提出后一申请后3个月内随时提交，不需缴纳费用。相关国家还可能要求该副本附有受理机关出具的载明申请日的证明书和译文。我国《专利法》第30条规定，申请人要求优先权的，应当在申请的时候提出书面声明，并且在3个月内提交第一次提出的专利申请文件的副本；未提出书面声明或者逾期未提交专利申请文件副本的，视为未要求优先权。我国《专利法实施细则》第32条第2款规定，要求外国优先权的，申请人提交的在先申请文件副本应当经原受理机关证明；提交的证明材料中，在先申请人的姓名或者名称与在后申请的申请人姓名或者名称不一致的，应当提交优先权转让证明材料；要求本国优先权的，申请人提交的在先申请文件副本应当由国务院专利行政部门制作。

（二）临时保护制度

如前所述，缔结《巴黎公约》的直接起因是1873年维也纳万国博览会对跨境参展技术和产品的保护。针对这一问题，《巴黎公约》创设了专利临时保护制度。根据公约，缔约国应在国内法中设立临时保护规则，临时保护的对象包括可以取得专利的发明、实用新型、工业品外观设计，这些临时保护对象应包含在缔约国举办的官方的或者经官方承认的国际展览会上展出的商品中。根据公约，临时保护不得用于延展优先权期间，如果以后要求优先权，相关国家主管机关可以规定优先权期间自该商品在展览会展出之日开始。❶

从公约的规定看，对专利的临时保护并非自动产生。缔约国根据公约

---

❶　见《巴黎公约》第11条。

的要求在本国国内法中对临时保护作出规定，权利人再根据缔约国的国内法获得临时保护。缔约国在提供临时保护时，可以要求提供它认为必要的证明文件，证实其为展出的物品及其在展览会展出的日期。❶

《巴黎公约》没有规定临时保护的期限，因此这个问题只能由缔约国国内法自行规定。中国《专利法》第24条规定："申请专利的发明创造在申请日以前6个月内，有下列情形之一的，不丧失新颖性：（一）在中国政府主办或者承认的国际展览会上首次展出的……"

在国内法体系中，临时保护规则与专利审查的新颖性标准相结合，作为丧失新颖性的例外，同时，还可能成为专利侵权案件和专利技术使用费纠纷案件的判决依据。

延伸阅读2-5

（1）登录中国法院网，查阅2013年最高人民法院发布的指导性案例第20号"深圳市斯瑞曼精细化工有限公司诉深圳市坑梓自来水有限公司、深圳市康泰蓝水处理设备有限公司侵害发明专利权纠纷案"。[最高人民法院（2011）民提字第259号民事判决书]。该指导案例旨在明确专利权人无权禁止他人对专利临时保护期内制造、销售、进口的被诉专利侵权产品的后续使用、许诺销售、销售。（2）杨明：《从最高人民法院第20号指导案例看发明专利的临时保护制度》（载 http://www.fengxiaoqingip.com）。

四、专利保护标准

《巴黎公约》专门适用专利的保护规则分别是：专利的独立性，发明人享有的署名权，强制许可，对驳回专利或撤销专利的限制、进口权和专利的维持和对专利权的其他限制。

（一）可获专利保护的客体

《巴黎公约》明确界定了其所保护的工业产权的范围。根据公约第1条，工业产权的保护对象包括：专利、实用新型、工业品外观设计、商

---

❶ 见《巴黎公约》第11条。

标、服务标记、厂商名称、货源标记或原产地名称和制止不正当竞争。并且，对工业产权应作最广义的理解，它不仅应适用于工业和商业本身，而且应同样适用于农业和采掘业，适用于一切制成品或天然产品，例如：酒类、谷物、烟叶、水果、牲畜、矿产品、矿泉水、啤酒、花卉和谷类的粉。

在公约所界定的工业产权范围中，可获专利的对象只包括我国专利法所说的"发明"。但由于公约同时规定，关于专利的规定应比照适用于实用新型，因此公约虽然没有直接规定保护实用新型是公约的一项最低要求，但对实用新型的保护持与专利基本相同的态度。❶

（二）发明人的署名权

经济权利和精神权利的双重性是知识产权的基本特征之一。《巴黎公约》规定了发明人的署名权这一精神权利，即"发明人有在专利中被记载为发明人的权利"。❷ 值得注意的是，这项精神权利的主体并非专利权人，而是发明人。由于存在"职务发明"制度，而且专利申请权和专利权可依法转让，因此，发明人与专利权人不一致的情况很常见。在发明人并非专利权人的情况下，发明人虽然不享有专利权人专有的财产权利，但其与智力成果之间的关系应得到尊重和认同。发明人的署名权便是对其作为该发明的智力创造者身份的法律认可。

发明人行使署名权的对象应是专利证书，而不是专利产品或专利的其他载体。这与版权法中的署名权不同，版权法中作者的署名是指在作品及其复制件上署名。

（三）专利产品的进口与专利的维持

《巴黎公约》签署之前，一些国家的国内专利立法中存在"一旦输入专利产品，专利权就随之丧失"的规定。❸ 这些国家授予专利权的目的在

---

❶ 吴汉东.知识产权国际保护制度研究[M].北京：知识产权出版社，2007：352.
❷ 见《巴黎公约》第4条之三。
❸ 吴汉东.知识产权国际保护制度研究[M].北京：知识产权出版社，2007：351.

于希望专利权人能够在本国实施专利，而不是在其他国家实施专利后再将相关产品输入本国。这种规定显然与日益发展的国际贸易不相适应。因此《巴黎公约》规定，"专利权人将在任何缔约国内制造的专利产品输入到批准该专利的缔约国境内时，不应导致该专利的丧失"。❶ 该规定使得一些发展中国家不得不放弃针对外国专利权人只进口专利产品而不在本国制造的不利于外国专利权人的规定。

该保护规则同样适用于方法专利。根据《巴黎公约》第5条之四，当一种产品输入到对该产品的制造方法给予专利保护的成员国时，专利权人对该进口产品应享有进口国法律对该制造产品所给予的方法专利的一切权利。关于方法专利的效力，各国有两种做法：一种是规定方法专利的效力只及于方法本身，另一种则规定不仅及于方法，还包括依方法直接获得的产品的使用、销售和进口。根据公约，如果进口国采取的是第一种做法，则方法专利权人对进口的该产品不享有权利。如果进口国采取的是第二种做法，则方法专利权人对依其专利方法直接获得的产品的使用、销售和进口享有专有权，未经其许可对该产品的使用、销售和进口均构成侵权。

（四）对驳回专利、撤销专利、宣告专利无效的限制

为避免专利申请和撤销过程中由于各国专利法差异导致的不公平，《巴黎公约》对驳回专利、撤销专利或使专利无效的原因作了限制性规定。根据公约，缔约国不得以专利产品或依专利方法制造的产品的销售受到本国法律的禁止或限制为理由，拒绝授予专利或使专利无效。❷ 当然，如果该发明与缔约国公共政策相抵触，或公然违反了该国法律、公众道德、基本伦理，则缔约国有权拒绝授予该发明专利或使专利无效。

（五）关于专利获得保护的条件

一些国家的专利法除规定专利性标准和专利申请审批程序外，还对专利的保护设置了一些不合理条件，这种做法不但增加了专利权人获得法

---

❶ 见《巴黎公约》第5条第1款。
❷ 见《巴黎公约》第4条第4款。

律保护的成本，也影响了相同专利在不同国家取得保护的公平性。公约规定，缔约国不得要求专利权人在商品上标志或载明专利，作为承认取得保护权利的条件。❶

五、专利权的限制

（一）强制许可

专利的许可应基于专利权人的自愿，这是专利权的应有之意。专利权作为一种独占权，若任意行使，可能导致垄断，并因此增加社会生产成本，阻碍社会进步。以强制许可的方式对专利权进行限制，保障公共利益，是各国的通行做法。公约确认可在专利权人不实施专利，构成"专利权滥用"的情形下，缔约国针对该专利授予强制许可的权利。❷同时，公约对强制许可的条件和效力规定了最低标准。这些标准构成对"专利权的限制"的限制，目的是防止对专利权的限制超出合理范围，影响发明创造的积极性，以维护专利权人利益与公共利益的平衡。公约对强制许可的限制主要表现在以下几个方面：❸

（1）申请理由的限制。申请强制许可的理由须是专利权人不实施或不充分实施其专利，其他情形下的强制许可公约未规定限制条件。并且，这种不实施或不充分实施须缺乏正当理由，如果专利权人有正当理由不实施专利，缔约国不得授予强制许可。

（2）时间上的限制。如果专利权强制许可申请的依据是专利权人不实施或不充分实施其专利，则该申请须是自提出专利申请之日起4年届满之后，或自授予专利之日起3年届满后才能提出，且以后满期的期间为准。在此期限之前，不得针对不实施授予专利强制许可。

（3）方式上的限制。第一，强制许可并非无偿许可，被许可方需依合理标准支付专利使用费。第二，强制许可并非独占许可，缔约国授予强

---

❶ 见《巴黎公约》第5条第4款。该规定同样适用于实用新型、工业品外观设计和注册商标。
❷ 见《巴黎公约》第5条第1款（2）。
❸ 见《巴黎公约》第5条第1款（4）。

制许可后，不得禁止专利权人自己使用或授权强制许可被许可方之外的其他人使用。第三，除与利用该许可的部分企业或商誉一起转让外，被许可人不得转让专利，或将专利分许可给他人。

知识链接2-5："独占许可"与"普通许可"

独占许可与普通许可是技术许可的两种方式。独占许可是指许可方（专利权人）授予被许可方在许可合同所规定的期限、地区或领域内，对所许可的专利技术具有独占性实施权。许可方不再将该项专利技术的同一实施内容许可给第三方，许可方本人也不能在上述的期限、地区或领域内实施该项专利技术。普通许可是指在一定时间内，专利权人许可他人实施其专利，但许可方保留自己在该区域的技术使用权，同时保留许可第三人实施该专利的权利。

（二）对专利权的其他限制

除强制许可外，《巴黎公约》还规定了另外两种限制专利权的情形：❶

（1）缔约国的船舶暂时或偶然地进入其他缔约国的领水时，在该船的船身、机器、船具、装备及其他附件上使用构成专利对象的器械，不构成对专利权的侵犯，但以专为该船的需要而使用这些器械为限。

（2）缔约国的飞机或陆上车辆暂时或偶然进入其他缔约国时，在该飞机或陆上车辆的构造或操作中，或者在该飞机或陆上车辆附件的构造或操作中使用构成专利对象的器械。

延伸阅读2-6

詹映：《专利强制许可制度的实施及我国的对策》（载国家知识产权局网站）。

【案例2-3】印度专利强制许可的实践：拜耳"多吉美"案❷

德国拜耳公司（Bayer）对药物化合物索拉非尼（Raf/PDGFR/

---

❶ 见《巴黎公约》第5条之三。

❷ 詹映. 专利强制许可制度的实施及我国的对策[EB/OL]. [2017-01-31].http://www.sipo.gov.cn/zlssbgs/zlyj/201608/t20160812_1285859.html.

VEGFR）拥有专利权。索拉非尼被用来治疗晚期肾癌和肝癌，它的使用能延长晚期肝癌和肾癌病人的生命。拜耳公司在2005年获得对索拉非尼的销售许可，2006年以商品名"多吉美"（Nexavar）在全世界推出该产品。该公司在2007年8月1日获得在印度进口和销售该药的许可。2008年3月3日，拜耳公司在印度获得索拉非尼的专利（No.215758）。多吉美在印度的销售量保持在每月大约200人的剂量。印度病人服用多吉美一个月的药费约为5 600美元，相当于印度薪水最低工人3年半的工资。Natco公司是印度的一家仿制药制造商。依照Natco公司的统计，印度至少有100 000名不同类型的肾癌和肝癌患者，此外，每年还有30000位新病人被诊断患有这两种疾病，并有将近24 000位病人死亡。拜耳公司提供的该药物数量仅满足了印度2%的肾癌和肝癌病人的需要。Natco公司开发了制造索拉非尼所需的工艺，获得了药监部门生产仿制药的许可，拟在2011年4月向市场推出。Natco公司向拜耳公司请求给予自愿许可，但是遭到拒绝。Natco公司提出了强制许可申请。经过权衡双方陈述的事实和理由，基于拜耳公司确实未能以可获得和可负担的标准为该药物定价，而且也不能保证该药物在印度有足够的和可持续的供应，印度专利局于2012年3月9日作出授予Natco公司强制许可的决定。这是印度历史上颁发的首例药品专利强制许可。

【思考】

（1）印度专利局授予多吉美药品强制许可的理由是什么？

（2）印度专利局的做法是否符合《巴黎公约》的规定？

（3）多吉美药品强制许可对拜耳公司、印度患者以及该类药品的研发有什么影响？

【案例2-4】巴西专利强制许可案：默沙东"依非韦伦"案❶

2007年年初，巴西政府与默沙东公司（Merck Sharp & Dohme）就其专利药品"依非韦伦"（Efavirenz）的价格进行谈判。巴西政府希望的价格是每片1.59美元，理由有两个：一是默沙东公司在其他与巴西处于同一

---

❶ 詹映. 专利强制许可制度的实施及我国的对策[EB/OL]. [2017-01-31].http://www.sipo.gov.cn/zlssbgs/zlyj/201608/t20160812_1285859.html.

发展水平、治疗人口更少的国家以较低价格出售该药品；二是印度制药企业Cipla，Ranbaxy和Aurobindo等以每片45美分的低廉价格出售依非韦伦的仿制药。默沙东公司最初提议降价2%，后在国际社会的呼吁下同意降价30%。由于不满意默沙东公司的最终出价，2007年5月，巴西政府以公共利益为由针对依非韦伦颁发了强制许可，允许从印度进口仿制药，并允许在巴西当地生产依非韦伦。这是巴西政府发布的第一例强制许可。依非韦伦仿制药的进口价格是每人每年166.36美元，是默沙东公司售价的1/3。强制许可期限为5年。根据巴西政府2007年的统计，服用依非韦伦的病人有7.5万，从印度进口仿制药能节约3 000万美元。到2012年该项巴西专利保护期限届满时，共节约2.368亿美元。2009年，巴西Farmanguinhos公司将依非韦伦的仿制药投放市场以取代从印度进口的仿制药。

【思考】

（1）巴西政府为何首先选择与默沙东公司进行价格谈判而不是直接颁发强制许可？

（2）巴西政府提出降价要求和最终颁发强制许可的主要理由有哪些？

（3）根据《巴黎公约》，该强制许可须符合哪些限制性条件？

第三节　专利跨国申请的捷径——《专利合作条约》

《专利合作条约》是继《巴黎公约》后又一个重要的有关专利国际保护的国际条约。该条约旨在建立一个国际申请体系，统一专利权授予前的受理和审查标准，协调各国专利法，为各国国际专利制度进一步合作奠定基础。通过该条约，申请人只要提交一件"国际"专利申请，即可在为数众多的国家中的每一个国家同时要求对发明进行专利保护。专利跨国申请的程序因此得到简化。

一、条约简介

《专利合作条约》（*Patent Cooperation Treaty，PCT*）于1970年在华

盛顿外交会议缔结，1978年1月24日生效，后于1979年修正，并于1984年和2001年两次修订。PCT对《巴黎公约》的缔约国开放，并和《巴黎公约》一样，由世界知识产权组织管理。PCT共8章69条，是程序性的国际专利法律文件。除PCT外，PCT体系还包括《PCT实施细则》（*Regulations under the Patent Cooperation Treaty*）（最新修订本于2016年7月1日生效）和《PCT行政规程》（*Administrative Instructions Under the Patent Cooperation Treaty*）（最新修订本于2016年12月15日生效）。我国于1994年1月1日加入PCT，同时国家知识产权局作为受理局、国际检索单位、国际初步审查单位，接受中国公民、居民、单位提出的PCT国际申请。

延伸阅读2-7

（1）登录世界知识产权组织网站，查询PCT的成员数量以及近年WIPO受理的PCT申请的数据。（2）登录中国国家知识产权局网站或查阅《中国知识产权年鉴》，查询我国PCT专利申请的相关情况。

通过PCT途径提出的国际申请分为两个流程阶段：一是国际阶段，由国际申请的提交、国际检索、国际公布、国际初步审查（根据申请人的要求）构成；二是国家/地区阶段，授予专利的决定完全由进入其国家/地区阶段的国家局/地区局做出。可见，PCT体系是专利申请体系，不是专利授权体系，不存在所谓"PCT专利"。另外，只有发明可以通过PCT申请专利、实用新型和其他类似的权利保护，外观设计和商标不能通过PCT途径获得保护。

知识链接2-6：PCT申请的优点

相较于传统的专利跨国申请程序，PCT申请程序具有如下优点：❶（1）申请人有比传统的跨国申请程序多18个月的时间，用于考虑是否需要在外国寻求保护，以及办理在相关国家指定当地专利代理人、准备必要的翻译材料、缴纳国家费用等事务（见图2-1）。（2）只要国际申请是按PCT

---

❶ 国家知识产权局. 专利合作条约简介[EB/OL]. [2017-01-31]. http://www.sipo.gov.cn/ztzl/ywzt/pct/jczs/201310/t20131028_872186.html.

规定的形式提交的，任何被指定的主管局在处理申请的国家阶段，均不得以形式方面的理由驳回申请，申请形式被统一，被简化。（3）申请人可以根据国际检索报告或书面意见，较准确地评估其发明被授予专利权的可能性，并在此基础上作出是否继续申请程序的决策。申请人可以在国际初步审查期间对国际申请作出修正，以使该申请在被指定的主管局处理之前符合要求。（4）国际检索报告、书面意见以及国际初步审查报告使得各相关国家专利局检索和审查的工作强度大大降低，检索和审查质量大大提高。（5）由于每件国际申请都与国际检索报告一起公布，第三方可以更好地对提出权利要求的发明的专利性形成有充足依据的意见。

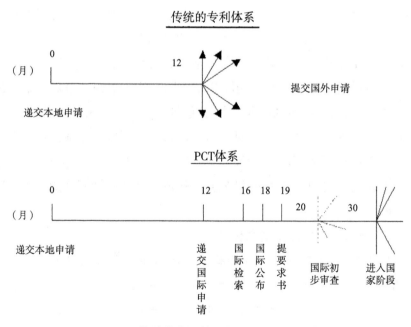

图2-1　传统的专利体系与PCT体系的比较

来源：国家知识产权局网站，2017

二、PCT国际申请

（一）申请人

PCT国际申请的申请人为PCT缔约国的任何居民或国民，PCT大会可以决定允许非本条约缔约国的《保护工业产权巴黎公约》任一缔约国的居民或国民提出国际申请。[1] 向中国国家知识产权局提出PCT国际申请需满足以下条件之一：第一，为中国公民或中国法人；第二，在中国境内有长期居所的外国人或在中国工商部门注册的外国法人。若有多个申请人，只要其中一个申请人有资格即可。针对不同的国家可以指定不同的申请人。

（二）申请文件

根据PCT的规定，国际申请文件应包括一份申请书、一份说明书、一项或多项的权利要求书或多幅的附图（如果需要），以及一份摘要（仅作为技术情报）。

1. 申请书

申请书是申请人表示请求启动PCT程序的愿望。PCT申请书应有以下内容：要求将国际申请按PCT条约办理的请求、指定国家、申请人和代理人（如果有代理人的话）的姓名及其他规定的有关材料、发明的名称、发明人的名称描述等。[2]

2. 说明书

说明书是将发明创造的内容清楚、完整地公开，使本技术领域内的人员阅读后便能实施该发明创造的重要文件。

3. 权利要求书

权利要求书是申请文件中最重要也是最基本的文件，它的任务是指出发明创造中最关键的技术特征，它是确定专利保护范围的依据。权利要求书应表明其寻求保护的事物，清楚简明，并用说明书给予充分解释。[3]

---

[1]　见PCT第9条。
[2]　见PCT第4条第1款。
[3]　见PCT第6条。

4. 附图

附图是对发明创造具体方案的图形描述，其具体表现形式可以是结构图、流程图等。根据PCT，为了便于发明创造，可以要求提供附图。申请人可在提出国际申请时将这些附图包括在内，任何指定局可要求申请人在规定的时间期限内向该局提供这些附图。❶

5. 摘要

摘要是对整个发明创造的概述，它仅是一种供有关人员迅速获知发明的情报检索性文件，不具有法律效力，特别是不能作为解释所要求的保护范围。

知识链接2-7：PCT专利申请可以使用哪些语言提交?

PCT申请人可以使用受理局接受的任何语言提交国际专利申请。如果提交申请所使用的语言不是进行国际检索的国际检索单位所接受的语言，申请人则需要提供申请译文以便进行国际检索。然而，各受理局都必须接受至少一种满足以下条件的语言所提交的申请：既是进行国际检索的国际检索单位所接受的语言，同时也是"公布语言"（用于公布国际专利申请的语言：阿拉伯语、中文、英语、法语、德语、日语、韩语、葡萄牙语、俄语和西班牙语）。

（三）国际申请的提出

申请人可向其作为国民或居民的缔约国的国家专利局提出PCT国际申请，也可以向WIPO国际局直接提出申请。如果申请人是《欧洲专利公约》《专利和工业品外观设计哈拉雷议定书》《与非洲知识产权组织的创造有关的班吉协定》或《欧亚专利公约》的缔约国的国民或居民，也可以分别向欧洲专利局（EPO）、非洲地区工业产权组织（ARIPO）、非洲知识产权组织（OAPI）或欧亚专利局（EAPO）提交国际申请。❷

---

❶ 见PCT第7条。
❷ 见PCT第10条。

知识链接2-8：中国的单位或个人提交PCT国际申请的注意事项

中国的单位或个人提交PCT国际申请时，应注意下列事项：（1）申请人可以委托中国国家知识产权局指定的专利代理机构办理，专利代理机构名录可登录http://www.sipo.gov.cn/zldlgl/查阅。（2）中国的单位或个人就其在国内完成的发明创造提出PCT国际申请的，可先向中国国家知识产权局提出中国专利申请再以此为优先权提出PCT国际申请，也可直接提出PCT国际申请。（3）中国作为受理局，将对申请人提交的PCT国际申请进行国家安全审查。（4）国际申请文件应提交到"中国国家知识产权局专利局受理处PCT组"。各地方专利代办处不接收PCT国际申请。申请人可通过邮寄、面交、传真，或使用CEPCT网站、CEPCT客户端、PCT-SAFE软件提交电子形式的申请文件。国际申请日的确定根据受理局收到申请文件且满足PCT第11条（1）规定的所有要求之日作为国际申请日。以传真方式提交时，应在传真之日起14天内将传真原件传送到中国国家知识产权局专利局受理处PCT组。传真电话为（010）62019451。

（四）国际申请的效力

国际申请可以产生国际申请日，申请人可以在其申请中指定某些（甚至所有）PCT成员国，国际申请在每个指定国内自国际申请日起具有正规的国家申请的效力。对某些地区专利条约成员的PCT成员国还可产生地区专利申请的效力。由《哈拉雷议定书》❶《欧亚专利公约》❷及《欧洲专利公约》❸建立起来的地区专利体系的成员国可能会"关闭获得国家专利保护的途径"，即指定该成员国的国际申请可自动被作为地区（ARIPO、欧亚或欧洲）专利申请处理，并由各自的地区专利局处理。

---

❶ 全称为《非洲地区知识产权组织框架内专利和工业品外观设计哈拉雷议定书》（Harare Protocol on Patents and Industrial Designs Within the Framework of the African Regional Industrial Property Organization, ARIPO）。该议定书适用于非洲地区15个英语国家的专利和外观设计申请。

❷ 即the Eurasian Patent Convention。该公约适用于前苏联加盟共和国，适用的国家包括俄罗斯，白俄罗斯，亚美尼亚，阿塞拜疆，吉尔吉斯斯坦，哈萨克斯坦，塔吉克斯坦，土库曼斯坦。

❸ 全称为《关于授予欧洲专利的公约》（Convention on the Grant of European Patents）。该公约只对欧洲国家开放，目前有34个成员国。

（五）确定国际申请日的最低要求❶

（1）申请人根据其国籍或居所有资格向受理局提交国际申请。中国国家知识产权局作为受理局，只接受中国的国民或居民提出的国际申请，国际申请中有多个申请人时，至少有一个申请人的国籍或居所是中国，就认为已满足要求。

（2）国际申请是用规定的语言撰写。中国国家知识产权局接受两种语言：中文、英文。

（3）国际申请至少包括下列项目：第一，说明是作为国际申请提出的（只要申请人使用国际局统一制定的请求书PCT/RO/101表，该表上会有这样一段话，"下列签字人请求按照专利合作条约的规定处理本国际申请"，那么该项要求就得到满足）；第二，至少指定一个缔约国；第三，写明申请人的姓名或名称；第四，说明书；第五，权利要求书。

根据PCT，受理局应对国际申请进行以下项目缺陷的检查：该国际申请未按附属规则的规定签字、没有按规定提出申请人、没有发明名称、没有摘要、不符合附属规则中规定的申请书书写的规格要求。如果受理局发现上述任一条缺陷，应让申请人在1个月内修改该国际申请，逾期不改，则认为该申请已经撤回，并由受理局通知申请人。如果申请人按附属规则规定进行了更正，则受理局应将收到必要更正的日期作为国际申请提出的日期。

知识链接2-9：PCT申请能以电子方式提交吗？

在大多数情况下，申请人可以通过电子方式提交PCT申请。只要主管受理局接受以电子方式提交的PCT申请，即可通过此方式提交。如果借助WIPO网络服务（ePCT-filing）或WIPO提供的软件（PCT-SAFE）准备PCT申请，系统会自动验证输入的数据并提醒申请人填写不正确或不统一的地方。此外，还能帮助申请人管理申请，例如监控相关操作的时限。以电子方式提交申请时，申请人还有权享受一定的费用减免。

---

❶ 见PCT A11（1）。

三、PCT国际检索

PCT国际检索是对使用专利申请最常用语言❶公开的相关专利文献及其他技术文献进行的检索。国际检索的目标是努力发现相关的现有技术。为保证检索质量，PCT对需要检索的文献规定了具体标准，选定经验丰富的专利局作为国际检索单位，并使用统一的检索方法。原则上，除非启动检索程序之前申请被撤回，否则每一国际申请都应经过国际检索。

（一）国际检索单位

国际检索应由国际检索单位进行。PCT指定了以下专利局承担国际检索单位（ISA）职责：澳大利亚、奥地利、巴西、加拿大、中国、智利、埃及、芬兰、印度、以色列、日本、韩国、俄罗斯、西班牙、瑞典、乌克兰和美国的国家局，以及欧洲专利局和北欧专利局这两个地区局。各国国民或居民可以使用具体哪一个国际检索单位，取决于受理国际申请的受理局。一些受理局规定了一个以上的主管国际检索单位，申请人可以根据语言、费用等因素选择其中任何一个。凡是中国国家知识产权局受理的国际申请或者由国籍和居所是中国的申请人向国际局提出的国际申请，其检索都在中国国家知识产权局进行。

（二）国际检索单位程序与职能

国际检索单位程序由该国际检索单位制定，但是该程序不得违反PCT及其附属规定，并受国际局与上述单位的协议约束。国际检索是一个封闭的过程，除单一性或明显错误的问题外，申请人与检索单位不需进行交流。自优先权日起9个月，或自检索单位收到检索本起3个月（以后到期的期限为准），检索单位制定检索报告或宣布不制定检索报告。国际检索单位的职能包括：检查单一性；检查标题和摘要；对声称的发明进行检索；检查除请求书之外的申请文件是否存在明显错误；制定检索报告或宣布不

---

❶　即中文、英语、德语和日语，以及在某些情况下，法语、韩语、俄语和西班牙语。

制定检索报告。❶

（三）国际检索报告及国际检索单位的书面意见

国际检索报告由一系列可能影响国际申请的专利性的已公开专利文献和技术刊物文章构成。该报告会指出所列文献与新颖性和创造性等重要专利性问题的相关程度。国际检索单位在出具国际检索报告的同时，还制作一份关于专利性的初步的、不具有约束力的书面意见，对发明的专利性问题进行详细的分析。书面意见与申请同时公开，国际检索报告和书面意见由国际检索单位发送给申请人。

国际检索报告有助于申请人对获得专利的可能性进行评估。如果国际检索报告对申请人有利，即所列文献（现有技术）看起来不影响专利授权，那么将促使申请人在希望获得保护的国家继续申请程序。如果检索报告对申请人不利，那么申请人将有机会对国际专利申请的权利要求加以修改并使其公布，或者在国际公布之前撤回申请。

四、PCT国际公布

（一）国际公布的时间

自优先权日起18个月届满之后，若国际申请尚未撤回，WIPO会将该申请连同国际检索报告一起予以公布。申请人也可以在自优先权日起18个月届满前的任何时候申请公布其国际申请，国际局应按附属规则的规定办理。❷ 如果届时国际检索报告已经作出，提前公布并不另外收费；如果检索报告尚未作出，申请人则需为提前公布向国际局缴纳特别公布费。

（二）国际公布的效力

PCT申请的国际公布可使申请人在指定国对其发明获得临时保护，申请人可要求在公布后、授权前实施其发明的单位或个人支付适当的费用。对于

---

❶ 中国国家知识产权局作为受理局，国际检索初审单位的职能[EB/OL]. [2017-02-05].http://www.sipo.gov.cn/ztzl/ywzt/pct/jczs/201310/t20131028_872183.html.

❷ 见PCT第21（2）（b）条和PCT细则第48.4（a）条。

这种临时保护的给予，有的国家可能附加一定的条件，如提交译文、指定局收到根据PCT公布的国际申请的副本、提前公布时18个月期限届满，等等。

PCT申请一经公布，即自公布之日起成为现有技术的一部分，并被包括在PCT细则第34条所称的"PCT最低限度文献"之中。由于PCT缔约国的覆盖面和PCT的申请量都很大，因此已公布的PCT申请是人们进行检索以了解技术发展和专利申请趋势的重要依据。❶

知识链接2-10：国际申请的公布方式及第三方查阅

PCT国际申请会在PATENTSCOPE上在线公布，这是一个强大的、完全可检索的数据库，具备灵活的多语言界面和翻译工具，可帮助用户和公众理解所公布专利申请的内容。该数据库的网址为：www.wipo.int/patentscope/search/zh/structuredsearch.jsf。对于希望转让或许可（包括交叉许可）专利的企业或个人来说，申请人还可将许可愿望公布在PATENTSCOPE网站上，并可通过表格（PCT/IB/382）或函件说明愿意在什么缔约国进行许可，使用费的比例是多少，是否有最低使用费标准。❷在国际公布之前，未经申请人请求或授权，任何第三方不得查阅申请人的国际申请。如果申请人希望撤回申请（而且是在国际公布前要求撤回），则不进行国际公布，因此第三方不得以任何形式查阅。但在国际公布之后，国际申请文档中的某些文件就会与公布的国际申请一起在 PATENTSCOPE上公开，例如国际检索单位的书面意见以及申请人对该书面意见的非正式意见，任何第三方均可查阅。

五、PCT国际初步审查

国际初步审查程序不是自动进行的必经程序。国际初步审查的申请应采用规定的语言和形式，向国际初步审查单位提出。

---

❶❷　王正发. PCT申请的国际公布及策略[EB/OL]. [2017-02-05].http://www.mysipo.com/thread-85059-1-1.html.

（一）国际初步审查单位

国际初步审查应在国际初步审查单位进行。国际初步审查单位（IPEA）就是前述国际检索单位。对于某一具体的国际专利申请，可能存在一个或多个主管国际初步审查单位，对此，申请人可以咨询受理局，也可查阅《PCT申请人指南》和《PCT通讯》了解详情。❶ 中国国家知识产权局受理的国际申请，国际初步审查由中国国家知识产权局承担。

（二）国际初步审查的标准和程序

国际初步审查是对发明专利性进行的第二次评价，审查标准与国际检索单位书面意见所依据的标准相同。国际初步审查单位的审查程序受到PCT、PCT附属规则以及国际局和审查单位签订的协议的约束。启动国际初步审查，申请人应办理以下手续：

（1）在期限内提交国际初步审查要求书。期限是自国际检索报告或宣布不制定国际检索报告的发文日起3个月，或自优先权日起22个月，以后到期为准。

（2）自提交国际初步审查要求书之日起1个月或自优先权日起22个月内缴纳初步审查费和手续费，以后到期为准。

申请人有权与国际初步审查单位进行口头或书面联系。如果申请人希望修改国际申请以克服国际检索报告中所列文献以及国际检索单位书面意见中所指出的缺陷，那么国际初步审查提供了在进入国家阶段之前积极参与审查程序并可能影响审查员结论的唯一机会。申请人可以提交修改和争辩，并且有权与审查员会晤。但这种修改不得超出原递交国际申请中对发明公开的范围。该程序完成后，审查机构将作出专利性国际初步报告。中国国家知识产权局作出专利性国际初步报告的期限为优先权日起28个月或自收到国际初步审查要求书之日起6个月（以后到期为准）。

---

❶ 世界知识产权组织.专利合作条约常见问题解答[EB/OL]. [2017-02-05]. http://www.wipo.int/export/sites/www/pct/zh/basic_facts/faqs_about_the_pct.pdf.

（三）专利性国际初步报告

专利性国际初步报告应在规定的时间期限内按规定的形式书写，并提供给申请人、WIPO和国家（或地区）专利局，它包含每项已检索权利要求是否符合国际专利性标准的意见。该报告多数情况下针对经修改的申请，向申请人提供了更好的依据以评估获得专利权的可能性。如果报告内容是正面的，申请人将有更强的动力继续进行国家和地区专利局程序。但最终是否授予专利权由所进入国家阶段的国家或地区专利局自主决定。专利性国际初步报告虽可供这些专利局参考，但对其没有约束力。

六、PCT申请国家阶段

PCT申请是否进入国家阶段，以及在哪些国家继续国际申请，概由申请人自行决定。进入国家阶段需缴纳国家费用，在某些情况下需提交申请的译文、聘请当地代理人。对大多数PCT缔约国专利局而言，这些步骤必须在自优先权日起30个月届满之前完成。

延伸阅读2-8

登录世界知识产权组织网站，查阅《PCT申请人指南——国家阶段》，了解下列信息：（1）进入国家阶段的一般信息；（2）该指南关于各PCT缔约国的国家章节中关于费用和国家法要求的具体信息。

国家阶段的国家处理程序主要按照指定国的国内法办理。按照PCT及其附属规则，在国家处理程序中，指定局将对转入国家处理程序的国际申请作为直接向本国提出的正规国家申请一样来处理。在PCT国际检索报告和书面意见的基础上，指定局的审查会变得更为容易，在有专利性国际初步报告的情况下更是这样。

PCT申请人希望在中国获得专利保护的，应当自优先权日起30个月内办理进入中国国家阶段的手续，未在该期限内办理的，在缴纳宽限费后，可以自优先权日起32个月内办理下列手续。

（一）提交文件

进入中国国家程序时应提交下列文件：国际申请进入中国国家阶段声明（中国国家知识产权局统一制定的表格），原始说明书的中文译文，原始权利要求书的中文译文，原始附图副本（若附图中有文字的，应当将其替换为对应的中文文字），摘要的中文译文和摘要附图副本。如果国际公布是用中文公布的，则只需提交国际申请进入中国国家阶段声明、国际公布摘要、摘要附图（适用时）的副本。

进入中国国家阶段时申请人可以以电子文件形式或者纸件文件形式提交申请文件。以纸件形式提交的，可以通过邮寄或者面交方式将文件提交到"中国国家知识产权局专利局受理处PCT组"。

（二）缴纳费用

应当缴纳的费用包括：申请费、申请附加费、公布印刷费、宽限费（适用时）、优先权要求费（适用时），费用数额及其他费用参见下文。

办理进入手续时，可以以国际申请号缴纳相关费用，在获得国家申请号以后，应当以国家申请号缴纳相关费用。

（三）委托专利代理机构

在中国境内无长期居所或营业所的外国人、外国企业或外国其他组织应当委托依法设立的专利代理机构办理PCT中国国家程序。

当申请人办理了进入中国国家阶段的手续后，中国国家知识产权局将对收到译文之日和缴纳的申请费、公布印刷费、宽限费之日进行比较，以后到日确定为进入日。

七、PCT国际申请的费用

在中国国家知识产权局作为受理局、国际检索单位、国际初步审查单位的情况下，PCT国际申请的费用如下。

（一）国际阶段的费用

PCT申请国际阶段的费用如表2-1所示。

表 2-1　**PCT 申请国际阶段费用一览表**（CNY：人民币元，CHF：瑞士法郎）

国 际 阶 段 （中国国家知识产权局作为受理局、国际检索单位、国际初步审查单位）	
费用名称	数额
必缴费用	
1. 传送费	CNY 500
2. 检索费	CNY 2100
3. 国际申请费（代国际局收取） （国际申请文件不超过 30 页）	CHF 1330
适用情况下缴纳的费用	
4. 国际申请附加费（代国际局收取） （超出 30 页部分，每页加收）	CHF 15/ 每页
5. 优先权文件费	CNY 150/ 每项
6. 单一性异议费	CNY 200
7. 副本复制费	CNY 2/ 每页
8. 初步审查费	CNY 1500
9. 手续费（第Ⅱ章）（代国际局收取）	CHF 200
10. 附加检索费 附加初步审查费	CNY 2100/ 每个发明 CNY 1500/ 每个发明
11. 优先权要求恢复费	CNY 1000
12. 后提交费	CNY 200
13. 滞纳金 按未缴费用的 50% 收取，若低于传送费，按传送费收取，若高于国际申请费的 50%（不考虑国际申请超出 30 页部分每页的费用），按国际申请费的 50% 收取	

（来源：中国国家知识产权局网站，2016.12.）

如果国际申请的提出按照并符合行政规程的规定，国际阶段收费标准中第3项和第4项所需支付的费用总额减少标准为：

（1）如果使用CEPCT网站、CEPCT客户端、PCT-SAFE软件提交国际申请，只要满足必要的条件，可减缴CHF200～300的费用。

（2）如果使用电子方式提交国际申请，国际申请费的减缴标准为：如果使用电子方式提交国际申请，且满足行政规程第7部分和附录F的要求，但以电子方式提交的说明书、权利要求和摘要未采用字符代码格式，可减缴CHF200的费用；若以电子方式提交的说明书、权利要求和摘要均采用字符代码格式，则可减缴CHF300的费用。

（3）如果国际申请的所有申请人是自然人，且所有申请人均属于国际局发布的符合费用减免条件国家清单（国际局发布的清单可从http://www.wipo.int/pct/en/fees/index.html下载）中所列国家的国民和居民，国际申请费和手续费可减缴90%。我国（包括台湾、香港和澳门地区）在此列。

（二）国家阶段的费用

PCT申请国家阶段的费用如表2-2所示。

表2-2　PCT申请国家阶段费用一览表（以中国国家阶段为例）

国家阶段 （中国国家知识产权局作为指定局、选定局）	
费用名称	数额
1.申请费 发明专利 实用新型专利	 CNY 900 CNY 500
2.申请附加费 ①权利要求附加费从第11项起每项增收 ②说明书附加费从第31页起每页增收	CNY 150 CNY 50 CNY 100
3.公布印刷费	CNY 50
4.发明专利申请实质审查费	CNY 2500
5.宽限费	CNY 1000
6.优先权要求费每项	CNY 80
7.译文改正费 初审阶段 实审阶段	 CNY 300 CNY 1200
8.单一性恢复费	CNY 900
9.恢复费	CNY 1000

注：进入国家阶段其他收费按照国内标准执行。

（来源：中国国家知识产权局网站，2016.12.）

国家阶段费用的减缴标准为：

（1）以中国国家知识产权局作为受理局受理的国际申请在进入国家阶段时免缴申请费及申请附加费。

（2）由中国国家知识产权局作出国际检索报告及专利性国际初步报告的国际申请，在进入国家阶段并提出实质审查请求时，免缴实质审查费。

（3）由欧洲专利局、日本专利局、瑞典专利局三个国际检索单位作出国际检索报告的国际申请，在进入国家阶段并提出实质审查请求时，只需要缴纳80%的实质审查费。

知识链接2-11：中国国家知识产权局PCT申请咨询联系方式

国际阶段咨询电话：010-62088476；国家阶段咨询电话：010-62088300

咨询邮箱：PCT国际申请国际阶段事务咨询　pct_affairs@sipo.gov.cn

延伸阅读2-9：来自世界知识产权组织的PCT国际申请数据分析❶

在PCT申请量排名前十的国家中，中国是2014年唯一一个出现了两位数增长的国家（18.7%）。联合王国创下了第二快的增长速度（9%），随后是美国（7.1%）。2014年，中国的华为技术有限公司以3442件已公布的PCT申请，成为2014年的最大申请人。美国的高通公司是第二大申请人，有2409件已公布的申请，中国的中兴通讯公司以2179件PCT申请位列第三。排名前三的申请人的专利申请均是数字通信在申请总量中占绝大多数。在华为提交的PCT申请中，数字通信占65%，随后是计算机技术和电信，在申请总量中各占11%。高通公司与华为类似，其数字通信在申请总量中占40%，随后是计算机技术（18%）、音像技术（11%）和电信（10%）。中兴通讯的数字通信在申请总量中所占的比例略超过60%，随后是计算机技术（14%）和电信（13%）。

在排名前五十的申请人中，华为（1332件）的PCT申请增量最大，随后是腾讯科技有限公司（727件）和微软公司（652件）。加利福尼亚大学有

---

❶ 世界知识产权组织. 电信企业在WIPO国际专利申请中占居首位[EB/OL]. [2017-02-05] http://www.wipo.int/pressroom/zh/articles/2015/article_0004.html.

413件已公布申请,是教育机构中最大的申请人。在它之后是麻省理工学院（234件）、得克萨斯大学系统（154件）和哈佛大学（147件）。美国高校占据了教育机构申请量前十名中的九名。韩国首尔大学位列第十。

计算机技术类有17653件已公布申请（占总数的8.4%），是PCT申请所占份额最大的技术领域，随后是数字通信（7.7%）和电气机械（7.3%）。在排名前十的领域中，计算机技术增长最快（+19.4%），随后是医疗技术（+17.1%）和数字通信（+14.5%）。计算机技术申请在申请总量中所占的份额从1990年的3%增至2014年的8%。同样，数字通信的份额从1990年的不到1%增至2014年的8%。微软是计算机技术的最大申请人，随后是英特尔公司和腾讯科技。

第四节　专利保护标准的统一与强化——《与贸易有关的知识产权协定》中的专利保护规则

TRIPs协议共分为七个部分共73条，其中涉及专利的内容主要有三个部分，即第二部分关于知识产权的效力、范围及使用的标准，第三部分知识产权的执法以及第四部分知识产权的取得和维持及当事人之间的相关程序。

一、TRIPs协议与《巴黎公约》的关系

如前所述，《巴黎公约》是关于工业产权的国际公约，其中包含了关于专利保护的法律规则。TRIPs协议在第2条"知识产权公约"中，对《巴黎公约》进行援引，该条规定："关于本协定第二、第三及第四部分，各成员方应遵守《巴黎公约》（1967）第1条至第12条以及第19条规定。"在所援引的《巴黎公约》第1~12条中，除所有工业产权适用的国民待遇原则条款外，第4条与第5条是专门针对专利的条款，这些条款涉及专利、实用新型、工业品外观设计的可保护性，专利的独立性，发明人的署名权，法律限制销售情况下的可专利性，专利物品的进口，不实施下的强制许可，

宽限期，专利恢复，以及专利权的例外等内容。❶ 为强化对《巴黎公约》的保护，TRIPs 协议规定，协议中的所有规定都不得减损成员方按照《巴黎公约》而可能相互承担的义务。❷

二、可获专利的发明

（一）可获得专利❸的事项

TRIPs 协议对可获专利的事项作了最宽泛的规定，根据TRIPs 协议第27条，"所有技术领域内的任何发明，无论是产品还是工艺，均可取得专利，只要它们是新的、包含一个发明性的步骤，工业上能够适用"。并且，专利的取得和专利权的享受应不分发明地点、技术领域以及产品是进口的还是当地生产的。❹ TRIPs 协议将更多发明创造纳入专利保护范围，体现了TRIPs 协议强化知识产权保护水平的立法宗旨。

关于该条中涉及的专利性三要件："新的"（新颖性）、"发明性的步骤"（创造性）和"工业上能够适用"（工业实用性），TRIPs 协议没有具体界定其内涵，各成员可在国内法中对此作出规定。

（二）可获专利事项的例外

TRIPs 协议授权成员在国内法中对两类情况拒绝授予专利。一类是某项发明在成员境内的商业利用可能不利于保护公共秩序或公共道德，不利于保护人类、动物或者职务的生命或健康，或者可能对环境造成严重污染。❺ 在这种情况下，成员可以拒绝授予专利的方式阻止发明的商业利用。

另一种情况涉及两种特殊内容的发明创造：❻（1）人类或动物的医学诊断、治疗和外科手术方法；（2）微生物以外的动植物，非生物和微生物生产方法以外的获得动物或植物的生物方法。根据该规定，成员国内法可

---

❶ 详见本章关于《巴黎公约》的内容。
❷ 见TRIPs 协议第2条第2款。
❸ 与《巴黎公约》一样，TRIPs 协议所称"专利"特指我国专利法中的"发明专利"。
❹ 见TRIPs 协议第27条第1款。
❺ 见TRIPs 协议第27条第2款。
❻ 见TRIPs 协议第27条第3款。

拒绝授予医学诊断、治疗方法和外科手术方法专利，也可拒绝授予微生物以外的动植物以及获得动植物的生物方法以专利，但成员方有义务以专利或其他有效形式对植物种类提供保护。

【案例2-5】 "哈佛鼠"的可专利性

对于能否对动物新品种授予专利的问题历来是国际知识产权领域争议的焦点。从目前的立法例来看，除美国外多数国家不授予动物新品种以专利。依据有二，一是动物品种是大自然的创造，品种的再生是靠其自身的繁衍技能，而非人力所为，所以它不是人类的发明，不应采用专利法来保护；二是动物新品种是具有生命的活体，因气候、土壤等客观条件的差异不可能生长出完全相同的东西，因此不具有专利的再现性。❶

"哈佛鼠"又叫"肿瘤鼠"，它是哈佛大学两位科学家在20世纪80年代通过转基因技术培育出来的一种老鼠。由于该老鼠易患癌症，因此具有重大的科学和医学研究价值。欧盟各国、美国等已先后批准授予"哈佛鼠"专利权。1993年，加拿大知识产权办公室在审核"哈佛鼠"在加拿大的专利权时裁定，"哈佛鼠"作为老鼠不能被授予专利，但哈佛大学可以获得易致癌基因及相关试验的专利权。这一裁定引起了哈佛大学的不满。但加拿大专利申诉委员会和联邦法院均维持了加拿大专利办公室的裁决。到2000年8月，加拿大联邦上诉法院又以2∶1的表决结果，裁定"哈佛鼠"可以获得专利权。不过联邦上诉法院的判决也没有让人信服，关于"哈佛鼠"的官司一路打到加拿大联邦最高法院。2002年12月5日"哈佛鼠"可否获得专利案最终由加拿大联邦最高法院作出判决。判决认为专利法中所使用的制程、机器与构成物质等概念并不能涵盖高等生物本身。使加拿大成为西方国家唯一没有给哈佛鼠授予专利的国家。❷

【思考】

（1）"哈佛鼠"在加拿大无法获得专利的主要原因是什么？

（2）在我国，"哈佛鼠"可否被授予专利？为什么？

---

❶ 刘春田. 知识产权法（第二版）[M]. 北京：北京大学出版社，高等教育出版社，2003：185.
❷ 吴汉东. 知识产权法教学案例[M]. 北京：法律出版社，2005：60.

（3）你对动物品种的可专利性持什么观点？

三、专利申请的最低要求

TRIPs 协议对专利申请规定了两个条件，作为专利申请的最低要求：❶

（1）各成员应要求专利申请人以足够清晰和完整的方式披露其发明，使该专业的技术人员能够实施该发明，并可要求申请人在申请之日，或在要求优先权的情况下在申请的优先权日，指明发明人所知的实施该发明的最佳方式。

（2）各成员可要求专利申请人提供关于申请人相应的国外申请和授予情况的信息。

四、专利权人的权利

TRIPs 协议首先确认专利人的权利是一种"独占权"，❷ 并对这种独占权的内容作了具体规定。

（一）专利权的基本内容

根据TRIPs 协议，各成员应立法授予一项专利的所有者以下独占权：

（1）对于产品专利，专利权人有权禁止未经其同意，制造、使用、许诺销售、销售或为这些目的进口专利产品的行为；

（2）对于方法专利，专利权人有权禁止未经其同意使用该方法的行为，禁止使用、许诺销售、销售或为这些目的而进口以该方法直接获得的产品的行为。

知识链接2-12：许诺销售

许诺销售（offering for sale）也称"出价销售"或"为销售而出价"，是指明确表示愿意出售某种产品的行为。通常指以做广告、在商店橱窗中

---

❶　见TRIPs协议第29条。
❷　见TRIPs协议第28条。

陈列或者在展销会上展出等方式作出的销售商品的意思表示。"许诺销售"在国际公约和国内法中普遍使用，目的在于使权利人能够制止发生在商业交易早期阶段的侵权行为，避免损失扩大，同时还可以截住专利侵权人向合理使用人出售侵权产品的渠道，避免专利权人因使用人的豁免而得不到应有的救济。我国在2000年《专利法》第二次修正案中正式引入这一概念，但在我国专利法中，许诺销售不适用于方法专利及专利间接侵权的情形。

关于专利权人的进口权（"专利权人制止其他未经许可进口其享有产品专利的产品，或进口依照其享有方法专利而直接制造的产品的权利"）需要注意的是，"进口权"控制的是专利产品的进口，而不是专利的进口。而专利权人有权控制的"专利产品"，必须是在进口国（而不是出口国）获得了专利的产品或方法。❶ TRIPs协议在《巴黎公约》的基础上，扩大了专利权人进口权的权利范围。《巴黎公约》仅赋予权利人对用同样方法制造的进口产品行使专利权，而TRIPs协议赋予权利人有权制止第三方未经许可进口专利产品的权利。❷

【案例2-6】中国海关扣留专利侵权货物案

中国某进出口公司与美国某公司签订一份国际货物买卖合同，约定由美国公司向中国出口价值500万美元的设备，当年年底之前交货。同年11月底，货物运抵中国某港口。在办理进口报关手续的过程中，中国海关发现，该批货物中含有已在中国海关备案的中国某专利权人的专利产品，而此货物的进口并未得到该专利权人的许可。海关认为该货物有侵犯专利权的嫌疑，决定扣留货物，并通知了收货人和专利权人。专利权人得到海关通知后，向当地人民法院提起诉讼。法院经审理确定该货物为侵权货物。海关将其没收。❸

---

❶ 郑成思.WTO知识产权协议逐条讲解[M].北京：中国方正出版社，2001：110.
❷ 吴汉东.知识产权国际保护制度研究[M].北京：知识产权出版社，2007：361.
❸ 闫桂贞.专利权人进口权受法律保护（案例评析）[EB/OL].[2017-02-05]. http://web.peopledaily.com.cn/haiwai/199909/03/newfiles/F106.html.

【思考】

（1）本案涉及专利权人的什么权利？

（2）中国海关采取扣留措施的法律依据是什么？

（3）关于进口环节专利侵权的法律救济，TRIPs协议是如何规定的？

（二）专利权的转让与使用许可

根据TRIPs协议，专利权人有权转让其专利权，专利权还可以继承的方式转让。专利权人可以签订专利权使用合同，许可他人使用专利。❶ 这两项权利是专利权的应有之意，在各国国内法中也都有体现。例如，我国《专利法》第10条规定，专利申请权和专利权可以转让。

（三）专利权的撤销和宣告无效

对于专利权的撤销和宣告无效，TRIPs协议未对所依据的具体原因和理由作出规定，因此，可继续沿用《巴黎公约》的相关规定。TRIPs协议只强调了一点，即当专利当局撤销和宣告专利无效时，国内法应提供对撤销或宣告专利无效的决定进行司法审查的机会。❷ 这意味着，在成员国内法中，专利当局对于专利权撤销和宣告无效的行政决定不可以是终局的，当事人应有机会就此类行政决定向法院提起诉讼。司法审查制度贯穿整个TRIPs协议，也是判断一个社会的治理方式是否符合法治精神的重要指标。

（四）专利权的最低保护期限

《巴黎公约》将专利权的保护期限交由成员自行决定，而TRIPs协议则明确规定了专利权的保护期限，根据TRIPs协议，专利权可获保护的期限不应少于申请之日起的20年。❸该期限是TRIPs协议规定的最低保护期限，各成员可以在国内法中延长这一期限。

TRIPs协议在针对保护期条款的注释中规定，"无原始授予制度的成员

---

❶　见TRIPs协议第28条。

❷　见TRIPs协议第32条。

❸　见TRIPs协议第33条。

可规定保护期限应自原始授予制度中的申请之日起计算"。[1] 该注释针对的是一些英联邦国家和英国实行殖民统治的地区,由于条件局限,这些国家或地区的专利申请通常需要到英国专利局进行,申请批准后才会到本国进行登记。按照本条注释,后来的登记日不能当做保护期的起算日。

各国专利法中的专利权保护期限,在遵守TRIPs协议的20年最低要求基础上,长短不一。各国决定专利权保护期限的长短时主要考虑以下因素:第一,是否足以保护专利权人的利益。专利技术研发成本在市场上的回收以及利润的取得,都需要一定的时间,这个时间的长度与各国的市场环境和社会治理环境有关。在拥有足够长的保护期的情况下,专利权人才能凭其"独占权"收回技术投资,获得市场回报。第二,是否有利于专利技术的普及和运用。由于在保护期内专利权人享有独占权,保护期过长显然不利于该技术的推广和运用。[2] 第三,是否对专利的不同类型有针对性。不同的专利类型,其研发成本回收及获取利润所需的时间不同,其与社会公共利益的关联度也有差异,其保护期理应有所区别。如在我国的《专利法》中,发明专利权(《TRIPs协议中的"专利"》)的保护期为20年,而实用新型专利权和外观设计专利权的保护期限为10年,自申请日开始起算。[3]

知识链接2-13:部分国家(地区)的专利权保护期限

部分国家(地区)的专利权保护期限如表2-3所示。

表 2-3　部分国家(地区)专利权保护期限一览

国别	保护期限及起算日					
	发明		实用新型		外观设计	
美国	20年,可延长5年	申请日			14年	发证日
日本	20年	申请日	6年	申请日	15年	注册日

---

[1] 见TRIPs协议注释8。

[2] 吴汉东. 知识产权基本问题研究[M]. 北京:中国人民大学出版社,2005:446.

[3] 见《中华人民共和国专利法》第42条。

续表

国别	保护期限及起算日					
	发明		实用新型		外观设计	
德国	20年	申请日	10年	申请日	20年	申请日
英国	20年	申请日			25年	申请日
法国	20年	申请日	6年	申请日	50年	申请日
加拿大	20年	申请日			10年	申请日
意大利	20年	申请日	10年	申请日	15年	申请日
欧洲	20年	申请日				
韩国	20年	申请日	10年	申请日	15年	注册日
新加坡	20年	申请日			15年	申请日
俄罗斯	20年	申请日	5年，可延长3年	申请日	10年	申请日
南非	20年	申请日				

资料来源：中国国家知识产权局官网

【案例2-7】加拿大专利保护期案（WT/DS170）

1987年，加拿大议会通过《专利法》修正案，该修正案从1989年10月1日起实施。修改后的《专利法》第44条和第45条分别规定，在1989年10月1日或之后提出的申请，专利期限自申请日起20年；在1989年10月1日前提出的申请，专利期限自授予日起17年。加拿大这样做的原因是为了将专利保护期从"授权日起17年"向"申请日起20年"过渡。❶

加拿大是美国的近邻，也是美国的主要贸易伙伴，美、加之间的贸易投资关系具有极强的互补性，因此，美国历来重视与加拿大的贸易、投资关系，由于地理上的优势，加上历史原因，美国投资者非常乐意在加拿大投资，美国发明人每年在加拿大申请的专利不计其数，因此，美国投资者和发明者与《加拿大专利法》利益攸关。❷ 1999年5月6日，美国以现行《加拿大专利法》第45条未能按TRIPs协议的要求为专利权提供最低保护期为由，要求与加拿大磋商，双方磋商后未能达成一致。1999年7月15日，美国

---

❶ 朱榄叶.WTO争端解决案例新编[M].北京：中国法制出版社，2013：310.
❷ 张桂红.与贸易有关的知识产权成案研究[M].北京：中国人民大学出版社，2010:132.

要求设立专家组，指控《加拿大专利法》没有满足TRIPs协议第33条要求的专利保护期，违反了第33条和第70条的义务。美国还提供了一系列调查数据，说明由于加拿大未能履行TRIPs协议项下的义务，给许多在加拿大境内获取专利权的美国投资者造成了巨大损失。据美国统计，在加拿大境内提交的专利申请中，近50%来自美国申请人，而且有33000多美国专利权人享有的实际保护期不足20年。例如，美国Pfizer公司拥有一项药品专利，如果根据现行《加拿大专利法》第45条的规定，该项专利于1999年8月失效，若按照TRIPs第33条的规定，该项专利则直至2000年10月才失效，两者差距达14个月之多，类似情形给专利权人带来巨大的经济损失。1999年9月22日，DSB基于美国的请求设立了专家组。❶

TRIPs协议第33条要求所有成员对协定生效日时存在的专利提供最低限度的保护期为申请日起20年。TRIPs协议第70.2条规定："除非本协定另有规定，否则本协定对在本协定对所涉成员适用之日已存在的、在上述日期在该成员中受到保护或符合或随后符合根据本协定条款规定的保护标准的所有客体产生义务。……"而TRIPs协议第70.1条规定："对在本协定对所涉成员适用之日前发生的行为，本协定不产生义务。"本案焦点之一为：1989年以前提出申请并获准，到本案发生时仍然有效的专利，究竟属于第70.2条所说的"本协定所涉成员适用之日已存在的、在上述日期在该成员中受到保护或符合或随后符合根据本协定条款规定的保护标准的所有客体"，还是属于第70.1条所说的"本协定对所涉成员适用之日前发生的行为"？如果属于前者，成员要承担第33条的义务，如果是后者，则无需承担。加拿大认为，专利不同于保护的客体，它产生于两个行为，即提出申请的行为和专利委员会授予专利的行为，对于1989年前申请的专利来说，这两个行为都发生在TRIPs协议适用于加拿大之前，因此应当适用TRIPs协议第70.1条。美国则认为，根据TRIPs协议第70.2条的字面意思，加拿大1989年之前申请的专利属于TRIPs协议适用于加拿大之日（1996年1月1日）仍有

---

❶ 张平，刘朝.WTO/TRIPs协议知识产权争端成案及对策[M]. 北京：法律出版社，2016:145.

效的所有发明专利。❶

2000年5月2日，专家组报告发布，专家组裁定现行《加拿大专利法》第45条没有按照TRIPs协议第33条的要求，为专利提供自专利申请之日起至少不少于20年的保护期限，违反了TRIPs协议项下成员的义务。2000年10月12日，DSB通过了专家组报告，建议立即对《加拿大专利法》进行修改，使之与WTO的相关协定和TRIPs协议的规定和要求相符，以避免使许多在加拿大境内取得的专利权的保护期过早期满。加拿大因对专家组的报告不服而上诉。2000年9月18日，WTO上诉机构作出上诉报告，维持了专家组的裁定和结论。❷

【思考】

（1）TRIPs协议第33条和第70条的内容是什么？

（2）本案中，美国和加拿大双方的主要观点是什么？

（3）DSB专家组及上诉机构裁定《加拿大专利法》不符合TRIPs协议的理由是什么？

（4）假如加拿大拒绝按照DSB的要求修改其专利法，依据WTO规则，美国可以采取什么措施？

五、专利权的限制

（一）TRIPs协议第7条、第8条的规定

TRIPs协议在其第7条和第8条中，对包括专利在内的知识产权的利用、限制、与公共利益的平衡等问题作了原则性规定。

1.第7条的规定

TRIPs协议第7条为"目标"，TRIPs协议通过该条表明其基本立场，即知识产权的保护和实施应有助于促进技术革新及技术转让和传播，有助于技术知识的创造者和使用者的相互利益，并有助于社会和经济福利及权

---

❶ 朱榄叶. WTO争端解决案例新编[M]. 北京：中国法制出版社，2013：310。
❷ 张桂红. 与贸易有关的知识产权成案研究[M]. 北京：中国人民大学出版社，2010：132。

利与义务的平衡。这为其成员对专利的独占权所作的各种必要限制提供了重要依据。

2.第8条的规定

TRIPs 协议第8条为"原则"，在该条中，TRIPs 协议允许各成员在制定或修改其法律和法规时，采用对保护公共健康和营养，促进对其社会经济和技术发展至关重要部门的公共利益所必需的措施，只要此类措施与TRIPs 协议的规定相一致。同时，在与TRIPs 协议的规定相一致的情况下，需采取适当措施，防止知识产权权利持有人滥用知识产权或采取不合理的限制贸易或对国际技术转让造成不利影响的做法。知识产权滥用在专利领域比较突出，TRIPs 协议的这项原则使得各成员在规制专利权滥用行为时得到了重要的理论支持。

（二）授予专有权的例外

考虑到专有权保护与社会公共利益的关系，TRIPs 协议允许其成员对专利授予的专有权规定例外。但同时，TRIPs 协议对这种例外提出了三个条件：●

（1）该例外是有限的。

（2）此类例外不会对专利的正常利用发生无理抵触。

（3）此类例外不会无理损害专利所有权人的合法权益以及第三方的合法权益。

（三）TRIPs 协议关于强制许可的规定

专利强制许可也称专利非自愿许可，是国家专利主管机关，根据具体情况，不经专利权人的许可，授权他人实施发明或者实用新型专利的一种法律制度。❷ 专利权强制许可制度最早出现在《巴黎公约》。❸ 一般情况下，对于成员政府来说，强制许可的目的是为了让专利能在本国实施，增

---

❶ 见TRIPs 协议第30条。

❷ 吴汉东. 知识产权法学[M]. 北京：北京大学出版社，2000：285.

❸ 见《巴黎公约》第5条A款第2项。

进全社会科学技术信息的存量，或者为了抑制过高的专利产品垄断价格。由于强制许可是以牺牲专利权人的利益的方式来平衡社会公共利益，如果不加限制，将导致专利权人独占权的落空。TRIPs协议允许其成员在国内法中设立强制许可制度（"未经权利持有人授权的其他使用"），同时为成员使用该制度规定了严格的限制条件，这些条件包括：❶

（1）授权此种使用应一事一议。

（2）只有在拟使用者在此种使用之前已经按合理商业条款和条件努力从权利持有人处获得授权，但此类努力在合理时间内未获得成功，方可允许此类使用。在全国处于紧急状态或在其他极端紧急的情况下，或在公共非商业性使用的情况下，一成员可豁免此要求。尽管如此，也应尽快通知权利持有人。在公共非商业性使用的情况下，如政府或合同方未作专利检索即知道或有显而易见的理由知道一有效专利正在或将要被政府使用或为政府使用，则应迅速告知权利持有人。

（3）此类使用的范围和期限应仅限于被授权的目的，如果是半导体技术，则仅能用于公共非商业性使用，或用于补救经司法或行政程序确定为限制竞争行为。

（4）此种使用应是非专有的。

（5）此种使用应是不可转让的，除非与享有此种使用的那部分企业或商誉一同转让。

（6）任何此种使用的授权应主要为供应授权此种使用的成员的国内市场。❷

（7）在充分保护被授权人合法权益的前提下，如导致此类使用的情况已不复存在且不可能再次出现，则有关此类使用的授权应终止。在收到有根据的请求的情况下，主管机关有权审议这些情况是否继续存在。

---

❶ 见TRIPs协议第31条。

❷ 按照2005年12月6日《修改TRIPs协议的议定书》，在符合有关条件的前提下，WTO成员可以授予其国内企业生产并出口特定专利药品的强制许可，不再局限于供应国内市场。该规定突破了TRIPs协议第31条第（6）项的限制。

（8）在每一种情况下应向权利持有人支付适当报酬，同时考虑授权的经济价值。

（9）与此种使用有关的任何决定的法律效力应经过司法审查或经过该成员中上一级主管机关的独立审查。

（10）任何与就此种使用提供的报酬有关的决定应经过司法审查或该成员中上一级主管机关的独立审查。

（11）如允许此类使用以补救经司法或行政程序确定的限制竞争的行为，则各成员无义务适用第（2）项和第（6）项所列条件。在确定此类情况下的报酬数额时，可考虑纠正限制竞争行为的需要。如导致授权的条件可能再次出现，则主管机关有权拒绝终止授权。

（12）如授权此项使用以允许利用一专利（"第二专利"），而该专利在不侵害另一专利（"第一专利"）的情况下不能被利用，则应适用下列附加条件：第一，与第一专利中要求的发明相比，第二专利中要求的发明应包含重要的、具有巨大经济意义的技术进步；第二，第一专利的所有权人有权以合理的条件通过交叉许可使用第二专利具有的发明；第三，就第一专利授权的使用不得转让，除非与第二专利一同转让。

（四）《修改〈TRIPs 协议〉的议定书》对强制许可制度的修改❶

1.《多哈宣言》

2001年年底，在卡塔尔首都多哈召开的世界贸易组织（WTO）第四届部长级会议上，知识产权与公共健康问题成为一大棘手问题。与会代表就TRIPs 协议与公共健康问题进行了3天的谈判，最终达成《多哈宣言》（*the Doha Declaration on TRIPs and Public Health*），明确了WTO成员政府采取措施维护公共健康的主权权利。《多哈宣言》第6条规定："认识到在制药领域生产能力不足或缺乏生产能力的WTO成员方在有效实施TRIPs 协议

---

❶ 詹映.专利强制许可制度的实施及我国的对策[EB/OL]. [2017-01-20].http://www.sipo.gov.cn/zlssbgs/zlyj/201608/t20160812_1285859.html.

下的强制许可方面可能面临的困难，我们指示TRIPs协议理事会在2002年年底前找出这一问题的迅捷解决办法，并向WTO总理事会报告。"

2.《总理事会决议》

由于发达国家与发展中国家在药品专利强制许可问题上存在较大分歧，直至2003年8月30日，WTO成员才就这一问题达成协议，即《关于实施多哈宣言第6条款的理事会决议》（*WTO General Council Decision on Implementation of Paragraph 6 of the Doha Declaration on the TRIPs Agreement and Public Heath*，以下简称《总理事会决议》）。文件规定，对于缺乏药品生产能力或药品生产能力有限的贫穷国家，可以进口其他成员方通过强制许可而生产的廉价仿制药品。这一规定实际上豁免了出口方实施强制许可只能主要满足国内市场需要的义务，从而有利于贫穷国家在必要时更容易进口用于治疗艾滋病等重大传染性疾病的廉价仿制药品。这是对TRIPs协议和《多哈宣言》的一个重大发展，其实质意义在于突破了TRIPs协议第31条（f）的限制，至少从理论上解决了缺乏或没有药品生产能力的国家的公共健康危机。该文件称："特定条件下出口方成员为生产必要药品并将其出口至'合格进口方成员'而颁发强制许可的，其在TRIPs协议第31（f）条项下的义务被免除。"《总理事会决议》从法律操作层面上界定了最不发达国家和发展中国家进口仿制药品的权利。

3.《修改〈与贸易有关的知识产权协定〉议定书》

为落实《多哈宣言》与《总理事会决议》中药品强制许可的指示，2005年12月6日，WTO各成员一致通过了修改TRIPs协议有关强制许可条款的决定。该决定附属的《修改〈与贸易有关的知识产权协定〉议定书》（*the Protocol on Revising the Agreement on Trade-Related Aspects of Intellectual Property rights*）与2003年《总理事会决议》在实质内容上完全一致。按照该议定书，在符合有关条件的前提下，WTO成员可以授予其国内企业生产并出口特定专利药品的强制许可，不再局限于供应国内市场。简言之，该议定书允许WTO成员可以为向"有资格进口的成员"出口药品的目的，授予药品专利强制许可，突破了TRIPs协议关于强制许可的药品只能供应本国市场的限制。

【案例2-8】泰国的药品专利强制许可实例❶

默沙东公司（Merck Sharp & Dohme）的"依非韦伦"（Efavirenz）是治疗艾滋病的一线药品，但其每人每年486美元的价格使泰国公共卫生部的预算仅能满足2/3病人的需求。与默沙东公司的降价谈判失败后，2006年1月29日，泰国公共卫生部疾病控制司以公共非商业使用为理由，针对该药品向其政府制药组织颁发了强制许可，允许该组织从印度进口或在本地生产仿制药。该强制许可有效期是5年，许可费为仿制药价格的0.5%。随后，默沙东公司降价，开出了每人每年288美元的价格，但又同时游说美国政府和世界卫生组织总干事对泰国政府施压，促使泰国政府与自己进行磋商而非颁布强制许可。但泰国政府仍然坚持颁发了强制许可命令，2007年2月，首批从印度进口的依非韦伦仿制药在泰国上市，该仿制药的价格为每人每年224美元。

美国雅培公司的洛匹那韦/依托那韦（Lopinavie/Ritonavir）是艾滋病的二线治疗药品。2006年年初，雅培宣布提供给最不发达国家的价格为每人每年500美元，但提供给如巴西、泰国等中等收入国家的价格为每人每年2200美元。为获得低价药品，2007年1月25日，泰国公共卫生部门疾病控制司采取措施，准备对洛匹那韦/依托那韦实施强制许可。作为应对，雅培公司将该药品价格降至每人每年1000美元。但由于该药的生产成本低于400美元，泰国公共卫生部疾病控制司仍然颁发了强制许可令。泰国的做法遭到了美国的贸易报复。美国于2007年4月30日发布的《特别301报告》中将泰国列入不尊重美国知识产权的重点观察名单。报告明确表示，"泰国缺乏对知识产权制度的尊重"，并且"此前泰国颁发的强制许可缺乏透明度"。

【思考】

（1）泰国政府颁发强制许可令的主要原因和理由是什么？

（2）泰国政府的做法是否符合TRIPs协议的规定？

---

❶ 詹映.专利强制许可制度的实施及我国的对策[EB/OL][2017-1-20]。

（3）强制许可的积极作用和消极作用分别是什么？

【案例2-9】加拿大药品专利保护案（WT/DS114）❶

根据《加拿大食品药品法》，卫生部治疗产品规划署负责确保"新药"满足健康和安全的要求。所谓新药，是指在加拿大还没有足够的销售时间、数量，以确立安全性和有效性的物质的药品。按照这一定义，无论是专利药品还是仿制药品，只要其未确立安全性和有效性，都属于"新药"。因为仿制药品与其复制的专利药品类似但不相同，或者说仿制药品包含了与专利药品相同的活力成分，但剂量构成不同。凡是新药在进入市场之前都需要向卫生部治疗产品规划署提出申请，该申请包括设备、生产方法、生产控制方法、新药品的配置剂及包装等详细信息，同时还包括控制新药纯度、稳定性和安全性的测试信息，并需要提交相关证据证明用于测试的产品是上市产品的有效代表。要完成这一申请，仿制药品生产商需要花费2～4年进行行政管理性材料的准备，然后向卫生部治疗产品规划署提交简要的新药材料，由产品规划署进行管理审查，完成该程序需要1～2.5年，因此，仿制药生产商完成管理审查程序所需要的总时间通常为3～6.5年。如果在专利期内，专利权人的潜在竞争者不能够使用该专利，那么管理审查材料的启动需要从专利权到期的那一刻起，而这些潜在竞争者获得政府的生产许可至少要花费3年时间，在3年之中，专利权人依然可以独占市场份额，有效地阻止其他潜在竞争者进入。针对这种情况，《加拿大专利法》第55.2（1）条规定，纯粹为了提供国家、省或者其他国家法律所要求的针对管制产品的生产、制造、使用或者销售有关的信息，任何人制造、生产、使用或者销售专利发明，不构成侵权。第55.2（2）条规定，任何人，对旨在专利期满后销售的物品的制品、存储，在规章规定的适用期内（6个月），根据上述第1款制造、生产或者使用发明而制造、生产、使用或者销售获得专利的发明，不侵犯专利权。

1997年12月19日，欧共体及其成员国以加拿大的立法缺乏对药品的保护

---

❶ 张平，刘朝. WTO/TRIPs协议知识产权争端成案及对策[M]. 北京：法律出版社，2016:105-107.

为由，要求与加拿大进行磋商。两次磋商未果，欧共体于1998年11月11日请求成立专家组，1999年2月1日专家组成立。2000年1月21日，专家组发布中期报告。专家组报告于2000年3月17日发布，裁定《加拿大专利法》第55.2（1）条（又称"管理审查例外"）属于TRIPs协议第30条的例外，与加拿大基于TRIPs协议第27条第1款和第28条第1款所承担的义务没有不符。争端双方没有对专家组报告提出上诉，DSB于2000年4月7日通过了专家组报告，并确定履行日期最迟到2000年10月7日。

【思考】

（1）《加拿大专利法》第55.2条是针对什么问题所作的规定？

（2）TRIPs协议第30条例外的内容是什么？

（3）TRIPs协议第27条第1款和第28条第1款的内容是什么？

（4）该案裁决对药品专利的保护有何意义？

六、关于工艺专利的举证责任

由于工艺专利侵权诉讼中的举证问题具有一定的特殊性，TRIPs协议对此作了专门规定。❶ 根据TRIPs协议，在专利侵权民事诉讼中，如果一项专利的标的是获取某种产品的工艺，则法院应有权要求被告证明获取相同产品的工艺不同于取得专利的工艺。成员方应规定，符合下列情形之一的，如果没有相反证据，任何未经专利权人同意而生产的相同产品均应被视为是以取得专利的工艺获取的：

（1）如果以该项取得专利的工艺获取的产品是新的；

（2）如果该相同产品极有可能是以该工艺生产的，而专利所有者又不能通过合理的努力确定实际使用的工艺。

TRIPs协议同时规定，法院在要求被控侵权方举证时，应考虑保护被告在其生产和商业秘密上的合法权益。

---

❶ 见TRIPs协议第34条。

【思考与练习】

一、名词解释

1.专利的地域性

2.ACTA

3.TPP

4.优先权制度

5.临时保护

6.发明人的署名权

7.专利权人的进口权

8.专利强制许可

9.国际检索

10.国际初步审查

二、简答

1.国民待遇与最惠国待遇有什么区别？

2.PCT专利国际申请有哪几个步骤？

3.PCT专利申请与传统的专利跨国申请有何不同？

4.TRIPs协议规定的专利权的内容主要有哪些？

5.TRIPs协议与《巴黎公约》是什么关系？

6.根据TRIPs协议，成员国内法可在哪些情况下拒绝授予专利？

7.《修改<与贸易有关的知识产权协定>议定书》主要内容是什么？

8.TRIPs协议关于强制许可的限制性规定有哪些？

【资料链接】

1.吴汉东.知识产权国际保护制度研究[M].北京：知识产权出版社，2007.

2.唐春.知识产权国际保护制度：专利与商标[M].北京：知识产权出版社，2015.

3.国家知识产权局网站

4.世界知识产权组织官网

5.世界贸易组织官网

6.知识产权研究网

第三章　商标权的国际保护

【导读】

　　商标权的国际保护始于19世纪的《保护工业产权巴黎公约》（以下简称《巴黎公约》），发展至今，又以TRIPs协议为核心规范性文件。当今的商标权国际保护主要包括商标构成要素界定、商标注册、商标所有权及其例外、商标使用、商标转让和许可等内容。同时，公共健康保护正在对商标权国际保护产生着重大影响。

　　本章教学重点是《巴黎公约》和TRIPs协议中有关商标的内容以及与商标有关的WTO争端案件的解读。

　　商标国际保护制度与世界各国的商标制度并无实质性差异，但相较于各国处于稳定状态的商标制度，当前商标国际保护制度却是处于纷争状态，主要在于公共健康保护对商标所有权的冲击。目前，有关于商标的国际条约以《巴黎公约》和TRIPs协议为主，同时，还有《商标国际注册马德里协定》等国际条约。商标国际保护规范正是以这些国际条约为准。另外，需要指出的是，商标的国际保护与商标的国内保护在内容上并非绝对对应关系，譬如，注册商标的注销是各国商标法律制度的重要内容之一，但在商标国际保护中，相应内容并没有被TRIPs协议所规定。

第一节　商标权国际保护概述

一、商标的概念

并非所有的标志都可以成为商标，各国商标法认可的能够作为商标使用的标志也并非完全一致，因此，商标保护的第一步就是阐述清楚何者为商标。不仅各国商标法或工业产权法都对商标有所界定，相关的国际公约对于商标也有所界定。

（一）《商标法条约》中的"商标"

该条约第2条就规定"本条约适用于由视觉标志构成的商标，但唯有接受立体商标注册的缔约方才有义务将本条约也适用于立体商标"并且"本条约不适用于全息商标和不含视觉标志的商标，尤其是音响商标和嗅觉商标"，此外"本条约应适用于与商品或服务有关的标志（商品商标或服务商标）或与商品和服务两者有关的标志"。

（二）TRIPs 协议中的"商标"

就商标的概念，TRIPs 协议予以了直接回答。TRIPs 协议第15条第1款规定：任何能够将一个企业的商品和服务与另一企业的商品和服务区别开来的标志或标志组合，均应能够构成商标。此种标志，尤其是包含有个人姓名的词、字母、数目字、图形要素和色彩组合以及诸如此类的标志组合，应有资格注册为商标。若标志没有固有的能够区别有关商品及服务的特征，则各成员方可将其通过使用而得到的独特性作为或给予注册的依据。各成员方可要求标志在视觉上是可以感知的，以此作为注册的一项条件。

（三）中国《商标法》中的"商标"

虽然中国《商标法》没有直接界定商标的概念，但对于可以注册的商标是予以说明的。该法第8条规定"任何能够将自然人、法人或者其他组织的商品与他人的商品区别开的标志，包括文字、图形、字母、数字、三维标志、颜色组合和声音等，以及上述要素的组合，均可以作为商标申请注册"。第11条第2款规定"标志经过使用取得显著特征，并便于识别的，可以作为商标注册"。

二、商标注册

（一）《巴黎公约》的规定

各国商标法都规定了商标注册的绝对禁止和相对禁止情形，《巴黎公约》对此也是予以规定。

该条约第6条规定：

（1）商标的申请和注册条件，在本联盟各国由其本国法律决定。（2）但是，本联盟任何国家对本联盟国家的国民提出的商标注册申请，不得以未在原属国申请、注册或续展为理由而予以拒绝，或者宣告注册无效。（3）在本联盟一个国家正式注册的商标，与在联盟其他国家（包括原属国在内）注册的商标，应当认为是相互独立的。

第6条之三规定：

（1）（a）本联盟各国同意，对未经主管机关许可，而将本联盟国家的国徽、国旗和其他的国家徽记，各该国用以表明监督和保证的官方符号和检验印章，以及从徽章学的观点看来的任何仿制，作为商标或者作为商标的组成部分的，拒绝予以注册或者宣告注册无效，并采取适当措施禁止使用。（b）上述（a）项规定应当同样适用于本联盟一个或数个国家参加的政府间国际组织的徽章、旗帜、其他徽记、缩写和名称，但是现行国际协定已经规定予以保护的徽章、旗帜、其他徽记、缩写和名称除外。（c）本联盟任何国家无须适用上述（b）项规定，而损害本公约在该国生效前善意取得权利的所有人。如果上述（a）项所指的商标的使用或注册性质上不会使公众理解为有关组织与这种徽章、旗帜、徽记、缩写和名称有联系，或者如果这种使用或注册在性质上大概不会使公众误解为使用人与该组织有联系的，本联盟国家无须适用该项规定。（2）关于禁止使用表明监督、保证的官方符号和检验印章的规定，应当只适用于在相同或类似商品上使用包含该符号或印章的商标的情形。（3）（a）为了适用这些规定，本联盟国家同意，将它们希望或者今后可能希望完全或在一定限度内受本条保护的国家徽记与表明监督、保证的官方符号和检验印章的清单，以及以后对该项清单的一切修改，经由国际局相互通知。本联盟各国应当在适当时候使公众可以利用以这样方法通知的清单。（b）本条第1款（b）项的规定，仅适用于政府间国际组织经由国际局通知本联盟国家的徽章、旗帜、其他徽记、缩写和名称。（4）本联盟国家如有异议，可以在收到通知后12个月内经由国际局向有关国家或政府间国际组织提出。（5）关于国旗，上述第1款规定的措施仅适用于1925年11月6日以后注册的商标。（6）关于本联盟国家国旗以外的国家徽记、官方符号和检验印章，以及关于政府间国际组织的徽章、旗帜、其他徽记、缩写和名称，这些规定仅适用于接到上面第3款规定的通知超过2个月后所注册的商标。（7）在有恶意的情形，各国有权取消即使是在1925年11月6日以前注册的含有国家徽记、符号和检验印章的商标。（8）任何国家的国民经批准使用其本国的国家徽记、符号和检验印章的，即使与其他国家的国家徽记、符号和检验印章相类似，仍可使用。（9）本联盟各国承诺，如有人未经批准而在商业中使用本联盟其他国家的国徽，具有使人对商品的产地产生误解的性质的，应当禁止其使用。（10）上述各项规定不应当妨碍各国行使第6条之五B第3款所规定的权利，即对未经批准而含有本联盟国家所采用的国徽、国旗、其他国家徽记，或者官方符号和检验印章，以及上述第1款所述的政府间国际组织的显著符号的商标，拒绝予以注册或者宣告其无效。

第6条之五规定：

在本联盟一个国家注册的商标在其他国家所受的保护：……B除有下列情况外，对本条所适用的商标既不得拒绝注册，也不得宣告该注册无效：（1）在要求对其给予保护的国家，商标具有侵犯第三人的既得权利的性质的；（2）商标缺乏显著性，或者完全是由商业中用以表示商品的种类、质量、数量、预定用途、价值、产地或者生产时间的符号或标记所组成，或者在要求给予保护的国家的现代语言中或者在善意和公认的商务实践中已经成为惯用的；（3）商标违反道德或公共秩序，尤其是具有欺骗公众的性质的。这一点应当理解为，不得仅仅因为商标不符合商标立法的规定即认为该商标违反公共秩序，除非该规定本身同公共秩序有关。但是，本规定只有在符合第10条之二的前提下，才能适用。C（1）在决定商标是否符合受保护的条件时，必须考虑一切实际情况，尤其是商标已经使用时间的长短。（2）商标中有些构成部分与在原属国受保护的商标有所不同，但并未改变其显著性，也不影响其与原属国注册的商标形式上的同一性的，本联盟其他国家不得仅仅以此为理由而予以拒绝。D任何人要求保护的商标，如果未在原属国注册，则不得享受本条各项规定的利益。E但是，在原属国商标注册的续展，决不包含在该商标已经注册的本联盟其他国家续展注册的义务。F在第4条规定的期间内提出商标注册的申请，即使原属国在该期间届满后才进行注册，其优先权利益也不受影响。

第6条之七规定：

（1）如果本联盟一个国家的商标所有人的代理人或代表人，未经该所有人授权，而以自己的名义向本联盟一个或数个国家申请该商标的注册，该所有人有权反对所申请的注册或者要求取消注册，或者，如果该国法律允许，该所有人可以要求将此项注册转让给他，除非该代理人或代表人证明其行为是正当的。（2）商标所有人如未授权使用，在符合上述第1款规定的前提下，有权反对其代理人或者代表人使用其商标。（3）各国立法可以规定商标所有人行使本条规定权利的合理期限。

第7条规定：

使用商标的商品性质决不应当成为该商标注册的障碍。

（二）TRIPs 协议的规定

根据TRIPs协议第15条的规定，该条第1款不得理解为阻止一成员以其他理由拒绝商标注册，只要这些理由不减损《巴黎公约》（1967）的规定。各成员方可将使用作为给予注册的依据。然而，商标的实际使用不应是提出注册申请的一项条件。申请不得仅由于在自申请之日起的3年期期满之前未如所计划那样地加以使用而遭拒绝。商标所适用的商品或服务的性质在任何情况下，均不得构成对商标注册的障碍。各成员方应在每一商标注册之前或之后立即将其公布，并应为请求取消注册提供合理机会。此外，各成员方可为反对一个商标的注册提供机会。

（三）中国《商标法》的规定

根据中国《商标法》的规定，申请注册商标，应当遵循诚实信用原则。申请注册的商标，应当有显著特征，便于识别，并不得与他人在先取得的合法权利相冲突。同时，下列标志不得作为商标使用，更不可申请为注册商标：

（一）同中华人民共和国的国家名称、国旗、国徽、国歌、军旗、军徽、军歌、勋章等相同或者近似的，以及同中央国家机关的名称、标志、所在地特定地点的名称或者标志性建筑物的名称、图形相同的；

（二）同外国的国家名称、国旗、国徽、军旗等相同或者近似的，但经该国政府同意的除外；

（三）同政府间国际组织的名称、旗帜、徽记等相同或者近似的，但经该组织同意或者不易误导公众的除外；

（四）与表明实施控制、予以保证的官方标志、检验印记相同或者近似的，但经授权的除外；

（五）同"红十字""红新月"的名称、标志相同或者近似的；

（六）带有民族歧视性的；

（七）带有欺骗性，容易使公众对商品的质量等特点或者产地产生误认的；

（八）有害于社会主义道德风尚或者有其他不良影响的。

县级以上行政区划的地名或者公众知晓的外国地名，不得作为商标。但是，地名具有其他含义或者作为集体商标、证明商标组成部分的除外；已经注册的使用地名的商标继续有效。

此外，中国《商标法》还规定"（一）仅有本商品的通用名称、图形、型号的；（二）仅直接表示商品的质量、主要原料、功能、用途、重量、数量及其他特点的；（三）其他缺乏显著特征的"，不得作为商标注册，但这些标志经过使用取得显著特征，并便于识别的，可以作为商标注册。如果是以三维标志申请注册商标的，仅由商品自身的性质产生的形状、为获得技术效果而需有的商品形状或者使商品具有实质性价值的形状，不得注册。

三、商标国际注册

根据《商标国际注册马德里协定》（1967年修订）的规定，该国际条约的任何缔约国的国民，可以通过所属国的注册当局，向成立世界知识产权组织（以下简称"本组织"）公约所谈到的知识产权国际局（以下简称"国际局"）提出商标注册申请，以在一切其他本协定参加国取得其已在所属国注册的用于商品或服务项目的标记的保护。未参加本协定的国家的国民，在依本协定组成的特别同盟领土内，满足《巴黎公约》第3条所规定的条件者，得与缔约国国民同样对待。

每一个国际注册申请必须用细则所规定的格式提出；商标原属国的注册当局应证明这种申请中的具体项目与本国注册簿中的具体项目相符合，并说明商标在原属国的申请和注册的日期和号码及申请国际注册的日期。申请人应说明要求商标保护的商品或服务项目，如果可能，也应说明其根据商标注册商品和服务项目国际分类尼斯协定所分的相应类别。如果申请人未作此说明，国际局应将商品或服务项目分入该分类的适当类别。申请人所作的类别说明须经国际局检查，由国际局会同本国注册当局进行检查。如果本国注册当局和国际局意见不一致时，以后者的意见为准。此外，如果申请人要求将颜色作为其商标的一个显著特点，他则必须：（1）说明实际情况，并随同申请书提出说明所要求的颜色或颜色组合的通知书；（2）随同申请书加交所述商标的彩色图样，附于国际局的通知书后。这种图样的份数由细则规定。国际局应对根据第一条规定提出申请的商标立即予以注册。注册时应说明在原属国申请国际注册的日期，如果国际局是在该日期后2个月内收到申请的话。如果在该期限内未收到申请，国际局则按其收到申请的日期进行登记。国际局应不迟延地将这种注册通知有关注册当局。根据注册申请所包括的具体项目，注册商标应在国际局所出的定期刊物上公布。如商标含有图形部分或特殊字体，则由细则决定是否须由申请人提供印版。

从根据本协定第3条之三在国际局生效的注册日期开始，商标在每个有关缔约国的保护，应如同该商标直接在该国提出注册的一样。第3条所规定的商品和服务项目类别的说明，不得在决定商标保护范围方面约束缔约国。办理国际注册的每个商标，享有《巴黎公约》第4条所规定的优先权，而不必再履行该条D款所规定的各项手续。

如某一商标已在一个或更多的缔约国提出注册，后来又以同一所有人或其权利继承者的名义经国际局注册，该国际注册应视为已代替原先的国家注册，但不损及基于这种原先注册的既得权利。国家注册当局应依请求将国际注册在其注册簿上予以登记。

某一商标注册或根据该协定第3条所作的延伸保护的请求经国际局通知各国注册当局后，经国家法律授权的注册当局有权声明在其领土上不能给予这种商标以保护。根据《巴黎公约》，这种拒绝只能以对申请本国注册的商标同样适用的理由为根据。但是，不得仅仅以除非用在一些限定的类别或限定的商品或服务项目上，否则本国法律不允许注册为理由而拒绝给予保护，即使是部分拒绝也不行。想行使这种权利的各国注册当局，应在其本国法律规定的时间内，并最迟不晚于商标国际注册后或根据第3条之三所作的保护延伸的请求后1年之内，向国际局发出批驳通知，并随附所有理由的说明。国际局将不迟延地将如此通知的批驳声明的抄件一份转给所属国的注册当局和商标所有人，如该注册当局已向国际局说明商标所有人的代理人，则转给其代理人。有关当事人得有同样的补救办法，犹如该商标曾由他向拒绝给予保护的国家直接申请注册一样。经任何有关当事人请求，拒绝商标的理由应由国际局通知他们。如在上述至多1年的时间内，国家注册当局未将关于批驳商标注册或保护延伸请求的任何临时或最终的决定通知国际局，则就有关商标而言，它即失去该协定第5条第（1）款所规定的权利。如果商标所有人未及时被给予机会辩护其权利，主管当局不得声明撤销国际商标。撤销应通知国际局。

四、商标保护期

TRIPs协议第18条规定"商标首次注册及每次续期注册的期限不得少于7年。商标注册允许无限期地续期"。《商标国际注册马德里协定》（1967年修订）第6条规定"在国际局的商标注册的有效期为20年，并可根据第7条规定的条件续展"，第7条规定"任何注册均可续展，期限自上一次期限届满时算起为20年"。中国《商标法》第39条规定"注册商标的有效期为10年，自核准注册之日起计算"。同时，第40条规定"注册商标有效期满，需要继续使用的，商标注册人应当在期满前12个月内按照规定办理续展手续；在此期间未能办理的，可以给予6个月的宽展期。每次续展注册的有效期为10年，自该商标上一届有效期满次日起计算。期满未办理续展手续的，注销其注册商标"。

第二节　商标所有权与例外

一、商标所有权

（一）TRIPs协议的规定

根据TRIPs协议第16条的规定，已注册商标所有者应拥有阻止所有未经其同意的第三方在贸易中使用与已注册商标相同或相似的商品或服务的，其使用有可能招致混淆的相同或相似的标志。在对相同商品或服务使用相同标志的情况下，应推定存在混淆之可能。上述权利不应妨碍任何现行的优先权，也不应影响各成员方以使用为条件获得注册权的可能性。

（二）中国《商标法》的规定

根据中国《商标法》的规定，注册商标的专用权以核准注册的商标和核定使用的商品为限。有下列行为之一的，均属侵犯注册商标专用权：（1）未经商标注册人的许可，在同一种商品上使用与其注册商标相同的商标的；（2）未经商标注册人的许可，在同一种商品上使用与其注册商标近似的商标，或者在类似商品上使用与其注册商标相同或者近似的商标，容易导致混淆的；（3）销售侵犯注册商标专用权的商品的；（4）伪造、擅自制造他人注册商标标识或者销售伪造、擅自制造的注册商标标识的；（5）未经商标注册人同意，更换其注册商标并将该更换商标的商品又投入市场的；（6）故意为侵犯他人商标专用权行为提供便利条件，帮助他人实施侵犯商标专用权行为的；（7）给他人的注册商标专用权造成其他损害的。

同时，该法还规定注册商标中含有的本商品的通用名称、图形、型号，或者直接表示商品的质量、主要原料、功能、用途、重量、数量及其他特点，或者含有的地名，注册商标专用权人无权禁止他人正当使用。三维标志注册商标中含有的商品自身的性质产生的形状、为获得技术效果而需有的商品形状或者使商品具有实质性价值的形状，注册商标专用权人无权禁止他人正当使用。商标注册人申请商标注册前，他人已经在同一种商品或者类似商品上先于商标注册人使用与注册商标相同或者近似并有一定影响的商标的，注册商标专用权人无权禁止该使用人在原使用范围内继续使用该商标，但可以要求其附加适当区别标识。

二、驰名商标所有权

（一）《巴黎公约》的规定

根据该公约第6条之二的规定，本联盟各国承诺，如果申请注册的商标构成对另一商标的复制、仿制或者翻译，容易产生混淆，而注册国或使用国主管机关认为该另一商标在该国已经驰名，是有权享受本公约利益的人的商标，并且用于相同或类似的商品，该国将依职权（如果本国法律允许），或者应有关当事人的请求，拒绝或取消注册，并禁止使用。这些规定，在商标的主要部分构成对上述驰名商标的复制或者仿制，容易与该商标产生混淆时，也应适用。允许提出取消这种商标注册请求的期间，自注册之日起至少为5年。本联盟各国可以规定一个期间，禁止使用这种商标的请求必须在该期间内提出。对于依恶意取得注册或者使用的商标提出取消注册或者禁止使用的请求，不应规定时间限制。

（二）TRIPs 协议的规定

根据TRIPs 协议第16条第2款和第3款的规定，《巴黎公约》（1967年修订）第6条副则经对细节作必要修改后应适用于服务。在确定一个商标是否为知名商标时，各成员方应考虑到有关部分的公众对该商标的了解，包括由于该商标的推行而在有关成员方得到的了解。《巴黎公约》（1967年修订）第6条副则经对细节作必要修改后应适用于与已注册商标的商品和服务不相似的商品或服务，条件是该商标与该商品和服务有关的使用会表明该商品或服务与已注册商标所有者之间的联系，而且已注册商标所有者的利益有可能为此种使用所破坏。

同时，TRIPs 协议第19条还规定：（1）如果注册的保持要求以商标付诸使用为条件，则除非商标所有者提出了此类使用存在障碍的充分理由，否则注册只有在商标至少连续3年以上未予使用的情况下方可取消。（2）当商标由其他人的使用是处在该商标所有者的控制之下时，这种使用应按是为保持注册目的之使用而予以承认。

（三）中国《商标法》的规定

中国《商标法》规定驰名商标应当根据当事人的请求，作为处理涉及商标案件需要认定的事实进行认定。认定驰名商标应当考虑下列因素：（1）相关公众对该商标的知晓程度；（2）该商标使用的持续时间；（3）该商标的任何宣传工作的持续时间、程度和地理范围；（4）该商标作为驰名商标受保护的记录；（5）该商标驰名的其他因素。

在商标注册审查、工商行政管理部门查处商标违法案件过程中，当事人依照《商标法》第13条规定主张权利的，商标局根据审查、处理案件的需要，可以对商标驰名情况作出认定。在商标争议处理过程中，当事人依照《商标法》第13条规定主张权利的，商标评审委员会根据处理案件的需要，可以对商标驰名情况作出认定。在商标民事、行政案件审理过程中，当事人依照《商标法》第13条规定主张权利的，最高人民法院指定的人民法院根据审理案件的需要，可以对商标驰名情况作出认定。但是，需要指出的是，生产、经营者不得将"驰名商标"字样用于商品、商品包装或者容器上，或者用于广告宣传、展览以及其他商业活动中。

为相关公众所熟知的商标，持有人认为其权利受到侵害时，可以依法请求驰名商标保护。就相同或者类似商品申请注册的商标是复制、模仿或者翻译他人未在中国注册的驰名商标，容易导致混淆的，不予注册并禁止使用。就不相同或者不相类似商品申请注册的商标是复制、模仿或者翻译他人已经在中国注册的驰名商标，误导公众，致使该驰名商标注册人的利益可能受到损害的，不予注册并禁止使用。

三、商标所有权例外

虽然有些国家（包括中国在内）并没有在其国内商标法中规定商标权例外，但TRIPs协议第17条明确规定了商标权例外，即各成员方可对商标所赋予的权利作些有限的例外规定，如公正使用说明性术语，条件是此种例外要考虑商标所有者和第三方的合法利益。在TRIPs协议中，具有无偿性、无期限性和无地域性共同特征的第13条著作权例外、第17条商标权例外、第26条第2款工业保护例外和第30条专利权例外共同构成TRIPs协议知识产权例外条款。同时，还需要指出，虽然TRIPs协议如同GATT1994和GATS都是以"减少国际贸易的扭曲和阻碍"为目的，但与GATT1994和GATS不同，TRIPs协议在于平衡两个原则，即贸易自由与增长的知识产权保护，TRIPs协议正是通过保护知识产权的方式实现贸易自由。正如TRIPs协议序言所言"知识产权属私权"，知识产权因其私权性质而具有专有性或排他性。TRIPs协议是通过直接保护知识产权专有性的方式间接实现保护国际贸易自由的目的。如果将TRIPs协议与GATT1994、GATS相比较，能够明显察觉到GATT1994和GATS都是以保护国际贸易（涵盖服务贸易）自由为原则，虽然例外是对国际贸易自由的扭曲，但以促进国际贸

易自由化为根本宗旨的WTO对于GATT1994和GATS例外条款的表述自然
倾向于国际贸易自由本位主义。而TRIPs协议是以保护知识产权专有性为
原则，通过对知识产权专有性的保护实现去除贸易自由化障碍的目的。作
为与知识产权保护对立的知识产权例外，其目的显然不是保护GATT1994
和GATS所要追求的贸易自由化，可谓与贸易自由化无关，例外应当是对
知识产权专有性的否定。换言之，GATT1994和GATS是以国际贸易自由为
原则，扭曲为例外；而TRIPs协议则是以知识产权专有为原则，公用为例
外。正是这种差异性在根本上决定，GATT1994例外条款、GATS例外条款
与TRIPs协议例外条款虽然均为"例外"，但除去共同具有"例外"的一
般效力之外再无研讨的共性。在GATT1994和GATS中，能够产生扭曲国际
贸易效果的条款都可以被称为例外条款，而在TRIPs协议中，唯有能够产
生否定知识产权专有性效果的条款才能够被称为例外条款。❶

其实，在商标权例外条款谈判过程中，由于发达国家和发展中国家分
歧较大，在1990年7月的阿内尔草案中，干脆将双方的意见同时列入。就
商标权例外，该草案予以如下规定（"A"是指发达国家，"B"是指发展
中国家）：4A商标授予的专用权的受限制的例外可以被规定，如描述性术
语的适当使用，只要这些例外考虑到商标所有人和第三人的合法利益。4B
如果使用商标的商品或者服务经所有人同意在成员方的领土内交易，则权
利应当归于用尽。同年12月的布鲁塞尔草案在商标权例外领域还是倾向于
发达国家的意见，相关表述如下：各成员可对商标所赋予的权利规定有限
制的例外，如合理地使用描述性术语，只要这些例外考虑到商标所有人和
第三方的合法利益。而随后的1991年12月的邓克尔草案并没有在商标领域
对布鲁塞尔草案的内容进行本质性变更。最终，布鲁塞尔草案中的商标权

---

❶　王鸿，曾培芳.TRIPs协议例外条款范畴研究[J]. 南京理工大学学报（社会科学版），2015
（04）：24-30.

例外条款被定稿为TRIPs协议第17条——商标权例外。 ❶

【案例3-1】美国、澳大利亚诉欧共体农产品及食品商标及地理标志保护案（WT/DS174、WT/DS290）

在美国、澳大利亚诉欧共体农产品及食品商标及地理标志保护案（WT/DS174、WT/DS290）中，专家组曾经专门解释过TRIPs协议第17条。在该起争端案件中，欧共体辩称，地理标志与在先商标共存将由TRIPs协议第17条证明为适当，因为欧共体第2081/92规则第14（2）条是限制性例外，该条仅仅允许在地理区域内符合规格说明书的产品的生产者使用。此外，欧共体指出，欧共体第2081/92规则也考虑了商标所有人与第三方的合法利益，因为第14（3）条制止最严重的混淆情况，要求就标签、误导性广告与不公平竞争立法。专家组指出，第17条明文允许成员对商标权规定有限的例外，包括TRIPs协议第16.1条规定的权利，第17条规定了有限例外的范例；并受限制性条款"该例外考虑到商标所有人与第三方的合法利益"的修饰。专家组分别审查了"有限例外"与"限制性条款"的问题。

首先，关于"有限例外"的含义，专家组同意加拿大药品专利案专家组报告第7.30段的观点，即对第30条的相同措辞进行解释，"例外"本身的含义是有限的减损。专家组指出，附加的"有限的"措辞强调例外的范围必须非常小，只限于小部分权利。有限例外适用于商标授予的权利，在本争议中是指禁止使用TRIPs协议第16.1条规定的某些标记的专有权。因此专家组认定，有必要就每一项单独的权利审查例外。专家组在审查条例后作出如下事实认定：减损商标所有人对某些商品而非与注册商标相同或相似的所有商品的权利；减损商标所有人对抗某些第三方而非所有的第三方的权利；减损商标所有人关于某些标记而非与受保护商标相同或相似的所有标记的权利。根据条例，一旦地理标志取得登记，就可以使

---

❶ Draft Agreement on the Trade-related Aspects of Intellectual Property Rights, MTN.GNG/NG11/W/70 May 11, 1990.Status of Work in the Negotiating Group, MTN.GNG/NG11/W/76 July 23, 1990.Draft Final Act Embodying the Results of the Uruguay Round of Multilateral Trade Negotiations, MTN.TNC/W/35/Rev.1 Dec 3, 1990.

用而不必考虑可能由其造成混淆的可能性，但是条例确实提及就某个假定的标志由于某个与第7（5）b条、第12b（3）条与第12d（3）条规定的相同或相似地理标志的使用而混淆的可能性或危险，该可能性或危险与是否登记地理标志的决议有关，对该地理标志的登记允许提出异议；欧共体强调，商标所有人仍然持有的权利是，制止任何人在原产于不同地理区域或不符合规格说明书的产品上使用作为地理标志登记的名称。商标所有人还有使用地理标志已登记的译名的积极权利，但不包括其他未登记的名称或标记。欧共体解释，使用作为地理标志登记的名称遵守食品标签与误导广告指示的条款，以致其可不受限制地使用。基于上述理由，专家组裁定，《欧共体条例》创设了TRIPs协议第17条含义的"有限例外"。

其次，专家组审查第17条的限制条款——"这些例外考虑到商标所有人与第三人的合法利益"——也得到满足。专家组表示，其同意加拿大药品专利案专家组在报告第7.69段对TRIPs协议第30条上下文关于专利所有人与第三方"合法利益"的解释：要使上下文中的措辞"合法利益"有意义，该措辞必须用通常在法律论述中使用的方法进行定义——作为寻求利益保护的中立诉求，则应通过相关公共政策或其他社会规则证明其有意义。专家组认为，对于第17条上下文的商标所有人与第三方的"合法利益"而言，这一点同样适用。关于商标所有人的合法利益，专家组指出，每一个商标所有人在保持其商标的特殊性或辨别能力方面，对其商标均具有合法利益以至于可以行使其功能。专家组认为，条例确实考虑到上述利益。关于第三方的合法利益应当包括相关第三方消费者，欧共体第2081/92规则第14（3）条考虑到了这些利益。此外，美国提出，按照第17条的目的，第三方包括商标被许可人。然而专家组指出，商标被许可人的合法利益最大限度地，是由商标所有人所确定的，并在同一时间加以考虑。

最后，专家组认定，第三方还包括使用地理标志者，欧共体2081/92规则第13条考虑了这些利益。

基于此，专家组裁定，欧共体成功地提出假设，即欧共体2081/92规则为TRIPs协议第16.1条规定的商标所有人权利创设例外,并被TRIPs协议第17条证明为适当。澳大利亚与美国没有提出反驳。❶

【思考】

(1)根据法益论,商标国际保护中的相关利益主体是什么?

(2)知识产权国际保护中的商标所有权人的权利边界是什么?

【案例3-2】欧共体诉加拿大药品专利争端案(WT/DS114)

1997年12月19日,欧共体及其成员国要求与加拿大进行磋商,指控加拿大的实施立法(尤其是专利法)缺乏对药品的保护,与其承担的TRIPs协议义务不相符,因为加拿大立法对获得专利的药品发明没有提供在TRIPs协议第27条第1款、第28条和第33条预期的整个保护期限内的充分保护。

本争端主要涉及加拿大专利法两项规定——55.2(1)和55.2(2),即法规审查例外和存储例外。根据法规审查例外,专利权人的潜在竞争者为获得政府的销售批准,在专利期内被允许使用专利发明,而无须获得专利权人的许可。这样,在专利期满时这些竞争者能够获得管理许可,与专利权人竞争销售。根据存储例外,竞争者被允许在专利期满前的某一期限内制造和存储专利产品,在专利期满后销售。最终,专家组裁定,加拿大专利法中所谓的法规审查例外与TRIPs协议第27条第1款没有不符,因而属于第30条的例外,没有违反第28条第1款。专家组裁定,加拿大专利法中的所谓存储例外没有为第30条的例外所包括,违反了TRIPs协议第28条第1款。❷

就TRIPs协议第30条和第17条共有的术语而言,WT/DS114专家组指出,首先,"有限"虽然有着广义和狭义两种定义,狭义定义就如"一趟邮政列车只能乘坐有限数量的乘客"所显示,但当"有限"该词作为短语"有限例外"构成部分使用时,狭义定义更为适当。其次,"例外"该词

❶ 龚柏华. WTO案例集(2006年卷)[M]. 上海:上海人民出版社,2006:799-823. European Communities-Protection of Trademarks and Geographical Indications for Agricultural Products and Foodstuffs. WT/DS174/R, WT/DS290/R, 15 March 2005.

❷ 选择WT/DS114的原因在于该案涉及的TRIPs协议第30条与第17条同为TRIPs协议知识产权例外条款属性且有部分术语相同,这些术语的解释应当统一。WT/DS174、WT/DS290的专家组就在专家组报告明确地说明了这种观点。

本身就意味着一个有限的减损，这不应当削弱由该词组成的规则之躯。当一个条约使用"有限例外"术语时，"有限"该词必须被给予一个与"例外"自身暗示的限制相区别的意思。因此，"有限例外"术语应当被理解为暗示着一个狭义例外，只能给讨论中的权利产生一个少量的减少。在缺少其他指示时，应当有理由依照字面理解文本，专注于法定权利被缩减的程度，而不是经济影响的大小或者程度。决定一个特别的例外是否构成一个有限例外时，必须要判断专利所有人权利被减损的程度。在此，需要指出，WT/DS174与WT/DS290中的专家组对于"有限例外"发表了与WT/DS114专家组一致的观点，提出"有限例外"实施于"被一个商标授予的权利"。只能影响很少的商标或者商标所有权人的事实是与一项例外是否有限的问题不相关，关键的问题是一个商标授予权利的例外是否属于狭义。虽然专家组将"有限例外"定位为狭义范畴，但这并无特殊之处，因为在法律论证过程中，对例外予以狭义解释并非不寻常。

此外，WT/DS114专家组还根据《新肖特牛津词典》解释了"利益"的涵义，提出其通常含义可能包括对某项财产或者使用某项财产利益（包括知识产权）所享有的法定权利或者资格，也可能是指对某一潜在侵害或者利益的关注。在更广泛程度上而言，也可以指对某一自然人或者法人相当重要的某物。相应地，利益的概念并不必然受到实际的或者潜在的经济利益或者损害的限定，并且指出"合法权益"是一个比"法定权益"解释范围更为广泛的概念。为了清晰术语"合法权益"的意思，该术语必须以其被经常使用的法律话语方式被定义——如同一个要求保护被有关公共政策或者其他社会规范支持的正当利益的规范的权利要求。专家组还提议可以通过在各国专利法中被广泛实施的第30条例外类型——在专利期内和没有授权时，基于科学试验使用专利产品不构成侵权作为说明。虽然专家组没有对根据TRIPs协议第30条的任何国内例外的正确性作出结论，但是采纳了这种类型的法律分析中包含的"合法权益"术语的一般意思。最后，专家组专门说明TRIPs协议自己的谈判历史不能被用于解释"合法权益"，但《伯尔尼公约》第9（2）条的谈判历史有助于解释该术语。通过分析，专家组

再次证明了"合法权益"术语是一个比"法定权益"解释范围更为广泛的概念。❶

【思考】

（1）何谓"法规审查例外"和"存储例外"？

（2）根据专家组报告，TRIPs协议第30条和第17条中的"有限例外"是何含义？

四、中国法中的商标权例外——以山东宏济堂制药集团有限公司与山东宏济堂阿胶有限公司等侵害商标权、不正当竞争纠纷案为例

（一）基本案情

【案例3-3】山东宏济堂制药集团有限公司与山东宏济堂阿胶有限公司等侵害商标权、不正当竞争纠纷案

山东宏济堂制药集团有限公司（以下简称制药公司）诉称：其创始于1907年，历经宏济堂、宏济制药厂、济南人民制药厂、济南中药厂等历史变革，至今已有100余年的历史。其"宏济堂"商标先后被认定为山东省著名商标、"中华老字号"和驰名商标。山东宏济堂阿胶有限公司（以下简称阿胶公司）成立于2008年，和制药公司无关，在其阿胶制品上突出使用"宏济堂"，标注"原宏济堂阿胶厂"，在其网站中宣传其为"中华老字号"和突出使用"宏济堂"，加之其公司名称和域名，均构成不正当竞争及商标侵权。栗某在其经营的枣庄市颐年堂大药房销售了涉案被控侵权阿胶产品，亦构成商标侵权。请求判令：一、阿胶公司、栗某停止侵权产品的生产、销售，并销毁全部侵权产品；二、阿胶公司变更现企业名称，停止使用"宏济堂"字号；三、阿胶公司停止使用"www.hjtej.cn"域名，删除网站中涉及宏济堂的内容；四、阿胶公司赔偿侵权损失100万元；五、阿胶公司赔偿维权支出6万元；六、阿胶公司、栗某承担本案诉讼费。

---

❶ Canada – Patent Protection of Pharmaceutical Products，WT/DS114/R，March 17，2000.

阿胶公司在原审中答辩称：1.本案是商标侵权纠纷，制药公司诉讼请求中的域名纠纷，与本案不是同一法律关系，应予驳回。2.制药公司所诉没有依据。阿胶公司才是"宏济堂"百年老字号的正宗传人，其股东山东宏济堂医药集团有限公司（以下简称医药集团）对宏济堂百年老字号拥有无可争议的所有权，上百年来对"宏济堂"品牌使用、维护并发扬光大，因此阿胶公司的企业名称及宣传均合法，不构成侵权。制药公司并非宏济堂的传人，其企业名称和商标权均侵害阿胶公司及其股东对"宏济堂"百年老字号的所有权，并曾多次向其维权。请求驳回制药公司的诉讼请求。

栗某在原审中答辩称：其只是产品销售者，不存在侵权故意，不应承担赔偿责任。

【思考】

（1）我国商标法是否规定了"商标权例外"？

（2）结合下文山东省高级人民法院的判决，分析法院在本案中提出的"尊重历史并善意地处理"观点。

（二）一审判决

一审法院查明："宏济堂"由乐先生创立于1907年，其先后在济南市院东大街23号设立总店、在经二路纬五路375号设立第一分店，在经二路纬一路148号设立第二分店，在榜棚街25号设立栈房，在东流水街设立有阿胶厂。1952年宏济堂下属的栈房改为宏济制药厂。同年10月，济南市人民政府对宏济堂的分支机构宏济阿胶厂发放登记证书。1955年7月宏济堂进行公私合营改组，合营后企业名称为公私合营济南宏济堂，合营企业包括生计、人事、业务、财务、总务5个科和制药厂、制胶厂及3个营业部。1957年10月公私合营宏济堂阿胶厂、天一堂阿胶厂两厂合并为"公私合营济南阿胶厂"。1958年6月，公私合营济南宏济堂的3个营业部移交中国药材公司济南市公司。1958年9月，公私合营济南宏济堂提出报告，称因已将其3个营业部划归中国药材公司山东省济南市公司的有关区的中心店领导，故申请将宏济堂名称改为济南宏济堂制药厂。1960年济南市卫生局提交报告，对"宏济、艮一堂、永昌、饮片加工厂、济南阿胶厂"五个中药厂进行合并，将上述五厂合并为一个厂并定名为"公私合营济南宏济制药厂"。

公私合营济南宏济制药厂于20世纪五六十年代对阿胶产品进行生产，至1966年该厂更名为济南人民制药厂，1980年济南人民制药厂更名为济南中药厂，1998年济南中药厂改制为济南神方中药有限责任公司，1999年公司变更登记，更名为济南宏济堂制药有限责任公司，2012年3月更名为山东宏济堂制药集团有限公司。原中药厂经营过程中使用的商标为"鲁牌"商标。另外，北京宏济堂药店有限公司于1998年申请注册了第1270231号"宏济堂"商标，核准商品为第五类：中药制剂，中成药，中药饮片，后于2005年转让给制药公司。该商标自2005年被审定为山东省著名商标。山东省济南市中级人民法院在（2006）济民三初字第51号民事判决中认定制药公司的第1270231号"宏济堂"商标为驰名商标。2008年后制药公司在第5类、第29类、第30类等40多个类别上注册了4682615号、1530383号等带有"宏济堂"字样的商标。1995年济南中药厂被国家内贸部认定为"中华老字号"。制药公司还获得山东名牌、高新技术企业、国家重点新产品、中药保护品种等证书。2006年制药公司获国家商务部颁发的"中华老字号"证书。其经营范围为：制造、自销：片剂、合剂等，生产、销售：预包装固体茶饮料。一般经营项目：中成药制品工艺及中药生产设备技术开发、咨询、服务；进出口业务；房屋租赁。目前，制药公司生产经营范围不含阿胶生产加工。制药公司于2000年申请注册了"hjt.com.cn"域名。

中国药材公司山东省济南市公司于1955年成立，约在1956年按济南市行政区划设立了5个中心店，负责对区内公私合营中药店的领导和管理，此后企业名称亦改为中国药材公司山东省济南批发站。后又多次进行体制调整和更名，至1978年变更为山东省济南药材采购供应站，1996年改制成为济南药业集团有限责任公司。上述企业变动期间，"宏济堂"字号始终在其下属纬一路、纬五路等相关药店中使用。济南药业集团有限责任公司改制成立时下设宏济堂连锁总店，又先后登记设立有宏济堂药店、宏济堂东店、宏济堂北店、宏济堂西店等分支机构，2004年原宏济堂连锁总店注销。2003年济南药业集团有限责任公司将下属济南居仁堂医药零售有限公司更名为济南宏济堂医药连锁有限公司，后更名为山东宏济堂医药连锁有限公司。2008年济南药业集团有限责任公司与山东宏济堂医药连锁有限公司设立了阿胶公司。其中济南药业集团有限责任公司出资450万元，占90%，山东宏济堂医药连锁有限公司出资50万元，占10%。阿胶公司的经营范围为：加工阿胶制品，其于2008年领取的食品卫生许可证载明许可范围为：生产加工阿胶制品。2011年济南药业集团有限责任公司变更为山东宏济堂医药集团有限公司（以下简称为医药集团）。

医药集团于2000年申请注册了第1459628号"宏济堂"商标，核准在第35类：替他人推销。其下属"济南宏济堂药店"1995年被国内贸易部认证为"中华老字号"。2006年医药集团获国家商务部颁发的"中华老字号"称号。2007年该商标被济南市工商局认定为"济南市著名商标"，同年还获省经贸委颁发的"山东老字号"证书。原宏济堂总店及第一分店、第二分店的房屋产权或其异地迁建、拆迁补偿的权利均为阿胶公司股东医药集团所享有。相关"宏济堂"的石碑、药池、匾牌等历史存物亦为医药集团管理。

制药公司与阿胶公司的股东之间曾因企业名称多次发生纠纷。本案审理中，阿胶公司对制药公司的商标获"山东省著名商标"向山东省人民政府提出行政复议，该申请被驳回。

阿胶公司在其生产的阿胶产品外包装上标注有"山东宏济堂阿胶有限公司（原宏济堂阿胶厂）"字样，其产品外包装上及网站宣传中的企业名称中，"宏济堂"3个字与其他字的大小、字体、颜色明显不同，突出使用了"宏济堂"3个字。其产品外包装上同时标有其申请注册的"东流水"商标，以及"中华老字号"字样。其公司网站域名为"hjtej.cn"，在其网站中，对"宏济堂"品牌历史、相关荣誉等进行了宣传，该宣传内容突出使用"宏济堂"并标注"原宏济堂阿胶厂"等字样，以上内容由山东省济南市槐荫公证处进行公证。

栗某在其经营的枣庄市颐年堂大药房销售了涉案被控侵权阿胶产品，并举出该药房与宏济堂阿胶公司所签订的合同以及销售发票，证明其所售产品是从宏济堂阿胶公司处购得。

阿胶属于既是食品又是药品的物品，并被列入国家药典委员会所编撰的2010年版《中华人民共和国药典》。制药公司提供山东省济南市公证处的公证书等证据证实，阿胶公司生产的阿胶产品在济南市相关药店中进行了销售。

制药公司为购买涉案被控侵权阿胶产品支出1 993元，为维权支付律师代理费52 400元，关于其主张的赔偿损失数额未能提供相应证据。

一审法院认为：本案双方争议的焦点问题如下：第一，关于阿胶公司以"宏济堂"作为其企业字号，是否构成不正当竞争的问题。本案中"宏济堂"品牌的形成已有百年历史，其品牌知名度和声誉有着长期的历史原因。判断阿胶公司的企业名称是否构成不正当竞争，应当在充分尊重特定的历史因素的前提下，根据公平、诚实信用以及保护在先取得的合法权利的原则，考虑"宏济堂"品牌的产生和发展的历史过程以及双方在历史发展所形成的各自权利范围。

从宏济堂发展的历史看，原宏济堂企业在历史上进行了分立，其药店销售经营部分在分立后归入阿胶公司的股东医药集团前身，而宏济堂企业的阿胶厂和制药厂分立后归入制药公司前身。由此，双方在历史上所形成的利用宏济堂品牌经营的权利范围和法律秩序可明确划分，即医药集团利用宏济堂品牌经营的权利范围为药品销售经营部分，制药公司利用宏济堂品牌经营的权利范围则为制药和阿胶生产部分。双方对宏济堂品牌的利用应当尊重这一历史因素形成的权利范围和法律秩序。阿胶公司属于阿胶生产企业，其使用"宏济堂"作为字号，侵入制药公司权利范围，打破了双方历史上形成的权利范围和法律秩序，违反了诚实信用原则和市场公认的商业道德。

同时，依我国法律规定，对他人已注册商标，在一定情形下其他权利人有进行使用的权利，但是应当在有正当理由的情况下依诚实信用的原则善意使用，不得进行不正当竞争和给市场秩序造成混乱。制药公司享有宏济堂注册商标专用权，利用宏济堂注册商标生产制造中药已有较长历史并且其宏济堂注册商标具有较高知名度。阿胶公司属新设法人企业，与原宏济堂阿胶厂并无历史上的承继关系。同时，其与制药公司属于同一地方的企业，阿胶公司所产阿胶这一产品具有药食同源这一特性，既是食品又是药品。二者的商品在功能、消费对象、销售渠道上具有类似性。阿胶公司作为与制药公司类似产品的生产经营者，应该知道制药公司已经享有的在先权利，并且其商标在相关公众中具有较高知名度的事实，应主动对于其享有的在先权利进行合理地避让，却故意将"宏济堂"登记为企业名称中的核心部分并在从事阿胶生产活动中使用，该行为会使相关公众认为阿胶公司或其产品与制药公司之间存在特定联系，从而造成市场混淆，给公平竞争的市场秩序造成混乱。

综上，阿胶公司使用"宏济堂"作为企业字号生产阿胶违反诚实信用原则，超出历史因素所形成的权利范围，造成混淆，其使用该企业名称构成不正当竞争。

第二，关于阿胶公司在产品突出使用"宏济堂"标识是否对制药公司构成商标侵权和不正当竞争的问题。阿胶公司在产品包装上标注企业名称时，将"宏济堂"3个字以有别于其他文字的字体、颜色、大小的方式予以突出使用，在与制药公司属同地企业且产品类似的情况下，足以造成相关公众的混淆误认，根据有关规定，构成商标侵权。

"原宏济堂阿胶厂"在历史上并入"公私合营济南阿胶厂"后又并入制药公司前身"公私合营济南宏济制药厂"。阿胶公司成立于2008年，是一个新设企业，与"原宏济堂阿胶厂"没有关联。其在产品中标注"原宏济堂阿胶厂"行为不当，易造成相关公众的混淆，构成不正当竞争。

阿胶公司产品上使用的是"东流水"商标，其企业自身或其商标尚未被认定为"中华老字号"。但是"中华老字号"标识并不为制药公司所专有，其称阿胶公司在产品上标注"中华老字号"构成侵权的理由不能成立。

第三，关于制药公司所主张的网络域名侵权应否合并审理及其该诉讼请求是否成立的问题。因网络域名侵权亦属不正当竞争的范畴，与本案双方商标侵权纠纷有关联，合并审理有利于双方纠纷的解决，因而本案可以合并审理。制药公司已注册的域名为"hjt.com.cn"，阿胶公司使用的域名为"hjtej.cn"，构成类似。阿胶公司域名中"hjtej"是其企业名称汉语拼音首字母缩写，由于其企业字号的使用不当，其使用该域名亦不当，应停止使用该域名，并停止在其网站宣传时标注带有"宏济堂"字样的企业字号、"原宏济堂阿胶厂"等不当行为。

第四，关于阿胶公司应承担的民事责任。阿胶公司的行为构成侵犯制药公司商标权和不正当竞争，其应当停止使用带有"宏济堂"字样的企业名称，限期到工商登记机关办理企业名称变更登记手续，变更后的企业名称不得含有宏济堂字样；应当立即停止在其有关产品上及其网站等宣传中标注"宏济堂"和"原宏济堂阿胶厂"字样；应向制药公司赔偿损失。因制药公司未提其直接损失或阿胶公司的侵权获利等证据，根据侵权情节，考虑权利人维权合理支出，原审法院酌定本案赔偿数额为20万元。

第五，关于栗某应承担的民事责任。栗某作为涉案产品的销售者，是通过合法途径取得，其已提供了产品的合法来源，且其不知道所售产品是否侵犯他人商标权，依照商标法的规定，其应停止销售阿胶公司生产的带有"宏济堂"企业名称及标注"原宏济堂阿胶厂"字样的侵权产品，但不承担赔偿责任。

综上，依照有关法律规定，并经其审判委员会讨论，一审法院判决：（1）阿胶公司于本判决生效后立即停止侵犯制药公司商标权的行为和不正当竞争行为，立即停止使用带有"宏济堂"字样的企业名称，并于判决生效后30日内到工商登记机关办理企业名称变更登记手续，变更后的企业名称不得含有宏济堂字样，立即停止在其产品上及其互联网站等宣传中标注"宏济堂"和"原宏济堂阿胶厂"字样。（2）阿胶公司于本判决生效后立即停止使用"hjtej. cn"域名。（3）阿胶公司赔偿制药公司经济损失人民币20万元，于本判决生效之日起10日内一次性付清。（4）栗某立即停止销售阿胶公司生产的标注带有"宏济堂"字样的企业名称或标注"原宏济堂阿胶厂"字样的产品。（5）驳回制药公司的其他诉讼请求。案件受理费14 340元，制药公司负担2 868元，阿胶公司负担11 472元。❶

（三）二审判决

上诉人阿胶公司不服原审判决上诉称：第一，原审判决对以下事实认定错误：（1）上诉人的股东医药集团是"宏济堂"百年老字号的母体，上百年来由其对该字号传承并发扬光大。1）医药集团是"宏济堂"老字号的唯一传承人。"宏济堂"在1955年公私合营后，三个药店、药厂、胶厂等纳入医药集团前身药材公司，该字号百年变革中的重大事件均由其承继。现宏济堂老号回迁、中号迁建、西号平移及相关史料、配方和牌匾原件均由上诉人及其股东医药集团所有。2）阿胶公司及其股东为该字号的传承、发扬光大作出巨大贡献。医药集团早在1993年就申请注册了"宏济堂"商标，并被认定为"济南市著名商标""山东省老字号""中华老字号"等。现阿胶公司对宏济堂品牌的发扬光大作出重要贡献。医药集团曾多次向制药公司进行维权，针对制药公司1999年恶意更名等行为提起诉讼、2011年请求省政府撤销其山东省著名商标。（2）制药公司不是"宏济堂"字号的合法权利人，其一直在侵权。1）其并非"宏济堂"的承继者。其原名为济南中药厂，1999年擅自更名为"济南宏济堂制药有限公司"，2003年被力诺集团收购，2005年购买"宏济堂"商标。现其为力诺集团控股93%以上的民营企业，与"宏济堂"老字号无关联，其在1999年更名之前，从未使用过"宏济堂"字号。2）其山东省著名商标、中华老字号、中国驰名商标等称号均系造假。其在1999年更名前从未使用"宏济堂"字号，但其"宏济堂"字号在1995年即获得中华老字号，其2005年10月才受让"宏济堂"商标，却于2005年8月就获得省著名商标，2006年被认定为驰名商标。3）其至今未生产阿胶，也未获得相应资质，无权禁止阿胶公司生产阿胶。（3）原审判决对医药集团与制药公司对该字号的权利范围进行"工商分

---

❶ 枣庄市中级人民法院（2011）枣商知初字第27号民事判决书。

离"的划分错误。在公私合营后，"宏济堂"的分支被并入不同单位，但双方并未形成明确的权利划分。医药集团是"宏济堂"字号的承继者，在公私合营后一直使用该字号，阿胶公司作为其投资设立的企业，使用该字号是股东权利的延伸和发展。制药公司虽然在历史上与"宏济堂"存在一定渊源，是总店的一个分支，但其自1966年组建济南人民制药厂到1999年更名前的33年里，从未使用过"宏济堂"字号，2005年10月其才购买"宏济堂"商标，且其自1968年后至今40多年未生产阿胶。

第二，阿胶公司使用"宏济堂"作为企业名称不构成商标侵权和不正当竞争。（1）阿胶公司股东医药集团使用该字号远远早于制药公司取得商标的时间，构成在先权利，应受法律保护。"宏济堂"药店在1955年公私合营后一直由医药集团的前身经营管理，2000年，其申请注册"宏济堂"商标（核准类35类），2003年其下属企业济南宏济堂医药连锁有限公司挂牌。以上时间均早于被上诉人取得商标的时间，因此上诉人不构成商标侵权。（2）阿胶公司的使用行为不构成不正当竞争。制药公司几十年来未生产阿胶制品，双方不存在争夺市场份额、造成消费者混淆的问题。阿胶公司使用"宏济堂"是作为企业名称而不是商标，其产品使用的是"东流水"商标，不会造成消费者误认。（3）原审判决上诉人赔偿被上诉人经济损失20万元没有依据。（4）上诉人域名不构成不正当竞争。上诉人的域名与被上诉人域名不会产生误认与混淆。上诉人请求撤销原判，改判驳回被上诉人在原审中的诉讼请求。

被上诉人制药公司答辩称：（1）其是由乐先生于1907年创设的宏济堂发展演变而来。（2）医药集团是由1955年成立的中国药材公司山东省济南市公司演变而来，其成立时间晚于宏济堂创立时间近半个世纪，不是宏济堂的母体。宏济堂在公私合营后一直独立存在，并非医药集团管理。（3）宏济堂的三个门店因历史原因在1958年分离出了宏济堂，成为医药公司的分支机构，其在2004年已被注销。（4）宏济堂品牌的知名度主要是由制药公司使用和维护，省著名商标、中华老字号、驰名商标等可以证实。（5）宏济堂在20世纪进行工商分离，工业部分的阿胶厂和制药厂发展为今天的制药公司，商业部分划入医药集团，双方在历史上已经对权利范围进行划分，上诉人以"宏济堂"为字号生产阿胶侵入了制药公司权利范围，构成不正当竞争。（6）上诉人成立时，被上诉人的宏济堂注册商标已经具有很高知名度，因阿胶产品具有药食同源特性，与被上诉人产品在功能、消费对象和销售渠道上具有一致性，具有类似性，构成不正当竞争，应停止使用该字号。（7）上诉人在其产品上标注的"原宏济堂阿胶厂"具有明显恶意，构成不正当竞争。（8）网络域名侵权亦属不正当竞争范畴，应与本案合并审理。因上诉人使用宏济堂字号不正当，其使用现域名亦具有不正当性。（9）上诉人在产品及网站中，突出使用"宏济堂"三个字，足以造成相关公众误认，构成商标侵权。请求二审法院驳回上诉，维持原判。

二审法院经审理查明：第一，关于制药公司的历史沿革及发展情况。1966年，公私合营济南宏济制药厂更名为济南人民制药厂，使用"鲁牌"商标，产品包括阿胶和中药。1968年，济南人民制药厂的阿胶车间、设备和出口任务移交平阴、东阿阿胶厂，济南人民制药厂不再生产阿胶。1980年济南人民制药厂更名为济南中药厂，1998年改制为济南神方中药有限责任公司，1999年更名为济南宏济堂制药有限责任公司，2012年3月，更名为制药公司。自1966年至1999年更名前的33年间，该公司未使用"宏济堂"作为产品商标和企业字号，其中药产品上使用"鲁牌"商标。制药公司及其前身自1968年交出阿胶生产设备至今，该公司从未生产阿胶。制药公司的药店名称为"济南神方大药店"。目前，该公司生产经营范围为中药及中成药生产销售，不包括阿胶生产加工，其未取得阿胶生产资质。

第二，关于阿胶公司股东医药集团的历史沿革与发展情况。1958年6月，公私合营济南宏济堂的三个营业部（药店）移交中国药材公司济南市公司，由其领导和管理。"宏济堂"字号至今仍在该公司下属的纬一路、纬五路等药店中使用，从未中断，宏济堂药店、东店、北店、西店等均为该公司下属的不具有法人资格的分支机构。1978年，中国药材公司济南市公司更名为山东省济南药材采购供应站，1996年，该公司改制成为济南药业集团有限责任公司（以下简称济南药业集团）。

1994年10月，济南药材公司申请注册"宏济堂"商标，核准在第42类商品：医药咨询、医药辅助、保健，有效期至2004年10月。到期后因其未办理商标续展手续，该商标予以注销。

1995年，"济南宏济堂药店"被国内贸易部认证为"中华老字号"。2000年，济南药业集团申请注册了第1459628号"宏济堂"商标，核准在第35类商品：替他人推销。2007年，该商标被济南市工商局认定为"济南市著名商标"，同年还获省经贸委颁发的"山东老字号"证书。2011年，该商标被国家商务部认定为"中华老字号"。2011年8月，济南药业集团更名为山东宏济堂药业集团有限公司，同年9月，又更名为医药集团。

原宏济堂总店及第一分店、第二分店的房屋产权及其异地迁建、拆迁补偿的权利均为医药集团及其前身享有。医药集团设有宏济堂博物馆，相关"宏济堂"石碑、药池、牌匾等历史原物均由其进行管理。医药集团下属的中药厂名称为山东宏济堂医药有限公司中药厂。

2003年，济南药业集团将下属的济南居仁堂医药零售有限公司更名为济南宏济堂医药连锁有限公司，由其管理各宏济堂药店。2005年，该公司更名为山东宏济堂医药连锁有限公司（以下简称医药连锁公司）。

第三，关于阿胶公司生产阿胶的情况。2008年8月，医药集团与医药连锁公司共同出资设立了阿胶公司，两方分别出资450万元、50万元，占公司股权的90%和10%。阿胶公司的经营范围为：加工阿胶制品，其于2008年领取食品卫生许可证，许可范围为：生产加工阿胶制品。阿胶公司自2008年成立后即生产阿胶及其制品，在其生产的阿胶产品外包装上，突出使用其申请注册的"东流水"牌商标，并放大了"阿胶"两个字，公司名称标注为"山东宏济堂阿胶有限公司（原宏济堂阿胶厂）"字样，其中"宏济堂"三个字在大小、字体、颜色上与其他字不同。其外包装上同时标有"中华老字号"字样。其公司网站域名为"hjtej.cn"，在网站中对品牌历史、荣誉等予以宣传，使用了其股东医药集团保存的"宏济堂"牌匾，并标注"原宏济堂阿胶厂"等字样。

2007~2012年，阿胶公司基本建设投资1.09亿元，广告投入总额4 820万元。中央电视台等多个媒体播出对宏济堂"东流水"阿胶历史文化的专题系列报道，其生产的阿胶在市场上具有较高知名度和市场占有率，其为宏济堂阿胶制品的宣传和发展作出了贡献。

第四，关于双方或其股东涉及"宏济堂"的诉讼纠纷及行政争议情况。（1）1999年6月，济南中药厂更名为济南宏济堂制药有限责任公司后，同年8月，济南药业集团向济南中院提起诉讼，主张制药公司侵犯其企业名称权和商标权，后济南药业集团于1999年11月撤诉。（2）2008年，济南宏济堂制药有限责任公司向济南中院提起诉讼，起诉医药连锁公司不正当竞争及商标侵权，后于2009年6月8日撤诉。（3）2012年2月，医药集团向省政府提出行政复议申请，请求撤销省工商局于2005年9月26日作出的认定济南宏济堂制药有限公司在中成药商品上的"宏济堂"商标为"山东省著名商标"的具体行政行为。2012年5月4日，省政府以超过行政复议申请期间为由，驳回申请人的该行政复议申请。

二审法院认为："宏济堂"作为济南本土的中药老字号，自1907年创立起，已经有一百多年的历史。在公私合营之后，其不同分支分别划归不同企业进行管理和发展，历经分立、合并、整合、改制和更名等多次调整。上诉人阿胶公司是医药集团投资设立的公司，其基于母子公司之间的投资关系使用"宏济堂"字号，且依法在山东省工商局核准注册。本案涉及"宏济堂"商标和字号的权利冲突，实质是具有百年历史的民族传统品牌及老字号，在历经计划经济体制发展后，在市场经济条件下应如何确定权利边界和规范使用的问题。对于商标和老字号的纠纷应慎重处理，应当实事求是、历史、全面、公正地分析商标和老字号冲突的纠纷缘由，本着尊重历史、保护在先权利、诚实信用、公平竞争等原则处理。

根据各方当事人的主张，本案有4个争议焦点，逐一分析如下。

第一，关于阿胶公司在其企业名称中使用"宏济堂"字号是否构成不正当竞争的问题。二审法院认为，阿胶公司作为宏济堂医药集团的子公司，有权使用"宏济堂"作为企业字号。本案判断阿胶公司能否使用"宏济堂"字号进行阿胶生产，关键是看其母公司宏济堂医药集团能否使用"宏济堂"字号进行阿胶生产。（1）医药集团与制药公司对于如何使用"宏济堂"字号进行阿胶生产，在历史上没有形成权利划分。双方的商标权利界限明确。被上诉人制药公司依法拥有第1270231号"宏济堂"商标，核定使用范围为中药制剂、中成药、中药饮片等，该商标由他人于1998年申请注册，2005年制药公司通过受让取得。上诉人阿胶公司的股东医药集团于2000年申请注册了第1459628号"宏济堂"商标，核准在第35类商品上：替他人推销。两者对于"宏济堂"商标使用上的权利界限是清晰的，即制药公司主要是从事中药生产，医药集团主要从事医药销售。根据法院查明的事实，制药公司与医药集团双方都与宏济堂老字号存在一定历史渊源。1907年，乐先生创立"宏济堂"，包括栈房、3个药店与阿胶厂三部分。1955年进行公私合营改组，改名为公私合营济南宏济堂，仍包括制药厂、3个药店和阿胶厂三部分。后在制药厂与阿胶厂的基础上又合并其他厂家成立了"公私合营济南宏济制药厂"，1966年改名为济南人民制药厂，1980年更名为济南中药厂，又历经"济南神方中药有限责任公司""济南宏济堂制药有限责任公司"等更名，直至2012年更名为山东宏济堂制药集团有限公司即本案的被上诉人，其虽历经多次更名，但一直从事中药生产的历史没有变。上诉人阿胶公司的股东医药集团是在3个药店的基础上成长起来的，1958年3个营业部（药店）移交中国药材公司济南市公司，1978年更名为山东省济南药材采购供应站，1996年，改制为济南药业集团有限责任公司，后又先后更名为山东宏济堂药业集团有限公司、山东宏济堂医药集团有限公司。上诉人阿胶公司的股东医药集团虽历经多次更名，但其一直从事医药推销的历史没有变。根据以上发展历程，可以看出双方对于"宏济堂"老字号的使用在中药领域是存在"工商分离"的权利划分的，即制药公司主要进行工业生产，医药集团主要进行药品销售。原审法院对此认定正确。但是，制药公司与医药集团对于用"宏济堂"进行阿胶生产是否进行权利划分，一是看双方对此是否存在权利划分的约定，二是看双方是否有权利划分的历史，且这种划分历史已经被相关公众所认可和熟悉。根据案件查明的事实，尽管在公私合营后，原宏济堂的阿胶厂、制药厂划入制药公司，但自1968年起，其将阿胶生产车间和设备全部转入平阴、东阿阿胶厂，其自1968年起至今，40多年的时间里，未生产过阿胶产品，其生产经营范围亦不包括阿胶生产，未取得阿胶生产的相关资质。相关公众对谁有权使用"宏济堂"生产阿胶没有历史积淀，没有认知，不能认定双方对使用"宏济堂"老字号进行阿胶生产进行权利划分。另外，因阿胶具有药食同源的属性，既属于药品又属于食品。阿胶公司取得阿胶生产的食品许可证，并自2008年成立以来一直进行阿胶产品生产，经过大量广告投入和市场销售，其阿胶产品占有较大市场并取得较高的市场声誉和品牌知名度。基于以上历史发展情况，可以看出，医药集团和制药公司之间在历史上对于能否使用"宏济堂"进行阿胶的生产并未进行"工商分离"的权利划分。因此，原审法院认定双方之间已进行权利划分，阿胶公司进行阿胶生产侵入了制药公司的权利范围的理由不能成立。

（2）阿胶公司对"宏济堂"字号的使用基于其股东的历史传承与授权，不是恶意攀附制药公司的注册商标。"宏济堂"在1957年公私合营之后，其老号、西号、中号等"宏济堂药店"的总店和几个分店，先后划入阿胶公司的股东医药集团和集团下属的医药连锁公司进行经营管理，60多年以来，"宏济堂药店"从未停业，具有较长历史和较高的市场知名度。医药集团设有山东宏济堂博物馆，保存有宏济堂最初的牌匾、石碑、文献等原物，管理了多个宏济堂药店的设立、迁建、平移等历史上的重大事项，对于"宏济堂"这一老字号的传承与发扬作出巨大贡献，其有权在公司名称中保留使用"宏济堂"这一老字号。而制药公司在1966～1999年的30多年的时间里，企业名称中未使用"宏济堂"字号，产品上亦未使用"宏济堂"商标，而是使用"鲁牌"商标，其对"宏济堂"这一老字号的传承存在30多年的中断和空白。阿胶公司是由其股东医药集团和医药连锁公司于2008年设立，其使用"宏济堂"字号实际上是基于其股东医药集团的授权，是股东对其拥有的"宏济堂"老字号在合理范围内的扩展使用。阿胶公司使用该老字号并非恶意攀附他人企业名称或商标，不构成不正当竞争。（3）对于因历史原因造成的商标与老字号之间的权利冲突，应本着善意共存和包容发展的原则进行处理。商业标识保护的总体司法政策是尽量划清商业标识的界限，为创立品牌留足法律空间，但特殊情况下的商业标识共存又是必不可少的。本案中，制药公司"宏济堂"商标、字号与医药集团的"宏济堂"商标、字号双方共存的状态是客观的，是历史的，也是善意的。简单地以一方权利"打死"对方，作"你死我活"的处置不符合历史和现状，更不符合公平原则。本案中，认定阿胶公司可以基于其股东的传承和授权使用"宏济堂"老字号，允许善意共存、实现包容性发展，更有利于实现对商标标识的保护目的。最高人民法院有关司法政策亦指出，对于因历史原因造成的注册商标与企业名称的权利冲突，当事人不具有恶意的，应当视案件具体情况，在考虑历史因素和使用现状的基础上，公平合理地解决冲突，不宜简单地认定构成商标侵权或者不正当竞争。综上，在充分尊重本案老字号的历史因素和使用现状的前提下，根据公平、诚实信用的原则及相关司法政策，应认定阿胶公司在企业名称中使用"宏济堂"字号不构成不正当竞争。

第二，关于阿胶公司的网络域名及网站宣传内容是否构成不正当竞争的问题。二审法院认为，根据上文的分析，阿胶公司有权在企业名称中使用"宏济堂"字号，其网络域名为www.hjtej.cn，其中"hjtej"是汉字"宏济堂阿胶"5个字的拼音首字母缩写，有合理依据，具有正当性，并非攀附制药公司的网络域名或搭其产品的便车。因此，其注册使用该域名具有正当理由，不构成不正当竞争。原审判决认定构成不正当竞争并判决停止使用不当，应予纠正。阿胶公司网站宣传中，使用其股东医药集团所保存的"宏济堂"老字号的牌匾，并对宏济堂老字号的历史进行宣传，是对其股东合法权利的正当使用，亦不构成不正当竞争。原审判决认定以上行为构成不正当竞争并判决停止使用不当，应予纠正。

第三，关于阿胶公司是否在产品上突出使用"宏济堂"字号并构成商标侵权的问题。二审法院认为，制药公司于2005年10月从他人受让取得"宏济堂"商标权，核准商品为第五类：中药制剂，中成药，中药饮片，其在中药产品上对于"宏济堂"享有注册商标专用权，应受法律保护。本案中，阿胶公司在其涉案阿胶产品的外包装上，突出使用的是其已经注册的"东流水"商标，并将"东流水""阿胶"几个字放大，且用不同颜色和字体予以标明，以上内容均用醒目颜色和放大字体予以突出标注，均比公司名称更为醒目。阿胶公司是将"宏济堂"作为字号使用，而不是突出后作为商业标识使用，且因制药公司目前尚未取得阿胶生产资质，没有进行阿胶生产，因此不存在造成相关公众混淆、误认的可能性，不会造成混淆，阿胶公司的行为不构成商标侵权。但是，需要指出的是，阿胶公司在其产品上标注公司名称时，对于"宏济堂"3个字进行了区别于公司名称中其他字的使用不当，虽没有达到商标侵权的程度，但仍应当规范使用企业名称，今后阿胶公司应在商品、服务上规范使用其经核准登记的企业名称，应将"宏济堂"3个字与其公司名称中的其他字体一致。阿胶公司涉案产品外包装上还标注"（原宏济堂阿胶厂）"，根据本案查明的事实，该标注内容与其发展历史不相符，应予以删除。

第四，关于原审判决阿胶公司赔偿制药公司20万元是否适当的问题。二审法院认为，鉴于阿胶公司在公司名称中及其网站宣传中使用"宏济堂"字号不构成商标侵权，其网络域名的使用亦有合法依据，制药公司原审中的诉讼请求基本不能成立，只是阿胶公司在产品上突出使用"宏济堂"字号和标注"（原宏济堂阿胶厂）"不当，应予规范使用。因此，原审判决阿胶公司赔偿制药公司20万元不当，应改判驳回制药公司要求赔偿损失的诉讼请求。

综上，该案经本院审判委员会讨论认为，"宏济堂"文字无论作为字号还是商标，其知名度和声誉的产生都有长期的历史原因，阿胶公司基于其股东的历史传承和授权，在其企业名称中使用"宏济堂"字号并无不当，不属于在产品和服务等经营行为中，采用不正当手段搭他人注册商标便车的行为，不构成商标侵权和不正当竞争。阿胶公司的网络域名和网站宣传内容亦不构成商标侵权和不正当竞争。但阿胶公司应在产品上规范使用"宏济堂"字号。依照《中华人民共和国民事诉讼法》第170条第1款第（2）项之规定，判决如下：撤销枣庄市中级人民法院（2011）枣商知初字第27号民事判决；驳回制药公司的诉讼请求；一、二审案件受理费各14 340元，均由制药公司负担。❶

（四）再审裁定

宏济堂制药集团公司申请再审称：第一，宏济堂阿胶公司侵犯了"宏济堂"商标专用权，二审判决认定不构成侵权有误。（1）宏济堂阿胶公司在药品上突出使用"宏济堂"文字的行为，构成侵权。宏济堂制药集团公司享有第1270231号"宏济堂"注册商标专用权，指定使用商品为中药制剂、中成药等。该商标2005年被认定为山东省著名商标，2006年在法院的民事判决中被认定为驰名商标，具有较高知名度，应给予较强的保护。《最高人民法院关于审理商标民事纠纷案件适用法律若干问题的解释》（简称商标民事司法解释）第1条第（1）项规定：将与他人注册商标相同或者相近似的文字作为企业的字号在相同或者类似商品上突出使用，容易使相关公众产生误认的，属于侵犯注册商标专用权行为。本案中，宏济堂阿胶公司在其阿胶产品上标注企业名称时，将"宏济堂"文字予以突出使用，属于将与他人注册商标相同的字号突出使用的行为，阿胶具有食药同源的特征，属于药品的一种，因此该行为应依法认定为侵犯商标权的行为。二审判决认定宏济堂阿胶公司"将宏济堂作为字号使用，而不是突出后作为商业标识使用"，存在偷换概念的问题，法律规范的行为是"作为字号突出使用"，而不是"突出后作为字号"。二审判决既已认为阿胶具有食药同源的特征，却又在认定是否侵权时将阿胶与药品完全对立起来，还以宏济堂制药集团公司没有进行阿胶生产即不存在混淆的可能性为由，认定宏济堂阿胶公司不构成商标侵权，适用法律错误。宏济堂制药集团公司的注册商标保护的是"药品"，而阿胶属于药品的一种，不生产阿胶不等于不生产药品，更不等于没有混淆的可能性。况且，宏济堂制药集团公司已投资设立了阿胶制品公司，并非没有阿胶产品的生产资质和经营范

---

❶ 山东省高级人民法院（2013）鲁民三终字第2号民事判决书。

围。此外，宏济堂制药集团公司还在第29～30类商品上注册了多个"宏济堂"商标，核定使用商品包括蜂胶、阿胶果仁糕（糖果）、阿胶枣、食用花粉、龟苓膏等，因此宏济堂阿胶公司即使是在食品上使用"宏济堂"标识，也会引起相关公众的混淆误认，侵害宏济堂制药集团公司的商标权。因此，该公司在涉案阿胶产品上突出使用"宏济堂"字号的行为应该认定构成商标侵权。（2）宏济堂阿胶公司注册并使用"hjtej.cn"域名，亦侵犯了宏济堂制药集团公司的商标专用权。二审判决认定该公司使用的域名是"宏济堂阿胶"5个字的拼音首字母缩写，其注册使用该域名具有正当理由，不构成侵权，是错误的。商标民事司法解释第1条第（3）项规定，将与他人注册商标相同或者相近似的文字注册为域名，并且通过该域名进行相关商品交易的电子商务，容易使相关公众产生误认的，属于侵犯注册商标专用权行为。本案的事实表明，无论在历史渊源上还是在法律权属上，宏济堂阿胶公司都与作为药品的"宏济堂"没有关系，因此其注册并使用上述域名的行为，也属于侵犯商标专用权的行为。（3）栗某销售侵权商品应当承担相应的侵权责任，二审判决不予认定明显有误。二审判决对于被诉侵权商品销售者的法律责任问题，没有作出任何认定，却在判决主文中直接撤销了一审判决的相关内容，属于明显的错误。第二，二审判决未认定宏济堂阿胶公司的行为构成不正当竞争，存在明显错误。（1）宏济堂阿胶公司在产品上标注其前身是"原宏济堂阿胶厂"，与事实不符，构成不正当竞争。二审判决既已认定该标注内容与事实不符，应予删除，却又认定该虚假宣传行为不构成不正当竞争，自相矛盾。（2）宏济堂阿胶公司在阿胶产品上使用带有"宏济堂"字号的企业名称，亦构成不正当竞争。二审判决一方面认为宏济堂制药集团公司与宏济堂阿胶公司的母公司山东宏济堂医药集团有限公司（简称宏济堂医药集团公司）对于"宏济堂"的权利界限是清晰的，即宏济堂制药集团公司主要是从事药品生产，宏济堂医药集团公司主要从事药品销售，另一方面又认为两者之间在历史上对于能否使用"宏济堂"进行阿胶生产并未进行权利划分，宏济堂阿胶公司进行阿胶生产不属于侵入宏济堂制药集团公司的权利范围，显然无法自圆其说。根据已查明的事实，宏济堂医药集团公司在2011年变更名称之前未使用过"宏济堂"字号，仅在1996年设立过名为"宏济堂连锁总店"的非法人分支机构，而该店也早在2004年就已注销。而且宏济堂医药集团公司的前身也仅仅是在药品零售店上与"宏济堂"沾边，并非"宏济堂"老字号的继承人，更与历史上生产阿胶的"宏济堂"没有任何牵连。此外，二审判决将宏济堂医药集团公司设立了宏济堂博物馆及保存了宏济堂牌匾等古物、对宏济堂老字号的传承与发扬作出了贡献等因素，作为宏济堂阿胶公司有权使用"宏济堂"的理由，更是牵强。《最高人民法院关于当前经济形势下知识产权审判服务大局若干问题的意见》（简称服务大局意见）第10条规定："因企业名称不正当使用他人具有较高知名度的注册商标，不论是否突出使用均难以避免产生市场混淆的，应当根据当事人的请求判决停止使用或者变更该企业名称。"据此，宏济堂阿胶公司在阿胶上使用带有"宏济堂"字样的企业名称，应该认定构成不正当竞争。综上所述，二审判决认定事实及适用法律存在错误，请求对本案进行再审，撤销二审判决，改判维持一审判决。

宏济堂阿胶公司答辩称：第一，宏济堂制药集团公司的陈述与客观事实不符。宏济堂医药集团公司作为"宏济堂"老字号的承继者，始终按照老字号的真实面貌使用"宏济堂"商标和字号，"宏济堂"几经变迁，均系由宏济堂医药集团公司继承、发扬，其下属机构一直将"宏济堂"作为字号和商标使用，"宏济堂"品牌在山东省一直享有很高的知名度，一些员工的家庭从老宏济堂药房起至今几代人都在这个企业就业；即使在"文革"期间，"宏济堂"字号依旧在其所属的几个大药房使用，从未中断过。宏济堂医药集团公司经山东省文物局批准设立了宏济堂博物馆，相关宏济堂石碑、药池、牌匾等历史原物及宏济堂各大药房的房屋产权均为该公司所有。1995年，宏济堂医药集团公司下属的济南宏济堂药店被国内贸易部认证为"中华老字号"，2007年其"宏济堂"商标被认定为"济南市著名商标"，并被省经贸委认定为"山东老字号"，2011年被国家商务部认定为"中华老字号"。因此，宏济堂阿胶公司的母公司拥有"宏济堂"字号及商标专用权,享有很高的知名度,与"宏济堂"老字号有深厚的历史渊源。上述事实均有政府相关文件及历史资料为证,原审法院对此已经查明。而宏济堂制药集团公司的前身是在1960年由宏济药厂与其他多家药厂合并而成,1966年冠名为济南人民制药厂。自1966年起至1999年,33年间其一直未使用"宏济堂"字号,与"宏济堂"老字号早已中断了联系。1999年其更名为济南宏济堂制药有限公司时,宏济堂医药集团公司(当时名称为济南药业集团公司)以侵犯企业名称权和商标权为由向济南市中级人民法院提起民事诉讼。因双方当时尚属同一系统的国有企业,经政府主管部门协调,济南药业集团公司撤诉,允许其使用"宏济堂"作为企业名称,由此形成宏济堂医药集团公司与宏济堂制药集团公司并存的状况。宏济堂制药集团公司拥有的药品上的"宏济堂"注册商标是其2005年10月才从其他公司受让取得。宏济堂制药集团公司被民营企业收购后,多次挑起事端排挤宏济堂医药集团公司,但因为"宏济堂"是济南的百年老字号,济南市政府及当地法院对两家企业的历史渊源及纠纷情况比较了解,故其一直未能达到目的。为达到不正当目的,宏济堂制药集团公司刻意到离济南市300多公里以外的枣庄市提起诉讼,规避了解情况并多次处理过双方纠纷的济南市中级人民法院的管辖。栗某在枣庄经营的药店在本案一审起诉前才从宏济堂阿胶公司购进少量产品,此前从未与宏济堂阿胶公司有过业务往来,可见宏济堂制药集团公司串通他人规避法院管辖的意图明显。栗某在一审法院判决其停止销售产品后未提起上诉,故二审法院仅就宏济堂阿胶公司上诉的部分进行审理;二审判决既已认定了宏济堂阿胶公司不构成侵犯商标权及不正当竞争,撤销一审判决,驳回宏济堂制药集团公司的诉讼请求,对经销商栗某的法律责任当然无须单独作出认定。

第二,宏济堂阿胶公司使用"宏济堂"字号具有正当依据,不构成侵犯商标权。宏济堂阿胶公司的母公司与"宏济堂"老字号之间具有明确的历史传承关系,使用"宏济堂"作为企业字号具有正当合法的依据,其投资设立的宏济堂阿胶公司使用"宏济堂"字号是客观地反映母子公司之间的关系,并经工商行政管理部门登记确认,是其正常经营活动的延伸和发展,属于合理使用，不侵犯宏济堂制药集团公司的商标专用权。其涉案产品外包装上的"宏济堂"文字是作为企业名称使用并且使用的是全称，不是突出后作为商标使用，不会造成相关公众混淆误认，也不构成侵犯商标权。第三，宏济堂阿胶公司使用"宏济堂"字号及注册使用相应的网络域名，不构成不正当竞争。宏济堂医药集团公司与宏济堂制药集团公司从未形成"工商分离"的权利范围划分，事实上两家企业的经营范围一直有交叉，宏济堂医药集团公司及旗下企业的经营范围一直同时具有从事生产和销售的项目，不仅其旗下的济南宏济堂中药厂、爱民制药有限公司均是制药企业，而且其下属的许多药店也都是前店后厂的经营模式；而宏济堂制药集团公司旗下的企业也一直在从事药品的销售业务。商标权的保护范围与企业的生产经营范围亦是两个不同的概念。宏济堂制药集团公司及其前身已经40多年未涉足阿胶制品行业，而宏济堂阿胶公司2008年成立后取得阿胶制品的食品生产许可证，一直从事阿胶制品的研发、生产，其生产销售的产品均为食品而非药品。宏济堂阿胶公司为挖掘、恢复"宏济堂"阿胶这一传统产品，投入大量的人力物力，2007～2012年公司基本建设投资1.09亿元，广告投入4 820万元，中央电视台等多个媒体播出对宏济堂"东流水"牌阿胶及其历史文化的专题系列报道，产品具有很高的知名度和市场占有率，宏济堂系列阿胶制品的市场声誉是由宏济堂阿胶公司创造的。宏济堂制药集团公司2013年12月才设立阿胶制品公司，且至今尚未缴足认缴资本。直到本案二审判决时宏济堂制药集团公司也没有阿胶产品，因此双方根本不存在争夺客户和消费者的情形。宏济堂阿胶公司在产品包装上突出使用的是"东流水"商标，虽然包装上标注的企业名称中"宏济堂"3个字与其他字的字体有别，但在整个产品包装上并非突出使用，不存在傍名牌或利用他人商誉的目的，不会造成消费者的误认，因此不构成不正当竞争。宏济堂阿胶公司登记使用"hjtej.cn"域名，也是合理使用，不构成不正当竞争。第四，宏济堂制药集团公司故意曲解引用《最高人民法院服务大局意见》第10条的规定。在该条文中还规定："对于因历史原因造成的注册商标与企业名称的权利冲突，当事人不具有恶意的，应当视案件具体情况，在考虑历史因素和使用现状的基础上，公平合理地解决冲突，不宜简单地认定构成商标侵权或者不正当竞争；对于权属已经清晰的老字号等商业标识纠纷，要尊重历史和维护已形成的法律秩序。"本案正是由于历史因素造成的权利冲突，二审判决允许两个"宏济堂"字号善意共存，是公平公正的。二审判决之后，阿胶公司立即按照该判决的要求进行整改，即将产品外包装上的企业名称"山东宏济堂阿胶有限公司"中"宏济堂"3个字变更成与其他文字一样的字体，并删除"原宏济堂阿胶厂"字样，已经体现了规范使用的要求。综上，宏济堂制药集团公司申请再审的理由均不能成立，请求驳回其再审申请。

最高人民法院认为：根据原审法院查明的事实，"宏济堂"老字号在公私合营之后，其资产及业务分别划归不同企业进行管理和发展，并分别历经了分立、合并、整合、改制和更名等多次调整，宏济堂制药集团公司与宏济堂阿胶公司的母公司宏济堂医药集团公司都与宏济堂老字号存在一定的历史渊源。"宏济堂"老字号分立时的资产及业务划分格局并不能作为现在或将来限制宏济堂制药集团公司或宏济堂医药集团公司经营范围的依据。宏济堂制药集团公司受让第5类上的"宏济堂"商标，及其后注册其他类别上的商标，与宏济堂医药集团公司的下属企业在第35类上注册的"宏济堂"商标及使用相关字号，均有历史上的原因，有关各方在使用"宏济堂"字号及"宏济堂"商标进行生产经营活动时，均应遵守诚实信用、公平竞争原则，不仅应该共同维持"宏济堂"字号和"宏济堂"商标的良好形象和声誉，而且应该善意区分各自的产品及服务，尊重历史并善意地处理竞争中出现的字号及商标之间的冲突，避免造成相关公众的混淆误认。宏济堂阿胶公司系宏济堂医药集团公司投资设立，其虽然成立时间较晚，但使用"宏济堂"作为字号，属于有正当理由。宏济堂阿胶公司注册使用的域名中"hjtej"是"宏济堂阿胶"的拼音首字母，也具有合理性。二审判决认定宏济堂阿胶公司使用"宏济堂"字号及相关域名不构成侵权，适用法律并无不当。

宏济堂阿胶公司在涉案阿胶产品上标注的"东流水"注册商标处于包

装正面的中心位置，字号较大，比处于包装最下面的公司名称更加突出，具有更显著的识别作用。虽然该公司在包装上标注公司名称时对"宏济堂"3个字与其他字的大小、字体、颜色进行特别处理，而且在该公司名称下面用小号字体标注的"原宏济堂阿胶厂"也与历史事实不完全相符，但是根据原审法院查明的事实，"原宏济堂阿胶厂"并非指向宏济堂制药集团公司或其他现存的市场主体，综合本案的事实来看，该行为尚不至于使相关公众产生误认，且本案没有证据表明宏济堂阿胶公司的行为有恶意攀附宏济堂制药集团公司商誉的不正当意图，也没有证据表明该公司的行为给宏济堂制药集团公司的商标权造成了实际损害后果。因此，二审判决在指出宏济堂阿胶公司产品包装标注上的不当之处并要求其规范标注行为的基础上，综合考虑本案的事实，未认定该公司的上述行为构成对宏济堂制药集团公司的不正当竞争行为或商标侵权行为，认定事实及适用法律并无不当。

综上所述，宏济堂制药集团公司申请再审的理由不能成立。依照《中华人民共和国民事诉讼法》第204条第1款的规定，裁定如下：驳回山东宏济堂制药集团有限公司的再审申请。❶

（五）对该案的总结

相较于TRIPs协议第17条，中国现行商标法并没有与之相对应的条款，尤其《商标法》第59条不能被视为商标权例外条款。第59条的确是对商标权人的权利行使产生了一定的限制，然而这种限制并非TRIPs协议第17条规定的商标权例外。第59条的内容根据限制商标权人的理由不同，可以将第1款与第2款归为一类，第3款单列为一类。其中，第1款和第2款在实质上都是基于注册商标中包含着具有公共资源属性的构成要素而产生限制该注册商标权人专有权的效果。第3款则被称之为商标先用权。正是由于中国商标法缺失了商标权例外条款，致使法官在审理涉及商标权例外的知识产权案件时享有高度的自由裁量权，表现出"造法"的意图。在该案

---

❶ 最高人民法院（2014）民申字第1192号民事裁定书。

中，上诉人与被上诉人因为历史原因都以"宏济堂"为其注册商标并由此发生纠纷，二审法院在无法可依的困境下，唯有提出对于因历史原因造成的商标与老字号之间的权利冲突，应本着"善意共存和包容发展"的原则进行处理，但"善意共存"和"包容发展"恰恰并非TRIPs协议第17条适用要件之内容。

第三节　商标使用、转让和许可

一、商标使用

（一）TRIPs协议的规定

TRIPs协议并没有对商标使用规定一般性规范，但专门以第20条规定了"其他要求"，即商标在贸易当中的使用不得受到一些特殊要求不正当的妨碍，比如与另一商标一道使用，以特殊形式使用，或以有害于该商标将一个企业的商品或服务与其他企业的商品或服务区分开来的能力之方式使用等。这并不排除规定识别生产某种商品或服务的企业的商标与识别该企业同类特殊商品或服务的商标一道但不联在一起使用的要求。

TRIPs协议第20条并非是由TRIPs协议首创。在TRIPs协议谈判之前，尤其是在发展中国家的国内商标法中普遍包含着关于商标使用方式的要求，国外商标的国内被许可方可能会被要求将其自己的商标与许可方的商标一并使用。这种捆绑使用高知名度商标的方式历来受到发展中国家的赞同，发达国家的反对。等到乌拉圭回合启动后，发达国家与发展中国家就商标捆绑使用问题的对抗又是被延伸至TRIPs协议谈判过程当中。在TRIPs协议磋商过程中，发达国家与发展中国家对于商标使用问题自始就存在分歧，即使发达国家之间也是有所分歧。

知识链接：TRIPs协议1990年7月谈判文本

谈判文本以A代表发达国家、以B代表发展中国家，随后的Brussels草案也是相同：

7A 在商业中（in commerce）使用商标不得受到特殊要求的[无理]妨碍，例如要求与另一个商标一起使用，导致作为货源标记的商标功能被降低的使用要求[或者以特殊形式使用]。

7B 标志使用条件是由国内立法决定的事项。

随后，经过数个月的协商，虽然发达国家内部就商标使用规则达成一致意见，但发达国家与发展中国家的分歧仍然存在。在同年12月的Brussels草案中，相关规定如下：

第22条 其他要求

A 在商业中使用商标不得受到特殊要求的无理妨碍，例如要求与另一个商标一起使用，以特殊形式使用或者要求以损害其将一企业货物或服务区别于另一企业的货物或者服务能力的方式使用。

B标志使用条件是由国内立法决定的事项。

最后，由各方谈判代表缔结的TRIPs协议对此表述为第20条其他要求：在贸易过程中使用商标不得受特殊要求的无理妨碍，例如要求与另一商标一起使用，以特殊形式使用或要求以损害其将一企业的货物或服务区别于另一企业的货物或服务能力的方式使用。此点不排除要求将识别生产该货物或服务的企业的商标与区别该企业的所涉具体货物或服务的商标一起使用，但不将两者联系起来。

比较不同时期的谈判文本，可以发现虽然发达国家最终成功地将商标限制使用从国内法问题改造为国际法问题，但还是对发展中国家做出了一定的让步，增添了以往没有的"此点不排除要求将识别生产该货物或服务的企业的商标与区别该企业的所涉具体货物或服务的商标一起使用，但不将两者联系起来"的内容，只是将新增的内容定位于举例，而并非第20条的适用要件。纵观TRIPs协议第20条的演进历程，尤其是将发达国家在1990年的前后观点进行比较，可以得出以下结论：

第一，"由特殊要求产生的无理妨碍"不同于"由特殊要求产生的妨碍"。这就意味着并不是所有因为特殊要求产生的妨碍都被第20条所禁止，唯有"无理"的妨碍才被禁止。

第二，发达国家谈判代表对于"特殊形式使用"在最初是否需要写入条款中是存在着分歧，虽然正式文本中涵盖了"特殊形式使用"，但这表明谈判代表在接受这项内容的同时也对其持有谨慎的态度，将"特殊形式使用"与"求以损害其将一企业的货物或服务区别于另一企业的货物或服务能力的方式使用"并列，恰是意图以举例限制"特殊形式使用"的适用。

第三，将"贸易"与"商业"区别对待。从"in commerce"到"in the course of trade"从"between countries"到"between people or countries"的变化意味着TRIPs协议第20条适用范围的扩张，表明WTO在更为广泛的领域内规制商标限制使用的态度。

由此可见，诸如商标捆绑使用的商标限制使用在TRIPs协议之前就已经存在，为许多国家商标法所规定。WTO并不想通过TRIPs协议对于商标限制使用的正当性做出评价，而是在TRIPs协议中承认这个在先事实的合法性，但同时也清楚地表示出缩限商标限制适用领域的态度。❶

（二）中国《商标法》的规定

相较于TRIPs协议的规定，中国《商标法》更加关注的是商标的自身使用以及商品质量问题。中国《商标法》第48条直接规定"本法所称商标的使用，是指将商标用于商品、商品包装或者容器以及商品交易文书上，或者将商标用于广告宣传、展览以及其他商业活动中，用于识别商品来源的行为"。要求"商标注册人在使用注册商标的过程中，自行改变注册商标、注册人名义、地址或者其他注册事项的，由地方工商行政管理部门责令限期改正；期满不改正的，由商标局撤销其注册商标"。此外，注册商标成为其核定使用的商品的通用名称或者没有正当理由连续3年不使用的，任何单位或者个人可以向商标局申请撤销该注册商标。商标局应当自收到申请之日起9个月内做出决定。有特殊情况需要延长的，经国务院工

---

❶ 王鸿.TRIPs协议第20条的适用要件——以澳大利亚烟草平装措施为例[J]. 国际商务研究，2016（1）：58-65.

商行政管理部门批准，可以延长3个月，并且注册商标被撤销、被宣告无效或者期满不再续展的，自撤销、宣告无效或者注销之日起1年内，商标局对与该商标相同或者近似的商标注册申请，不予核准。

二、商标转让和许可

（一）《巴黎公约》的规定

《巴黎公约》并没有对商标许可进行规范，但就商标转让却是以第6条之四予以规定，即"（1）根据本联盟国家的法律，商标转让只有在与其所属的企业或商誉同时移转才有效时，如果该企业或商誉坐落在该国的部分，连同在该国制造或者在该副销售标有被转让商标的商品的专有权一起移转于受让人，即足以承认其转让为有效。（2）如果受让人使用受让的商标事实上会具有使公众对使用该商标的商品的产地、性质或者主要品质发生误解的性质，本联盟各国并不因上述规定而负有承认该商标转让为有效的义务"。

（二）TRIPs协议的规定

TRIPs协议以第21条同时规定了商标转让和许可，即"各成员方可以确定商标许可与转让的条件，同时，不言而喻，强制性商标许可是不被允许的，已注册商标的所有者有权将商标所属企业与商标一同转让或只转让商标不转让企业"。与《巴黎公约》第6条之四相比较，该条款明确禁止了商标强制许可使用。

（三）中国《商标法》的规定

就商标转让而言，中国《商标法》规定转让注册商标的，转让人和受让人应当签订转让协议，并共同向商标局提出申请。受让人应当保证使用该注册商标的商品质量。同时，转让注册商标的，商标注册人对其在同一种商品上注册的近似的商标，或者在类似商品上注册的相同或者近似的商标，应当一并转让。对容易导致混淆或者有其他不良影响的转让，商标局不予核准，书面通知申请人并说明理由。转让注册商标经核准后，予以公告。受让人自公告之日起享有商标专用权。

就商标许可而言，中国《商标法》规定商标注册人可以通过签订商标使用许可合同，许可他人使用其注册商标。许可人应当监督被许可人使用其注册商标的商品质量。被许可人应当保证使用该注册商标的商品质量。经许可使用他人注册商标的，必须在使用该注册商标的商品上标明被许可人的名称和商品产地。许可他人使用其注册商标的，许可人应当将其商标使用许可报商标局备案，由商标局公告。商标使用许可未经备案不得对抗善意第三人。

三、相关案例：澳大利亚烟草平装措施WTO系列争端案

自2012年3月15日乌克兰政府就该法案向澳大利亚政府提出磋商请求以来，已有乌克兰、匈牙利、多米尼加、古巴、印度尼西亚5国就相同问题正式向澳大利亚政府提出磋商请求，WTO已将相关争端分别编号为WT/DS434、WT/DS435、WT/DS441、WT/DS458、WT/DS467。目前，这些争端案件尚在世界贸易组织争端解决机构裁定过程中。

【案例3-4】澳大利亚烟草平装措施WTO系列争端案

澳大利亚的2011年烟草平装法案（The Tobacco Plain Packaging Act 2011）规定除非实施规则许可，否则在烟草商品之上不得出现商标。规定在烟草商品的零售包装之上不得出现商标，除非是商标名称、变体、商店或者公司名称和其他相关的法定要求。而商标名称的显示则是由该法案和其实施规则予以规定。

该法案还规定烟草商品包装应当是褐色、黑色和棕色的无光表面，不得使用其他颜色、商标或者可视性商标特征，除非是在图示的健康警告之下的使用标准形式和字体的商标和变体名称。烟草商品包装必须要有图示的健康警告，该图占每个包装正面面积的比例从原来的30%提升至75%，占背面面积的比例则为90%。

该法案及其实施规则还通过实施所使用包装的类型和尺寸的标准形式规定了零售烟草包装的物理特征。规定烟草包装和烟盒必须符合标准形状

而不得有任何的装饰性成分。烟草包装必须是掀盖式打开。烟草包装的内层只能是纸质的箔片或者规则许可的材料。

1.乌克兰诉澳大利亚烟草平装措施争端案（WT/DS434）

乌克兰提出澳大利亚的2011年烟草平装包装法案及其实施规则和2011年的商标修正案（The Trade Marks Amendment（Tobacco Plain Packaging）Act 2011）有悖于澳大利亚政府根据TRIPs协议所承担的义务，同TRIPs协议第1条、第2条第1款、第3条第1款、第15条、第16条、第20条、第27条，《保护工业产权巴黎公约》第6条之五、第7条、第10条之二相冲突。（1）TRIPs协议的第1条第1款、第2条第1款、第15条、第16条和《保护工业产权巴黎公约》第6条之五、第7条、第10条之二。因为根据商品的属性对与烟草有关的商标差别对待的措施未能使商标所有人根据商标享有的合法权利产生效力；未能给予商标应当享有的有效保护；未能阻止在竞争者的营业所、商品或工商业活动中产生混淆的行为。（2）TRIPs协议第20条。因为这些措施在商标的使用方面构成不正当的障碍。（3）TRIPs协议第1条。因为澳大利亚未能在其国内法律和条例中使TRIPs协议第20条产生效力。（4）TRIPs协议第27条。因为这些措施由于规定了专利包装的物理特性从而以在技术领域方面区别对待方式阻止了烟草商品的专利权的正常开发和利用。（5）TRIPs协议第3条第1款。因为相较于类似的国内烟草商品和商标所有人，这些措施未能对进口烟草商品和外国商标所有人提供平等的竞争机会，所以未能遵守上述规定所确立的国民待遇原则。❶

2.洪都拉斯诉澳大利亚烟草平装措施争端案（WT/DS435）

洪都拉斯认为澳大利亚的相关措施与TRIPs协议第20条、第16条第1款、第15条第4款、第2条第1款、第24条第3款、第22条第2款（b）项、第3条第1款相互冲突。（1）TRIPs协议第20条。因为商标的使用被特殊要求不正当地妨害，如同：（a）特定的字体大小和品牌的颜色、商业或公司的名称，和（b）以一种有害于将一个企业烟草商品和其他企业烟草商品识别的

---

❶ Australia-Certain Measures Concerning Trademarks and Other Plain Packaging Requirements Applicable to Tobacco Products and Packaging，WT/DS434/1，13 March 2012.

能力的方式使用。（2）TRIPs协议第16条第1款。因为这些措施阻止了注册商标所有人享有商标所授予的权利。（3）TRIPs协议第15条第4款。因为将要使用商标的商品属性对商标注册形成了一个障碍。（4）因为与《巴黎公约》的规定不一致而同TRIPs协议第2条第1款相互冲突，特别：（a）《巴黎公约》第6条之五，因为在澳大利亚之外的原属国注册的商标没有被原样（as is）保护；（b）《巴黎公约》第10条之二，因为澳大利亚没有对联盟中其他国家的国民就不正当竞争提供有效保护，并且在商品竞争者之中造成混乱。（5）TRIPs协议第24条第3款。因为澳大利亚正在将其对地理标志的保护标准降低在1995年1月1日之前存在的标准之下。（6）TRIPs协议第22条第2款（b）项。因为澳大利亚在地理标志面对不正当竞争行为没有提供有效的保护，并且就商品的原产地给消费者造成混淆。（7）TRIPs协议第3条第1款。因为澳大利亚在知识产权保护方面给予其他成员国的待遇低于其给予自己本国国民的待遇。此外，洪都拉斯还提出澳大利亚不能根据保护人类健康必要的TRIPs协议第8条证明其措施的正当性，因为这些措施和TRIPs协议的规定不一致；也不能根据商标权利的有限例外的TRIPs协议第17条证明其措施的正当性。❶

3.多米尼加诉澳大利亚烟草平装措施争端案（WT/DS441）

多米尼加认为澳大利亚的相关规定TRIPs协议第2条第1款、第3条第1款、第15条第4款、第16条第1款、第20条、第22条第2款（b）项、第24条第3款相互冲突。（1）TRIPs协议第2条第1款和《巴黎公约》（1967年斯德哥尔摩修订），特别是：（a）《巴黎公约》第6条之五，因为澳大利亚之外的原属国注册的商标没有被澳大利亚原样（as is）保护。（b）《巴黎公约》第10条之二，因为澳大利亚没有就反不正当竞争提供有效的保护，例如在商品竞争者之中造成了混淆。（2）TRIPs协议第3条第1款。因为澳大利亚在知识产权保护领域内给予其他成员国民的待遇低于其给予本国国民的待遇。（3）TRIPs协议第15条第4款。使用商标的商品的性质对商标注册

---

❶　Australia- Certain Measures Concerning Trademarks, Geographical Indications and Other Plain Packaging Requirements Applicable to Tobacco Products and Packaging, WT/DS435/1, 4 April 2012.

构成一个障碍。（4）TRIPs协议第16条第1款。因为这些措施阻止了注册商标所有人享有商标授予的权利。（5）TRIPs协议第20条。因为与烟草商品有关的商标使用被特殊要求不正当地妨害，如同：（a）以特殊形式使用，例如，统一的字形、字体、尺寸、颜色和商标名称的布置，和（b）以一种有害于将一个企业烟草商品和其他企业烟草商品识别的能力的方式使用。（6）TRIPs协议第22条第2款（b）项。因为澳大利亚政府没有就和地理标志有关的反不正当竞争行为提供有效的保护，例如，在消费者中就商品原产地造成混淆。（7）TRIPs协议第24条第3款。因为同1995年1月1日之前的澳大利亚已有的保护标准比较，澳大利亚正在降低其对地理标志的保护标准。❶

4.古巴诉澳大利亚烟草平装措施争端案（WT/DS458）

古巴认为澳大利亚的相关措施有悖于TRIPs协议的以下条款：（1）TRIPs协议第20条。因为澳大利亚通过特别要求不正当地妨碍了在贸易过程中的烟草产品商标的使用。特别，澳大利亚指令：（a）与烟草产品有关的商标应当以一种特别的方式使用；（b）与烟草产品有关的商标以一种有害于将一个企业烟草产品和其他企业的烟草产品识别的能力的方式使用。（2）TRIPs协议第2条第1款、《巴黎公约》（1967年斯德哥尔摩修订）第10条之二、第（1）段和第（3）段。因为澳大利亚没有就反不正当竞争提供有效的保护。（3）TRIPs协议第22条第2款（b）项。因为澳大利亚没有就和古巴地理标准有关的反不正当竞争行为提供有效的保护。（4）TRIPs协议第24条第3款。因为同1995年1月1日澳大利亚已有的保护标准比较，澳大利亚正在减弱其对古巴地理标志的保护标准。（5）TRIPs协议第2条第1款，《巴黎公约》（1967年斯德哥尔摩修订）第6条之五。因为澳大利亚之外的原属国注册的商标没有被澳大利亚原样（as is）保护。（6）TRIPs协议第15条第4款。因为在澳大利亚，使用商标的商品的性质对商标注册构成了一个障碍。（7）TRIPs协议第16条第1款。因为澳大利亚阻

---

❶ Australia- Certain Measures Concerning Trademarks, Geographical Indications and Other Plain Packaging Requirements Applicable to Tobacco Products and Packaging, WT/DS441/1, 23 July 2012.

138

止了注册商标所有人享有商标授予的权利。（8）TRIPs 协议第3条第1款。因为澳大利亚在知识产权保护领域内给予其他成员国民的待遇低于其给予本国国民的待遇。❶

5.印度尼西亚诉澳大利亚烟草平装措施争端案（WT/DS467）

印度尼西亚提出澳大利亚的2011年烟草平装法案、该法案第148条、经2012年烟草平装补充实施规则修订后的2011年烟草平装实施规则、2011年商标修订（烟草平装）法案、该法案第149条以及澳大利亚适用的任何与这些法律法规修订、删除、增加有关的措施与澳大利亚承担的义务相冲突：（1）TRIPs 协议第2.1条、 第3.1条、第15.4条、第16.1条、第16.3条、第20条、第22.2条（b） h和第24.3条。（2）TBT协议第2.1条和第2.2条。（3）GATT1994第3条第4款。❷

【思考】

（1）"公共健康"议题对TRIPs 协议的影响？

（2）碳酸饮料等商品能否被适用"平装措施"？

【思考与练习】

一、名词解释

1.商标

2.驰名商标

3.商标许可

二、简答

1.商标的构成要素。

2.《巴黎公约》与TRIPs 协议在商标保护领域的比较说明。

3.商标国际注册的程序。

4.公共健康保护对于TRIPs 协议第16条的影响。

---

❶ Australia- Certain Measures Concerning Trademarks， Geographical Indications and Other Plain Packaging Requirements Applicable to Tobacco Products and Packaging， WT/DS458/1， 3 May 2013.

❷ Australia- Certain Measures Concerning Trademarks， Geographical Indications and Other Plain Packaging Requirements Applicable to Tobacco Products and Packaging， WT/DS467/1， 20 September 2013.

5.TRIPs 协议第17条的解释。

6.TRIPs 协议第20条的解释。

【资料链接】

1.《保护工业产权巴黎公约》（1967）文本。

2.TRIPs 协议文本。

3.澳大利亚2011年烟草平装法案。

4.Canada – Patent Protection of Pharmaceutical Products，WT/DS114/R，March 17，2000.

5.European Communities–Protection of Trademarks and Geographical Indications for Agricultural Products and Foodstuffs. WT/DS174/R，WT/DS290/R，15 March 2005.

6.UNCTAD–ICTSD，Resource Book on TRIPs and Development，Cambridge University Press，2005.

第四章　版权及其邻接权的国际保护

【导读】

版权及其邻接权的国际保护始于19世纪的《伯尔尼公约》，20世纪相继出现了联合国教科文组织的《世界版权公约》、世界知识产权组织的WCT等全球性国际版权条约以及世界知识产权组织的《罗马公约》《唱片公约》、WPPT、《视听表演北京条约》等有关邻接权的专项公约。1995年世界贸易组织的TRIPs协议使得版权及其相关权利的保护得到强化。此外，美洲国家间及欧盟成员间的地区性版权公约和特定国家间的双边版权条约也是版权国际保护法律体系的组成部分。

版权国际保护国际法规范的核心内容有两个：一是建立版权及其邻接权国际保护的基本原则；二是为缔约国设定版权及其邻接权保护的最低标准。其目的在于最大限度消除各国（或地区）版权保护存在的差异，协调各国（或地区）版权保护方面的利益。

本章的教学重点是版权及其邻接权国际保护领域的重要国际公约的基本内容，尤其是这些公约体现的版权及其邻接权国际保护的基本原则和最低保护标准。

第一节　版权及其邻接权国际保护概述

版权及其邻接权和其他知识产权一样，在权利的取得和保护方面存在地域性。在各国法律制度存在差异的情况下，这一特征阻碍了版权及其邻接权的国际化进程。版权及其邻接权国际保护的主要目的在于统一保护标准，消除权利人在国际经贸及文化交流中可能遭遇的不公平待遇，促进版权及其邻接权的国际化。

知识链接4-1："版权"与"著作权"

从初始词义看，"版权"（Copyright）意为"与出版有关"的权利，"著作权"（Author's Right）则强调作者本身的权利。"版权"和"著作权"概念长期并行的主要原因是英美法系和大陆法系的制度差异。英美法版权制度源于16世纪的英国王室特许，意在维持王室对出版权的垄断。1709年英国颁布的世界首部版权法《安娜法》❶虽然旨在保护作者的经济权利，但其重点仍是对复制权的保护。这是英美法系惯用"版权"一词的重要原因。大陆法系的法国在其"天赋人权"观念影响下，1793年颁布了《作者权法》，强调保护作者的经济权利和精神权利。此后，大陆法系国家基本沿用该法中"著作人的权利"（著作权）的表述。《中华人民共和国著作权法》第51条规定，"本法所称的著作权即版权"。我国台湾地区使用著作权概念，而在香港地区，版权为正式的法律名词。❷在版权国际化背景下，"版权"与"著作权"的内涵已无实质区别，且相关国际公约均使用"版权"概念，故本章涉及相关表述时一律使用"版权"一词。

一、版权及其邻接权的国际化

版权及其邻接权的国际化主要表现为版权及其邻接权在取得、保持、实施、转让、保护等方面呈现出的多国性或跨国性。国际化使得各国（地区）有关版权及邻接权的法律通过借鉴或移植，差异不断缩小，规范体系日渐趋同。

版权及其邻接权的国际化源于国际文化交流和跨国版权贸易，尤其以后者为主因。作品的跨国传播推动了人类文明成果的普及，同时，作品的易复制性使得作者的基本权利尤其是经济权利失去保护。经济较发达、文化较繁荣的国家在这方面有更多的利益诉求，它们通过国际合作倡导并实

---

❶ 即《为鼓励知识创作而授予作者及购买者就其已印刷成册的图书在一定时期内之权利法》。
❷ 《香港法例》第528章名为"版权条例"。

践了对"国际化"的版权的保护。例如，法国于1810年以作品出版为条件授予外国人版权，之后更赋予外国人和本国人同等权利，与多个国家签订双边条约并发起多轮多边谈判。❶ 1886年的《保护文学艺术作品伯尔尼公约》（以下简称《伯尔尼公约》）开启版权法的国际化进程。法国、德国、意大利、英国等公约发起国文化艺术资源丰富，公约的制定有利于其本国作品在外国得到持续的高水平保护。在国际化进程中，不同国家经济和政治利益的矛盾非常突出，发达国家将超越发展中国家经济文化发展水平的版权制度强加于这些国家的事例屡有发生。❷

跨国版权贸易被认为是版权与版权法国际化的催化剂。但在这个领域，发达国家与发展中国家的实力极不平衡。例如，美国2015年电影票房总收入38.3亿美元中，有71%来自美国、加拿大以外的市场，这一比例比2011年的数据增长21%（见图4-1）。同样，《全球出版企业排名报告》❸的数据显示，上榜57家出版集团机构2015年总收入合计637.39亿欧元，前10大出版集团的收益合计为342亿欧元，占整个行业收益的54%。虽然中国、俄罗斯、韩国、巴西等新兴市场国家发展势头强劲，但发达国家出版业无论从数量上还是收益上看仍然占主导地位。上榜的57家企业中，集团母公司位于发达国家的就有48家。❹

在这种情况下，美、法、英、日等文化产业较发达的国家逐渐获得跨国版权贸易规则的主导权。它们更倾向于在版权国际条约中，对图书、软件、电影作品、音像作品的保护规定较高的标准。发展中国家由于无法从版权的高标准保护中取得实际利益，往往对版权的国际化持消极和怀疑态度。但迫于发达国家的压力，加上本国文化产业发展的需要，越来越多的发展中国家加入版权国际公约，并参照公约的保护标准修订其版权法，加

❶　胡开忠. 入世后中国版权国际化的战略调整[J]. 法商研究，2004（04）：25.
❷　如《伯尔尼公约》第19条明确宣布，公约的相关规定直接适用于缔约国的殖民地。
❸　《全球出版企业排名报告》由法国书业杂志《读书周报》（*Liveres Hebdo*）于2007年发起，由国际专业咨询机构Rüdiger WischenbartContent and Consulting （RWCC）调研编制，与中国百道网、英国《书商》（*The Bookseller*）、德国《图书报道》（*Buchreport*）、美国《出版商周刊》（*Publishers Weekly*）以及巴西《出版新闻》（*Publish News Brazil*）联合发布。
❹　2016全球出版企业排行.[EB/OL]. [2016-11-08].http://bookdao.com/article/268260.

快了与版权国际保护制度融合的步伐。

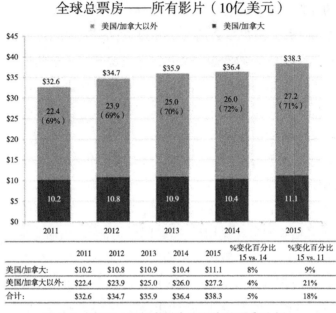

图4-1　美国2015年电影本土及海外票房比例

资料来源：http://mt.sohu.com/20160421/n445340284.shtml。

版权及其邻接权国际化的另一个助力因素是静电复印技术、数字技术和互联网技术。这些技术的普及使得文化产品能够更快速地在更大范围内传播，新的传播模式给传统版权制度施加了改革创新压力，促使版权及版权法的国际化进程加快。

延伸阅读4-1

（1）刘芳、卢国强、董永飞：《中美版权贸易对比分析》（载《国际商贸》2016年第27期）。

（2）吴汉东：《〈著作权法〉第三次修改的背景、体例和重点》（载《法商研究》2012年第4期）。

（3）江玥：《论版权国际保护的利益平衡》（载《上海政法学院学报（法治论丛）》2012年第6期）。

二、国际化背景下版权及其邻接权的法律保护方法

知识链接4-2："邻接权"保护与"版权"保护

邻接权（Neighboring Rights）又称"作品传播者权"，是在传播作品的过程中产生的权利，是与版权相邻近的权利。TRIPs协议将其称为"相关权"（Related Rights），我国《著作权法》使用"与著作权有关的权利"这一表述。三种表述中，"与著作权有关的权利"所涵盖的内容最丰富，既包括邻接权，也包括相关权的内容，还可包括新产生的与著作权有关的权利。❶ 广义的邻接权包括图书出版者、表演者、录音（录像）制品制作者和广播（电视）组织因传播作品而享有的权利。在版权国际保护领域，通常使用狭义的邻接权概念，只涉及表演者、录音录像制品制作者和广播组织的权利。早期的版权公约把邻接权作为版权的一部分加以保护。随着演艺业和影视制作业的发展，将邻接权作为独立的知识产权进行保护已成共识。从晚近的国际公约看，针对邻接权进行专门立法的倾向十分明显，本章将介绍的《罗马公约》《唱片公约》、WPPT、《视听表演北京条约》等，就是这种趋势的体现。关于邻接权与版权保护的关系，《保护表演者、录音制品制作者与广播组织国际公约》第1条有明确的阐述："本公约所授予的保护不触及而且也不以任何方式影响对文学和艺术作品的版权保护。因此，不得对本公约的任何规定作出有损于版权保护的解释。"即表演者、录音制品制作者以及广播组织应尊重所表演、所录制、所广播的作品的版权，在实施邻接权时，不得损害所传播的原作品的版权或其他权利。

（一）国内法❷对版权及其邻接权的"涉外保护"

早期对版权及其邻接权的跨国保护主要通过国内法进行，保护的主要方式是对进入本国的他国国民的作品给予特定的国内法地位，如给予外

---

❶　吴汉东.知识产权法学（第五版）[M].北京：北京大学出版社，2011：78.

❷　此处的"国内法"既包括严格意义上的"国内法"，也包括非主权实体的"域内法"，本章将二者统称为"国内法"。

国作品国民待遇、最惠国待遇，或根据礼让、互惠原则保护外国作品的版权。一旦获得国内法上的地位，外国作品即可与本国作品一样，在版权的取得、保有、交易等方面享有东道国法律的保护。这种"涉外保护"模式沿用至今。

国内法对版权及其邻接权的跨国保护还体现在内国程序法的适用上。权利人既可以利用一国的仲裁法或民事诉讼法提起版权仲裁或诉讼，以请求停止侵害、获得损害赔偿等方式进行民事救济，也可以要求一国的版权行政职能部门依据其国内法对版权采取行政管理和行政保护措施（使用管理、进出口管理措施等），直至利用一国的刑事诉讼程序追究版权侵权行为的刑事责任。❶

【案例4-1】出口世界杯比赛用球引发的著作权侵权案❷

2014年年初，山东某公司向上海洋山海关申报出口一批文件类货物，货物目的地为阿根廷。海关查验后发现，出口货物中有2360只标有巴西世界杯官方比赛用球"桑巴荣耀"图案的足球，涉嫌侵犯著作权。上海海关认为当事人出口的足球上的图案与阿迪达斯有限公司相关著作权一致，但未获著作权人许可，当事人出口上述货物的行为已构成侵犯他人著作权。上海海关决定没收侵权足球2360个，对侵权公司处以6000元人民币罚款。

【思考】

（1）本案中上海海关的处罚依据是什么？

（2）中国海关对"桑巴荣耀"足球图案的保护是一种什么形式的版权保护？

【案例4-2】王某侵犯ISO和国外标准化组织著作权案❸

自2010年起，犯罪嫌疑人王某等人先后向境外租借4个虚拟空间服务器，架设pdfstd.com等5个网站，未经著作权人许可，擅自向网站上传10万

---

❶ 见我国《著作权法》第2条，《刑法》第217~218条。

❷ 出口世界杯比赛用球引发的著作权侵权案[EB/OL]. [2016-12-10].http://news.xinhuanet.com/sports/2014-05/30/c_126568438.htm.

❸ 王某侵犯ISO和国外标准化组织著作权案[EB/OL]. [2016-12-10].http://www.ncac.gov.cn/chinacopyright/contents/4509/229522.html.

余条各国标准的目录，标注销售价格，并留下邮箱地址和购买链接。购买该标准的网民通过邮箱与王某等人取得联系后，在国外第三方支付平台向王某等人支付费用，王某等人收到购买标准的款项后，通过电子邮件将标准寄送给对方，从中非法牟利。2013年6月，在ISO和国外标准化组织多次举报的情况下，国家质检总局、国家标准委会同上海市质量监督稽查总队对涉案网站全面调查，确认其存在非法出售盗版标准问题。2013年9月24日，上海市公安局根据国家标准委的举报，将王某等人抓获。2014年4月，上海市宝山区人民检察院以侵犯著作权罪对王某提起公诉。上海市杨浦区人民法院认为，王某以营利为目的，未经著作权人许可，复制发行著作权人作品，情节特别严重，其行为构成侵犯著作权罪，判处王某有期徒刑3年，缓刑4年，并处罚金人民币18万元。

【思考】

（1）本案与一般的版权侵权案有什么不同？

（2）本案涉及的版权保护方式与版权国际保护有什么联系？

国内法的"涉外保护"模式与国际保护模式存在一定的关联。一个国家通过其国内法对外国权利人给予平等的民事、刑事保护，往往是该国在国际保护制度下承担的国际义务。而知识产权国际保护的原则和标准往往在国内的涉外保护实践中才能得到体现。

（二）国际性法律规范对版权及其邻接权的"国际保护"

与版权及其邻接权有关的国际性法律规范包括相关的双边协定、多边公约及国际法基本准则。版权双边协定出现在19世纪初的西欧。从19世纪20年代到80年代，法国、英国、比利时、普鲁士等国同其他国家签订了30多个双边协定。《伯尔尼公约》颁布后，双边协定主要存在于公约的非缔约国之间或者缔约国与非缔约国之间。例如，曾长期游离于版权国际公约之外的美国在20世纪70年代初同将近40个国家订有版权双边协定。版权国际公约包括全球性和地区性的两类。除《伯尔尼公约》外，全球性国际公约还包括世界贸易组织的TRIPs协议、联合国教科文组织的《世界版权公约》、世界知识产权组织的《版权条约》和《表演和录音制品公约》等

（见表4-1、表4-2、表4-3）。地区性版权公约包括：美洲国家制订的6个地区性版权公约；❶ 欧洲国家之间1958年制定的《交换节目和电视影片协定》、1960年制定的《保护电视播放协定》、1965年制定的《防止国境外的电台广播的欧洲公约》；欧盟1997年制定的《关于协调信息社会的版权和有关权若干方面的指令》（简称《版权指令》），等等。

表4-1　世界知识产权组织通过其国际局管理的版权国际条约

英文名称	中文名称	缔结/生效时间
Berne Convention for the Protection of Literary and Artistic Works	《保护文学艺术作品伯尔尼公约》	1886年/1887年
Treaty on the International Registration of Audiovisual Works	《视听作品国际登记条约》	1989年/1989年
WIPO Copyright Treaty	《世界知识产权组织版权条约》	1996年/2002年
WIPO Performances and Phonograms Treaty	《世界知识产权组织表演和录音制品条约》	1996年/2002年
Beijing Treaty on Audio-visual performance	《视听表演北京条约》	2012年/未生效

表4-2　世界知识产权组织和其他国际组织共同管理的版权国际条约

英文名称	中文名称	参与缔约的国际组织	缔结/生效时间
Rome Convention for the Protection of Performers, Producers of Phonograms and Broadcasting Organizations	《保护表演者、录音制品制作者和广播组织罗马公约》	国际劳工组织、联合国教科文组织	1961年/1964年
Geneva Convention for the Protection of Producers of Phonograms Against Unauthorized Duplication of Their Phonograms	《保护录音制品制作者防止未经许可复制其录音制品公约》	联合国教科文组织	1971年/1973年
Brussels Convention Relating to the Distribution of Program-Carrying Signals Transmitted by Satellite	《关于播送由人造卫星转播的载有节目信号公约》	联合国教科文组织	1974年/1979年

---

❶ 在美国和其他一些美洲国家参加《世界版权公约》后，这些公约实际上已不起作用。

表 4-3　其他国际组织管理的版权国际条约

英文名称	中文名称	缔结公约的国际组织	缔结／生效时间
Universal Copyright Convention	《世界版权公约》	联合国教科文组织	1952 年 /1955 年
Agreement on Trade Related Aspects of Intellectual Property	《与贸易有关的知识产权协定》	世界贸易组织	1994 年 /1995 年

关于版权保护的国际法规范一般有两个核心内容：一是规定国际版权保护领域的基本原则，如"国民待遇原则""起源国待遇原则"❶"第三国待遇原则"❷ 等。二是为缔约国设定国际义务层面的版权保护最低标准。版权国际保护的目的在于最大限度地减少各国（或地区）版权保护法律存在的差异，协调相关国家在版权保护领域的利益。

从版权国际保护的制度模式看，通过多边法律框架建立起来的版权国际保护基本原则和最低保护标准，将直接约束相关国家（地区）的域内立法行为，这些原则和标准最终将通过国内法在具体个案中的适用，产生对版权保护的实际效果。

【**案例4-3**】**中国影响知识产权保护与履行相关措施案（WT/DS362）❸❹**

2007年4月10日，美国政府根据DSU第1条和第4条，以及TRIPs协议第64条，要求与中国政府就知识产权的保护和执法措施进行磋商。磋商没有达成一致，在美国要求下建立专家组，进入专家组程序。2008年10月9日，专家组提交初步裁决报告，11月13日提交最终裁决报告。2009年3月20日DSB审议通过专家组报告。此案中，美国的诉求包括三方面：一是美国认为中国《著作权法》第4条第1款违反了TRIPs协议所纳入的《伯尔尼公约》的相关条款；二是中国的《知识产权海关保护条例》对侵权罚没货物的处理

---

❶ 即给予外国作品以相当于作者所属的国家或作品首次出版的国家给予的版权保护。

❷ 即甲国给予乙国的作品以丙国作品享有的版权。根据这一原则，所有缔约国国民的作品都享有同等的版权保护。

❸ 张平，刘朝. WTO/TRIPs协议知识产权争端成案及对策[M]. 北京：法律出版社，2016:52-53.

❹ 朱榄叶. WTO争端解决案例新编[M].北京：中国法制出版社，2013:318-319.

违反了TRIPs协议第59条；三是中国对侵犯知识产权刑事处罚的起点违反了TRIPs协议第61条。❶ 中国《著作权法》第4条第1款规定："依法禁止出版、传播的作品不受本法保护。"❷ 美国认为，这一条款违反了TRIPs协议第9.1条、第41条、第61条，也违反了国民待遇原则。TRIPs协议通过第9.1条把《伯尔尼公约》规定的义务赋予WTO成员。而根据中国《著作权法》第4条第1款外国人的某些作品（内容未通过审查的作品）不能享有《著作权法》第10条所规定的权利，也不能获得《著作权法》第46条和第47条规定的救济。

专家组认定，根据《著作权法》第4条第1款不给予保护的是完全通不过内容审查的作品，以及在审查中为了通过而删除的部分。TRIPs协议要求WTO成员对协定第二部分规定的客体给予保护，并保证以该协定第三部分所提出的程序来实施保护。中国《著作权法》第4条第1款完全拒绝对某一类符合条件的作品来实施保护，这不符合TRIPs协议第二部分的规定。根据TRIPs协议第41条第1款，WTO成员有义务在国内法中纳入TRIPs协议所要求的相关程序，包括防止侵权的迅捷救济措施和制止进一步侵权的救济措施，以便对侵权行为采取有效行动。而被《著作权法》第4条第1款剥夺著作权的作品得不到《著作权法》第五章提供的救济。因此，中国《著作权法》第4条第1款与TRIPs协议的相关规定不符。

【思考】

（1）我国原《著作权法》第4条第1款被认定违反TRIPs协议的主要原因是什么？

（2）该案与"王某侵犯ISO和国外标准化组织著作权案"有何不同？

（3）该案的裁决直接导致我国2010年修订《著作权法》，这一现象体现了知识产权国际保护制度的什么特征？

---

❶ 由于本案涉及的三个问题中，只有第一个问题与本章内容直接相关，故此处对本案的介绍仅限于与版权相关的内容。

❷ 2010年修订的《著作权法》已将第4条修改为："著作权人行使著作权，不得违反宪法和法律，不得损害公共利益。国家对作品的出版、传播依法进行监督管理。"

第二节　版权国际保护的开端与立场协调——《保护文学和艺术作品伯尔尼公约》与《世界版权公约》

一、《保护文学和艺术作品伯尔尼公约》

(一) 公约的制订

1884~1886年，欧洲、亚洲、非洲的一些国家及美国的代表在瑞士首都伯尔尼召开了3次外交会议，讨论缔结版权国际保护公约的问题。1886年9月，由英国、法国、瑞士、比利时、意大利、德国、西班牙、利比里亚、海地、突尼斯10国发起，正式缔结《伯尔尼公约》(*Berne Convention for the Protection of Literary and Artistic Works*，以下简称《伯尔尼公约》)。之后，1896年5月4日于巴黎、1914年3月20日于伯尔尼，分别对公约进行两次增补，1908年11月13日于柏林、1928年6月2日于罗马、1948年6月26日于布鲁塞尔、1967年7月14日于斯德哥尔摩、1971年7月24日于巴黎，分别对公约进行五次修订。目前的正式文本为1971年巴黎文本。《伯尔尼公约》是第一个版权国际性统一规范，也是最重要的版权公约之一，它之后的许多版权公约，如《世界版权公约》、TRIPs协议、《世界知识产权组织版权条约》等，均对其进行援引和保护。❶

《伯尔尼公约》由正文和附件组成。公约正文共38条，前21条和附件为实质性条款，后17条为组织管理性条款。公约内容涉及保护文学艺术作品的基本原则、作品的范围、保护的最低标准、保护期限、保护的限制与例外以及对发展中国家的特殊规定等。根据该公约第18条，公约适用于在

---

❶　如TRIPs协议第9条"与《伯尔尼公约》的关系"："1. 各成员应遵守《伯尔尼公约》(1971)第一至二十一条及其附录的规定。然而，各成员对公约第六条之二所给予或派生的权利在本协定下不具有权利和义务。……"《世界知识产权组织版权条约》第1条也有类似规定。

其开始生效时尚未因保护期满而在其起源国成为公共财产的所有作品。

《伯尔尼公约》由联合国的专门机构——"世界知识产权组织"管理。所有参加该公约的国家组成"伯尔尼联盟",其日常工作由世界知识产权组织国际局负责。各成员国按年缴纳会费。申请加入的国家将加入书提交世界知识产权组织总干事保存,成为联盟成员国。据世界知识产权组织官方网站显示,截至2016年12月1日,公约成员国达169个。1992年10月14日,中国成为《伯尔尼公约》的第93个成员国,该公约自同年10月15日起对中国生效。

随着时间的推移,《伯尔尼公约》显现出一些不足,如一些新类型作品无法落入公约保护范围,无法向数字环境下的作品提供有效的侵权救济手段等。公约订立时所依据的版权利益格局已发生重大变化,版权制度本身与时俱进,版权实施与保护的理念也已发生改变。这使得《伯尔尼公约》在版权国际保护领域的作用受到限制。虽然如此,《伯尔尼公约》作为版权国际保护基础性规范的地位仍然稳固。为强化这种地位,世界知识产权组织于1996年12月制订《世界知识产权组织版权条约》,对《伯尔尼公约》进行补充和完善。❶

(二)《伯尔尼公约》的基本原则

《伯尔尼公约》第5条规定了版权保护的国民待遇原则、最低保护标准原则、自动保护原则、独立保护原则等基本原则,这些原则成为成员国确立、完善本国版权法律保护体系的基本指标。

1. 国民待遇原则

国民待遇原则的本质是非歧视原则,目的是消除知识产权的地域性对版权保护带来的消极影响,是跨国界传播的文学艺术作品获得持续有效的版权法保护的重要保障。公约要求缔约国将给予其本国国民的法律待遇,同时给予作品起源国并非该国的作者,只要该作者为公约缔约国国民,且

---

❶ 详见后文对《世界知识产权组织版权条约》的介绍。

其作品在公约保护范围内。**❶**

　　【案例4-4】《加菲猫》版权保护案

　　《加菲猫》（*GARFIELD*）漫画为美国公民吉姆·戴维斯（Jim Davis）创作。以该漫画为内容的《加菲猫》系列丛书于20世纪80年代在美国出版，现版权所有人为本案原告Paws Incorporated。被告希望出版社未经原告许可，于1999年11月出版《加菲猫》系列丛书的中文本，该图书由北京科文书业信息技术有限公司发行，由北京科文剑桥图书有限公司销售。北京市中级人民法院认为，美国与我国均为《伯尔尼公约》成员国，根据国民待遇原则，我国应按照《著作权法》的规定，保护美国当事人的合法权益。法院依照《著作权法》判决北京科文书业信息技术有限公司、北京科文剑桥图书有限公司立即停止销售被告希望出版社出版发行的涉案《加菲猫》系列丛书中文本；希望出版社立即停止出版发行涉案《加菲猫》系列丛书；赔偿原告经济损失人民币205 920元及合理诉讼支出人民币7 860元。

　　【思考】

　　（1）北京市中级人民法院认为我国法律应当保护本案美国版权人的依据是什么？

　　（2）该案的判决体现了《伯尔尼公约》中的什么基本原则？

　　针对作品符合起源国标准，但作者不符合起源国标准，即"作者并非作品起源国的国民"的情况，公约作了补充规定，授予该作者与作品起源国国民作者相同的权利。**❷** 该条款在于防止作品起源国歧视非本国国民的作者。

　　综上，根据《伯尔尼公约》的国民待遇原则，只要作者具有某一缔约国的国籍，或者在某一缔约国内有住所或居所，或者其作品在某一缔约国首次出版，就可以在公约其他所有缔约国内受到与这些国家本国国民同样的法律保护。这就使得版权能在更广泛的范围内受到保护。

---

　　❶　见《伯尔尼公约》第5条第1款。
　　❷　见《伯尔尼公约》第5条第3款。

知识链接4-3：《伯尔尼公约》的"作品起源国"

根据《伯尔尼公约》，"作品起源国"的认定包括三种情况：第一，首次在本某一成员国发表的作品，该国家为该作品起源国；在若干成员国同时发表的，保护期最短的国家为作品起源国。第二，在非成员国和成员国同时发表的，成员国为作品起源国。第三，未发表的作品，或者首次在非成员国发表而未同时在成员国发表的，作者国籍所属的成员国为作品起源国。此外，电影作品的起源国是其制片人所在地或经常居所地所属的成员国，建筑物或房屋中的绘画和造型艺术作品的起源国为该建筑物或房屋所在的成员国。

2. 最低保护标准原则

最低保护标准原则是国民待遇原则的"配套"规则。公约缔约国给予其本国国民的版权保护标准有可能低于公约的标准，例如，可能在国内法中对版权的取得、版权的变动和救济方面附加比公约更多的限制条件。即使这些国家将国民待遇授予外国国民，外国国民也只能与其本国国民享受"非歧视的低标准保护"。公约规定，受公约保护的作者在各缔约国除了享受其本国国民的同等待遇外，还享有"本公约特别授予的权利"，❶ 该权利指公约对文学艺术作品的最低保护标准，即公约第6～18条列出的作者享有的最低限度的精神权利和经济权利，以及最低限度的权利保护期限和保护方法。最低保护标准是一种"及格标准"，不妨碍缔约国在此基础上以国内法或与其他缔约国间的条约的方式提供更高水平的版权保护。❷

由于存在"最低标准"，在版权保护水平较低的缔约国，外国国民的版权在该国的法律待遇有可能超过其本国国民的待遇。例如，1989年之前，美国版权法规定版权所有人必须登记注册才能提起侵权诉讼，1989年美国加入《伯尔尼公约》，按公约第5条第2款修改版权法，该法要求在美国境内完成的作品必须符合登记要求，但是在其他《伯尔尼公约》成员国国内

---

❶ 见《伯尔尼公约》第5条第1款。
❷ 见《伯尔尼公约》第19条、第20条。

完成的作品不受此约束。❶

3. 自动保护原则

专利权的取得需经过申请审批程序，商标不经注册，其拥有者无商标专用权。而对于版权，大多数国家采取"自动保护"原则，即版权的取得和法律保护不需要履行任何行政手续。中国《著作权法》第2条规定："中国公民、法人或者其他组织的作品，不论是否发表，依照本法享有著作权。"也有少数国家采用"非自动保护"原则，要求必须履行有关手续后，作品才能得到版权法保护，如登记、交存样书、交费、加以特别标记等。

知识链接4-4：美国版权保护的形式要件——版权标注（notice of copyright）

加入《伯尔尼公约》后，美国于1989年颁布《伯尔尼公约实施法》，并通过修订版权法，放松对版权标注的要求。但修订后的版权法第401条（d）款和第402条（d）款明确规定，美国作者必须在提起侵权诉讼之前对其作品进行登记，否则就不能寻求司法救济。如果作品标注了版权，则一般情况下只要侵权者能够看到标注，法院就不会考虑被告"不知情"存在版权的抗辩理由。另外，《伯尔尼公约实施法》只对其生效后完成的作品适用，此前完成的作品如果没有版权标注则进入公共领域，得不到《版权法》保护，除非该缺陷可以依法弥补。❷

从版权的国际保护角度看，当一些国家采用自动保护原则而另外一些要求作者履行相关手续时，这种保护标准的不一致必然给版权的跨国保护带来困难。《伯尔尼公约》采纳"自动保护"原则，提供了统一的较高的保护标准。按照公约，受保护作品的作者享受和行使根据国民待遇而获得的权利以及公约特别授予的权利，不需要履行任何手续。即使成员国要求本国国民必须履行有关手续才能得到保护，如登记，也不得要求根据公约

---

❶ 孙南申.美国知识产权法律制度研究[M].北京：法律出版社，2012：61.
❷ 孙南申.美国知识产权法律制度研究[M].北京：法律出版社，2012：58-59.

受到保护的非本国国民的作者履行这些手续。❶

在"自动保护"的前提下，公约允许缔约国作出"固定形式要求"❷ 的保留，即各缔约国有权在国内法中规定，仅保护表现于一定物质形式上的文学艺术作品，没有通过有形载体固定下来的作品，法律不予保护。

4. 独立保护原则

由于公约规定的版权保护标准只是"最低标准"，各缔约国国内法上的版权保护标准仍可能存在差异。那么，缔约国的国内法可否随着作品的跨国传播对其他缔约国的版权保护产生影响？尤其是在国民待遇原则的适用中，作品起源国的法律能否对给予该作品国民待遇的缔约国产生影响？对此，《伯尔尼公约》规定，"享受和行使这类权利……也不管作品起源国是否存在有关保护的规定。因此，除本公约条款外，只有向其提出保护要求的国家的法律方得规定保护范围及向作者提供的保护其权利的补救方法"。这就是版权的"独立保护原则"。❸

按照独立保护原则，作品在其他缔约国所享受的保护，与其在起源国受到的保护无关。作品在某缔约国能享受到何种保护，完全取决于该缔约国国内法的规定以及公约的规定。在公约允许的范围内，各缔约国有权自行确定版权的保护范围以及版权侵权的救济措施。根据该原则，各国仅依据其国内的版权法给予作者版权保护，不受其他缔约国相关做法或决定的影响。各国对版权的保护彼此独立。

《伯尔尼公约》只是提供了版权保护的最低标准，并未创设"国际版权"，作者不能期望得到公约的"一站式"保护，只能寻求各国依照其国内法所给予的"独立"的版权保护。

【案例4-5】独立保护原则实例❹

甲乙两国均为《伯尔尼公约》缔约国。甲国公民A在甲国出版了一部

---

❶ 见《伯尔尼公约》第5条第2款。
❷ 见《伯尔尼公约》第2条第2款。
❸ 见《伯尔尼公约》第5条第2款。
❹ 该案例改编自国家司法考试题（2014年卷1第43题）。

小说，不久A发现他的作品未经其授权在乙国被他人使用。A认为乙国的使用者侵犯了他的版权，在乙国提起诉讼。假设依据甲国法律，此种使用作品的行为不构成侵权，同时，甲国法律要求作品要履行一定手续才能获得保护。

【思考】根据《伯尔尼公约》，下列哪一个说法是正确的？

（1）A须履行甲国法要求的手续才能在乙国得到版权保护；

（2）乙国法院可不受理该案，因作品来源国的法律不认为该行为是侵权；

（3）如该小说在甲国因宗教原因被封杀，乙国仍可予以保护；

（4）依国民待遇原则，乙国只能给予该作品与甲国相同水平的版权保护。

（三）《伯尔尼公约》的适用范围

1. 文学艺术作品

公约所称的"文学艺术作品"（Literary and Artistic Works）包括科学和文学艺术领域内的一切作品，不论其表现方式或形式如何。公约以列举的方式说明了作品的具体表现方式或形式。它们包括书籍、小册子及其他著作；讲课、演讲、讲道及其他同类性质作品；戏剧或音乐戏剧作品；舞蹈艺术作品及哑剧作品；配词或未配词的乐曲；电影作品或以与电影摄影术类似的方法创作的作品；图画、油画、建筑、雕塑、雕刻及版画；摄影作品以及与摄影术类似的方法创作的作品；实用艺术作品；插图、地图；与地理、地形、建筑或科学有关的设计图、草图及造型作品。

知识链接4-5：以类似摄制电影的方法创作的作品

按照我国《著作权法实施条例》，电影作品和以类似摄制电影的方法创作的作品是指"摄制在一定介质上，由一系列有伴音或者无伴音的画面组成，并且借助适当装置放映或者以其他方式传播的作品"。❶ 条款中加入"以类似摄制电影的方法创作的作品"，在于将电视台摄制的电视节

---

❶ 见《著作权法实施条例》第4条（十一）。

目纳入保护范围。在"《花儿朵朵》及其衍生节目遭盗播"案的一审判决中，上海市徐汇区人民法院认为，《花儿朵朵》及其衍生节目以歌唱才艺选拔为主题，经过脚本策划和编排，选定导演、嘉宾、主持人，配备制作团队，选择拍摄场地，准备化妆、服装、布景、道具、舞美，参加人员的走位、排练，通过摄影、录音、剪辑、合成等创作活动，在一定介质上制成一系列有伴音的相关画面，凝聚了导演、主持人、选手、评委、嘉宾、演员、摄影、剪辑、服装、灯光、合成等创造性劳动，是制作者艺术观点和智力创造的结晶。《花儿朵朵》及其衍生节目是以类似摄制电影的方法创作的作品。"❶被告上诉称，《花儿朵朵》及其衍生节目是现场表演的录制，是录音录像制品，不属于类电影作品。二审法院上海市第一中级人民法院认为，《花儿朵朵》的海选、见面会等属于现场表演的机械录制，不应认定为类电影作品，但总决赛整个节目有明确的主线，应确认为类电影作品。

2. 演绎作品和汇编作品

演绎作品，即翻译作品（Translations）、改编作品（Adaptations）、改编乐曲（Arrangements of music）以及某件文学或艺术作品的其他改变所得到的作品（Other alterations of a literary or artistic work）。公约规定，演绎作品"应得到与原著同等的保护，而不损害原著作者的权利"。该规定意味着，演绎作品的创作者对该作品享有版权，并且演绎作品上的版权与原作品的版权相互独立，行使演绎作品上的版权时，不得损害原作品作者的权利。

汇编作品即"文字或艺术作品的汇集本"（Collections of literary or artistic works），诸如"百科全书"（Encyclopedias）、"文集"（Anthologies）等。"由于对其内容的选择和整理而成为智力创作品，应得到与此类作品同等的保护，而不损害作者对这种汇集本内各件作品的权利"。也就是说，汇编作品和演绎作品一样，虽然是基于原作品的再创

---

❶ 详见上海市徐汇区人民法院（2011）徐民三（知）初字第133号民事判决书。

作，但其作者对该汇编作品享有独立的版权，汇编作品版权的行使不得损害汇编作品内各件作品的作者的权利。

在计算机和互联网时代，汇编作品已不仅限于对传统的"文学艺术作品"的选择和整理。根据世界知识产权组织的解释，汇编作品也包括由其他材料如数据等构成的汇编，这种汇编作品就是现今被广泛运用的数据库。世界贸易组织的《与贸易有关的知识产权协定》也对汇编作品作了类似的扩展解释。

3. 交由缔约国自行决定是否予以保护的作品

与上述类型作品的法律规则不同，《伯尔尼公约》对涉及公共利益的作品，以及缔约国国内相关立法存在较大差异的作品，并未作法律保护方面的统一规定，而是将这些作品的法律待遇问题交由各缔约国在其国内法中自行解决。这些作品包括如下类别：

（1）立法、行政或司法性质的官方文件及这些文件的正式译本（Official texts of a legislative, administrative and legal nature, and to official translations of such texts）。这类作品的法律保护由缔约国国内法自行决定。❶

（2）政治演讲和诉讼过程中发表的言论（Political speeches and speeches delivered in the course of legal proceedings）。公约规定，缔约国有权通过国内立法，部分或全部将这类作品排除在保护范围之外。

（3）实用艺术作品及工业品设计与模型（Works of applied art and industrial designs and models）。对于这类作品，各国的法律待遇和保护模式存在较大差异。一些国家不承认这些"作品"存在版权，一些国家将其作为专利等其他知识产权加以保护。根据公约，缔约国可自行决定是否对其立法保护以及保护的条件。公约同时规定，在起源国仅仅作为工业品设计与模型受到保护的作品，在其他缔约国只享受该国给予工业品设计与模型的专门保护；但如果该缔约国并未提供这种专门保护，则这些作品将作为艺术作品得到保护。这项规定使得实用艺术作品及工业设计与模型无论

---

❶ 见《伯尔尼公约》第2条第4款。

缔约国的国内立法如何，都能得到某种程度的法律保护。❶

4．公约不适用的作品

根据该公约第2条第8款，将"日常新闻或纯属报刊消息性质的社会新闻"（news of the day or to miscellaneous facts having the character of mere items of press information）排除在其保护范围之外。

（四）作者最低限度的权利

《伯尔尼公约》不但明确了"文学艺术作品"的范围，还规定了这些作品的作者应享有的最低限度的权利，要求缔约国在其国内法中予以保护。这些权利包括最低限度的精神权利和最低限度的经济权利。

1．作者最低限度的精神权利

将作者的精神权利纳入保护范围，是《伯尔尼公约》的基本立场。这一立场对版权保护体系的统一和完善作出重大贡献。同时，这一立场也是美国等美洲国家最初拒绝加入《伯尔尼公约》的重要原因。❷ 纳入公约保护的作者最低限度的精神权利包括以下几类：

（1）署名权。根据公约，作者有权在其作品上以某种方式表明其为该作品的著作者。该权利独立于经济权利而存在，"甚至在上述财产权转让之后"❸ 仍然存在。

（2）维护作品完整权。根据公约，作者有权反对任何歪曲（distortion）或割裂（mutilation）其作品或有损于其声誉的损害行为。❹

2．作者最低限度的经济权利

根据公约，作者享有的最低限度的经济权利包括以下几类：

（1）翻译权。根据公约，受公约保护的文学艺术作品的作者，在对原著享有权利的保护期内，享有翻译和授权翻译其作品的专有权。但是，此权利受到公约规定的强制许可制度的限制。❺ 这一点将在后面的强制许

---

❶　见《伯尔尼公约》第2条第7款。

❷　美国已于1989年加入《伯尔尼公约》。

❸❹　见《伯尔尼公约》第6条之二（1）。

❺　见《伯尔尼公约》第8条。

可部分详述。

（2）复制权。根据公约，受公约保护的文学艺术作品的作者，享有准许以任何方式和采取任何形式复制其作品的专有权。公约特别规定，录音、录像均构成复制。但在复制不致损害作品的正常使用也不致无故危害作者的合法利益的前提下，缔约国可立法允许在某些特殊情况下复制上述作品。❶这种例外在国内法中体现为合理使用和法定许可制度。

延伸阅读4-2

查询阅读相关学术论文，并写作阅读笔记。查询主题为："作品的数字化属于'翻译'还是'复制'还是'发行'？"

（3）表演权。根据该公约第11条，戏剧作品、音乐戏剧作品或音乐作品的作者享有专有的表演权。包括用各种手段和方式公开演奏和公演的权利，许可他人公开演奏和公演其作品的权利，许可用各种手段公开播送其作品的表演和演奏的权利。戏剧作品或音乐戏剧作品的作者的表演权及于其作品的翻译作品。

（4）广播权。根据该公约第11条之二，文学和艺术作品作者的广播权包括：许可以无线电广播其作品或以任何其他无线播送符号、声音或图像方法向公众发表其作品的权利，许可由原广播机构以外的另一机构通过有线广播或无线广播向公众发表作品的权利，许可通过扩音器或其他任何传送符号、声音或图像的类似工具向公众传送广播作品的权利。缔约国有权对作者的广播权设置条件，但这些条件仅在作出这些规定的国家内有效，并且这些条件在任何情况下都不得损害作者的人身权利，也不得损害作者获得公正报酬的权利。

（5）朗诵权。根据该公约第11条之三，文学作品作者享有的朗诵权包括：许可公开朗诵其作品，包括用各种手段或方式公开朗诵其作品的权利；许可用各种手段公开播送其作品的朗诵的权利。文学作品作者的朗诵权及于对其作品的翻译。

---

❶　见《伯尔尼公约》第9条。

（6）改编权。根据该公约第12条，作者享有授权对其作品进行改编、整理和其他改变的专有权。

（7）制片、发行权。根据该公约第14条，作者享有将其作品改编或复制成电影以及发行经改编或复制的作品的专有权，并有权公开演出演奏以及向公众作有线广播经改编或复制的作品。根据文学或艺术作品制作的电影作品以任何其他形式进行改编，在不损害其作者批准权的情况下，仍须经原著作者批准。

此外，《伯尔尼公约》还规定了作家和作曲家等艺术家对其艺术原稿和手稿的"追续权"。但对于公约来说，追续权并不是"最低限度的权利"，缔约国可自行决定是否在国内法中保护追续权以及保护的范围。❶

知识链接4-6："追续权"

追续权（resale right）是指对于作家和作曲家等艺术家的艺术原稿和手稿，作者或作者死后由国家法律授权的人或机构，享有从作者第一次转入作品之后对作品原稿或手稿的每次销售中分取盈利的不可剥夺的权利。追续权最早诞生在法国。20世纪初期，有相当数量的艺术家在无名期间，画作价格低廉，而死后作品价格一路飙升，艺术家自己或者继承人无法获得应有的收益。为保护作者及其继承人的利益，依据民法的公平原则，法国于1920年在其著作权法中正式建立追续权制度（droit de suite）。之后，其他国家也开始逐步接受追续权。1948年在布鲁塞尔举行的《伯尔尼公约》第三次修订会议，根据1926年罗马会议的一项意愿承认追续权，并载入了布鲁塞尔文本。

（五）作品版权的保护期

在《伯尔尼公约》中，作品版权保护的终止时间，因作品的类型而有所不同。缔约国国内立法时对这些规定应加以遵守。公约中的这些期限是缔约国立法的最低标准，缔约国有权在国内法中规定更长的保护期。❷因此，具体个案中的作品保护期，应由被要求给予保护的国家的国内法确

---

❶ 见《伯尔尼公约》第14条之三。
❷ 见《伯尔尼公约》第6条第2款。

定，但是原则上，这个期限不能超过作品起源国所规定的期限。❶

　　1. 一般作品的保护期

　　公约规定，一般作品的期限为作者终生及其死后50年。❷ 如果作品的版权属于合作作者共有，那么作者死后的保护期从最后死亡的作者死亡时算起。❸

　　2. 不具名或具笔名的作品的保护期

　　对于不具名作品和具笔名作品，公约给予的保护期为自其合法向公众发表时起50年。但是，如果作者的笔名不致引起对其身份的疑问或误认，或者作者在上述期间内披露真实身份的，保护期与一般作品相同。如果有充分理由推定此类作品的作者已死去50年的，缔约国没有义务给予保护。❹

　　3. 电影作品、摄影作品和实用艺术作品的保护期

　　关于电影作品的保护期，公约没有像一般作品那样规定统一标准，只规定缔约国可以规定保护期在"作品在作者同意下公映后"50年届满。如果作品摄制完成后50年内未公映的，自"作品完成后"50年届满。

　　关于摄影作品和作为艺术作品保护的实用艺术作品的保护期，公约授权缔约国国内法自行规定，但要求该保护期不应少于"自该作品完成之后算起的25年"。❺

　　知识链接4-7：《伯尔尼公约》中保护期的终止日

　　由于一般作品中，作者生前的保护期不需要计算，所以，保护期的计算规则只适用于下列情况：一般作品的作者死后的保护期；不具名或具笔名的作品的保护期；电影作品的保护期；摄影作品和实用艺术作品的保护期。根据公约，在这些情况下，保护期应从作者死亡后次年的1月1日开始计算，或者从向公众发表、公映、摄制完成等事项发生之后次年的1月1日开始

---

❶ 见《伯尔尼公约》第7条第8款。
❷ 见《伯尔尼公约》第7条第2款。
❸ 见《伯尔尼公约》第7条之二。
❹ 见《伯尔尼公约》第7条第3款。
❺ 见《伯尔尼公约》第7条第4款。

计算。

知识链接4-8：美国、欧盟的版权保护期

根据美国版权法，1978年1月1日后的出版物作品，保护期为作者完成创作开始到作者死后70年。作品有多个创作人的，版权保护至最后一名创作人去世后70年为止。作品是匿名或使用笔名的，保护期至出版后95年为止，或者创作之日算起120年为止。根据欧盟1993年《协调著作权和某些保护期的指令》，文学艺术作品的保护期为作者有生之年加死后70年，该保护期不受作品合法公之于众的具体时间的影响。

（六）对版权的限制

通过接受教育等方式及时有效地获取知识，是人类成员的基本权利之一。❶ 文学艺术作品作为人类文明发展进步的共同成果之一，能否及时有效获取，涉及基本人权和公共利益。但同时，对作者的版权保护，也是人权的重要内容。❷ 对版权的限制性规则，是这两种人权发生冲突后和解的产物。《伯尔尼公约》对版权的限制包括下面两个方面。

1. 对复制权的限制

复制权是版权权利人最重要的专有权之一。公约第9条和第10条对该专有权作了限制。这种限制就是版权法上通称的"合理使用"和"法定许可"。公约对专有复制权的限制涉及以下几个方面：

（1）缔约国可以立法准许在某些特殊情况下复制有关作品，前提条件是，这种复制与作品的正常利用不相冲突，也不会导致作者的合法利益遭受不合理的损害。

（2）缔约国可以立法准许从公众已经合法获得的作品中摘录原文，但摘录行为需符合公平惯例，摘录范围不得超过摘录目的所允许的程度。

（3）缔约国可以立法或依据与其他缔约国之间的协定，准许在合理目的下，以讲解的方式将文学艺术作品用于出版物、广播、录音或录像，

---

❶ 见《世界人权宣言》第26条。
❷ 《世界人权宣言》第27条：人人对由于他所创作的任何科学、文学或美术作品而产生的精神的和物质的利益，有享受保护的权利。

以作为教学之用。但是这种利用需符合公平惯例，且须标明该作品的出处。如原作品上有作者署名，须标明作者姓名。

（4）缔约国可以立法准许通过报刊及无线广播或有线广播，复制报刊杂志上关于经济、政治、宗教等时事性文章，以及同类性质的广播作品，除非该文章、作品中明确保留复制权与广播权。但复制或广播时须明确指出作品的出处。

在公约授权下，合理使用和法定许可制度在缔约国得到广泛采用。对复制权的这些限制，也作为被控侵权方的抗辩依据，频繁出现在版权侵权诉讼中。例如，在美国教育考试服务中心（ETS）诉新东方学校侵犯著作权和商标专用权一案中，对于ETS关于未经其许可复制、发行GRE考试试题的侵权指控，新东方学校提出其使用方式属于合理使用的抗辩理由。但法院认为，新东方学校大量复制并销售"ETS"享有著作权的作品，超出了课堂教学合理使用作品的范围。其关于教学所涉及的学习方法必然以使用GRE考试试题为教学条件的抗辩理由，不是法定的免责事由，不能成立。❶

延伸阅读4-3

课外阅读"美国教育考试服务中心诉北京市海淀区私立新东方学校侵犯著作权及商标专用权纠纷案"一审、二审判决书文本，注意文本中列具的判决理由以及对《伯尔尼公约》的援引。

2. 发展中国家可对翻译权和复制权进行强制许可

出于对发展中国家经济发展水平和相关公共利益的考虑，公约于1971年修订时增加了仅适用于发展中国家的特殊优惠规定，❷ 发展中国家可以通过声明的方式享受这些优惠。

（1）关于翻译权的强制许可。根据公约，只要作品以印刷形式或类似的复制方式出版，则声明享有该优惠的国家，有权由主管当局发给许可证，以代替公约规定的翻译专有权。

---

❶ 见北京市第一中级人民法院[2001]一中知初字第35号（2003年9月27日）。
❷ 见《伯尔尼公约》附件第2条、第3条。

（2）关于复制权的强制许可。根据公约，声明享有优惠的国家的主管当局有权发给许可证，以代替公约规定的复制专有权。

根据公约，发放强制许可须符合的条件包括许可只能出于教学或研究的需要，不得用于营利活动；应规定一定期限，期限届满后，才能强制许可；主管当局发放许可时，须履行一定的手续；许可必须是非独占的、不可转让的；许可只能向本国国民发放；依据许可翻译或复制的作品，只能在本国国内销售，不得出口。❶

知识链接4-9：我国著作权法中有关于强制许可的规定吗？

我国著作权法目前尚没有强制许可的相关规定，但是我国已经加入《伯尔尼公约》和《世界版权公约》，所以公约中有关强制许可的规定也可以适用。按照国务院颁布的《实施国际著作权条约的规定》，我国在适用国际条约中有关强制许可制度的规定时应当由国家版权局负责实施发放强制许可证。由于具体实施办法的欠缺，我国并没有充分利用公约给予发展中国家的优惠。相反，发达国家却普遍设立了国内法上针对特定作品类型的版权强制许可制度，如《美国版权法》第115条、《德国著作权法》第61条、《日本版权法》第67条第1款等。

二、《世界版权公约》

（一）缔约背景

《伯尔尼公约》采纳了欧洲国家版权保护模式，与美国及其他美洲国家的版权法差异较大，美洲国家拒绝加入，并于1889年缔结了体现美洲国家版权理念的《美洲国家间版权公约》。全球范围内两种版权体系相互对峙、互不融合的局面给国际经贸和文化交流造成严重影响。在此情形下，联合国教科文组织于1947年发起制定《世界版权公约》（*Universal Copyright Convention*）。该公约于1952年缔结，40多个国家在最后文本上签字，其中既有以美国为代表的美洲国家，也有《伯尔尼公约》成员。

---

❶ 见《伯尔尼公约》附件第4条。

《世界版权公约》于1955年 9月16日生效，1971年的巴黎修订本为该公约最新文本。中国于1992年7月30日递交加入公约的正式文件，同年10月30日该公约对中国生效，1995年中国加入该公约的政府间委员会。《世界版权公约》由正文和附件两部分组成。正文21条，前7条为实质性条款，后14条为组织管理性条款。公约采用国民待遇原则，并设定版权保护的最低标准。由于受英美法系影响，公约主张"充分而有效的保护"而不强调规则的一致性，对作品和作者权利的规定较笼统，与《伯尔尼公约》相比，该公约更具灵活性。

延伸阅读4-4

（1）周欣宇：《主要国际性版权公约中著作权的比较及其发展趋势——以〈伯尔尼公约〉和〈世界版权公约〉为例》（载《商场现代化》2009年第9期）。（2）徐学银：《〈伯尔尼公约〉与〈世界版权公约〉之比较》（载《徐州师范学院学报》1995年第3期）。

（二）受《世界版权公约》保护的作品

《世界版权公约》各缔约方承诺对文学、科学、艺术作品的作者及其他版权所有者的权利提供充分有效的保护。公约所称的"文学、科学、艺术作品"，包括文字、音乐、戏剧和电影作品，以及绘画、雕刻和雕塑，涵盖所有类型的作品。与《伯尔尼公约》相比，《世界版权公约》对保护客体的规定比较概括，其所明确列举的文学、科学、艺术作品的表现方式较少，这样有利于一些保护范围较窄，且刚刚建立国内版权保护制度的国家加入公约。

（三）《世界版权公约》的国民待遇原则

根据公约，任何缔约方国民出版的作品及在该国首先出版的作品，在其他各缔约方中，均享有其他缔约方给予其本国国民在本国首先出版之作品的同等保护以及该公约特许的保护。任何缔约方国民未出版的作品，在其他各缔约方中，享有该其他缔约方给予其国民未出版之作品的同等保护以及该公约特许的保护。❶ 根据该规定，缔约方国民的作品以及在缔约方首先出版的作品，均可享受国民待遇，受惠作品的判断兼顾了作者国籍和作品国籍两种标准。同时，未出版的作品也享有国民待遇。关于"本国国民"的标准，按照公约，除了通常理解的具有某缔约方国籍这一标准外，还包括"定居"在某缔约方并被该国认定为本国国民这种情况。不过，这一标准不具有强制性，是否采纳由各缔约方自行决定。❷《世界版权公约》对国民待遇的规定比《伯尔尼公约》简单，其兼顾作者国籍与作品国籍的规定显然沿用了《伯尔尼公约》的做法

（四）附条件的自动保护原则

《伯尔尼公约》采取自动保护原则，不要求版权的取得及保护履行任何手续，而美洲国家的版权法则要求作品取得版权保护需具备形式要件，需经过一定的程序或履行某些手续。为协调二者立场，《世界版权公约》一方面允许缔约方在国内法中规定作品的形式要件和权利取得手续，同时对缔约方可能要求的手续和程序进行简化和统一。具体包括：第一，如果缔约方国内法规定须履行相关手续，如缴送样本、注册登记、刊登启事、办理公证文件、偿付费用或在该国国内制作出版等，这些规定可以保留。但是，如果经授权出版的作品上自首次出版时按公约要求的规格标注"版权标记"的，应视为符合"履行必要手续"的要求，该缔约方不得再要求其履行其他手续。由于标注"版权标记"对于出版的作品来说，并无遭受行政许可或第三方行为限制的可能，因此，这是一种附条件的自动保护原则。❸ 第二，缔约方可以要求在该国首次出版的作品，或该国国民在任何地方出版的作品为取得版权而履行手续，或符合其他条件。第三，对未出版的作品实行自动保护，不得要求其履行任何手续，即自动保护。

---

❶ 见《世界版权公约》第2条。
❷ 见《世界版权公约》第2条第3款。
❸ 也有学者认为《世界版权公约》的版权保护原则为"非自动保护原则"。

知识链接4-10：《世界版权公约》的"版权标记"

《世界版权公约》的"版权标记"为：一个圆圈内加大写字母C（ⓒ），同时标明版权拥有者的姓名（或名称）以及作品首次出版的年份。公约要求"版权标记"标注的方式和位置应足以令人注意到版权的权利要求。例如：ⓒ2015 POLOARTS Cultural Transmission Corporation LTD。

（五）关于版权保护的最低标准

考虑到美洲国家的立场，公约未规定作者的精神权利，只规定了经济权利。公约确认的作者最低限度的经济权利包括：准许以任何方式复制、公开表演及广播等的专有权利，作者翻译和授权他人翻译受公约保护的作品以及出版和授权他人出版上述作品译本的专有权利。[1] 受公约保护的各类作品均享有这些权利，无论这些作品是原著形式还是从原著演绎而来的任何形式。

根据公约，版权保护期限由要求给予版权保护所在地的缔约方国内法规定。但保护期限不得少于作者有生之年及其死后的25年，摄影作品或实用艺术品不少于10年。

（六）版权的例外与限制

公约允许缔约方国内法对作者的基本权利作出例外规定，但这些例外不得影响相关权利得到"合理而有效的保护"。[2]

公约允许缔约方对文字作品的翻译权作出限制。缔约方可授予其国民用该国通用语文翻译文字作品并出版译本的许可，即文字作品翻译权的强制许可。该许可只能是非专有和不可转让的，根据该许可完成的译本只能在发放许可的缔约方境内出版。同时，缔约方国内法应保证翻译权人能得到公平且符合国际标准的补偿，保证作品翻译的准确性。依据强制许可出版的译本复制品应刊印原著名称及作者姓名，如果作品的作者已完全停止

---

[1] 但任何缔约方根据其国内法可以对文字作品的翻译权利加以限制。见《世界版权公约》第4条之二。

[2] 可参考本章《伯尔尼公约》部分关于版权限制的内容。

其作品复制品的发行，则不得进行强制许可。文字作品翻译权的强制许可须符合的条件包括：文字作品自首次出版起算7年后仍未以该缔约国通用语文出版译本，或者以缔约国通用语文翻译的以前所有版本均已售完；申请翻译许可的国民须证明他已向翻译权拥有者提出翻译作品和出版译本的要求，但未能得到授权，或经过相当努力未能找到权利拥有者。

考虑到发展中国家的特殊需求，公约允许这些国家以向联合国教科文组织总干事交存通知书的方式，享受公约给予的特殊优惠，即要求放松颁发翻译权强制许可证的条件，以及准许对复制权颁发强制许可证。❶

知识链接4-11：经过努力仍未能找到权利拥有者是否就可直接获得强制许可？

在无法找到翻译权拥有者的情况下，申请者将申请书副本寄给该作品上列有名称的出版者，在知道翻译权人国籍的情况下，将申请书副本送交该人所属国家的外交或领事代表，或送交该国政府指定的其他机构。寄出申请书副本满2个月后方可授予强制许可。

知识链接4-12：不同缔约方使用同一种语文的怎么办？

如果其他缔约方的通用语文和该译文是同一种语文，并且该国法律有关于此种许可的规定，同时对进口和出售此种译文不予禁止，则出版译文的复制品可以输入到其他缔约方并在其境内出售。

第三节　版权国际保护的强化——《与贸易有关的知识产权协定》对版权及其相关权利的保护

一、TRIPs协议对版权及其相关权利国际保护的意义

由于国际版权贸易的迅速发展，以及国际货物贸易中冒牌货对正常贸易秩序的消极影响，版权的国际保护从原来的静态保护发展到与贸易相结合的动态保护。在此背景下，世界贸易组织（WTO）主持制定了《与贸

---

❶ 见《世界版权公约》第5条之三、之四。

易有关的知识产权协议》（*Agreement on Trade-Related Aspects of Intellectual Property Rights*，"TRIPs协议"）。该协定旨在促进与贸易有关的知识产权的有效保护，同时尽力避免知识产权滥用可能给国际贸易带来的影响。

TRIPs协议于1995年1月1日生效，由序言以及7个部分组成，共73条。TRIPs协议的第二部分第一节为"版权和相关权利"（*COPYRIGHT AND RELATED RIGHTS*），该节包括6个条款，分别是：第9条"与《伯尔尼公约》的关系"（Relation to the Berne Convention），第10条"计算机程序和数据汇编"（Computer Programs and Compilations of Data），第11条"出租权"（Rental Rights），第12条"保护期限"（Term of Protection），第13条"限制和例外"（Limitation and Exceptions）以及第14条"对表演者、录音制品（唱片）制作者和广播组织的保护"（Protection of Performers，Producers of Phonograms [Sound Recordings] and Broadcasting Organizations）。TRIPs协议的签订及生效使版权等知识产权问题同国际贸易问题产生直接的联系，使世界贸易组织在知识产权保护问题上发挥更大作用。TRIPs协议是版权及其他知识产权制度进入全新发展阶段的标志，在协调各缔约方版权法律制度方面起着举足轻重的作用。

TRIPs协议对版权国际保护的意义表现在以下几个方面：第一，TRIPs协议确立了包括版权在缔约方国内法上的私权地位，将包括版权在内的知识产权的保护上升到人权高度；第二，首次将最惠国待遇原则引入知识产权国际保护领域，使版权在其各缔约方得到相对统一的高水平保护；第三，TRIPs协议对缔约方的知识产权执行措施提出了更高要求，确保各缔约方国内的知识产权取得和维持程序公平合理，保障了TRIPs协议的有效实施；第四，TRIPs协议将缔约方之间的知识产权争端纳入世界贸易组织争端解决机制，强化了TRIPs协议的约束力和执行力。

二、TRIPs协议与《伯尔尼公约》的关系

TRIPs协议对知识产权的整体保护水平远高于《伯尔尼公约》，但TRIPs协议在其条款中明确要求其缔约方遵守《伯尔尼公约》（1971文本）第1～21条及其附件的规定。❶ 因此，TRIPs协议的版权保护规则实际上是由《伯尔尼公约》的相关规则与TRIPs协议本身的专门规定共同组成的。这种做法有效地维持了《伯尔尼公约》在版权国际保护领域的主导地位，对《伯尔尼公约》起到保护作用，也照顾到各国际组织之间的关系，尤其是世界贸易组织与世界知识产权组织之间的关系。

需要注意的是，TRIPs协议在保留《伯尔尼公约》主要版权保护规则的同时，排除了对《伯尔尼公约》第6条之二的权利（作者的精神权利）的适用。❷ 同时，对于版权保护是否应及于所表达的思想的问题，TRIPs协议明确指出，版权的保护仅涉及表达方式，不涉及思想、程序、操作方法或数学概念本身。

知识链接4-13：TRIPs协议为何不保护作者的精神权利？

一般认为，TRIPs协议未将作者精神权利纳入保护范畴的原因主要有两个：第一，TRIPs协议的制定始终由美国主导，美国国内版权法只涉及作者的经济权利，国会多数议员相信美国侵权法保护作品的有效性，对版权法的扩张持谨慎态度。司法实践中，法官寻找普通法上作者精神权利依据的努力也没有实质进展。美国对于作者精神权利的消极态度必然影响到由其主导的TRIPs协议。第二，TRIPs协议是"与贸易有关"的知识产权条约，作者的精神权利不可转让，将其纳入一个"与贸易有关"的协定，在逻辑上缺乏说服力。

【案例4-6】关于各版权公约之间的关系

作者A为老挝国民，2004年3月8日在老挝出版了一部小说。2004年3月28日该小说在西班牙出版。该小说未经作者许可在美国被利用。老挝是

---

❶ 见TRIPs协议第9条。
❷ 原因可参考前面《伯尔尼公约》及《世界版权公约》的相关内容。

WTO成员，但不是《伯尔尼公约》成员，也不是WCT成员。西班牙和美国都是伯尔尼公约、WCT和WTO的成员。

【思考】

作者A能否根据《伯尔尼公约》、TRIPs协议以及WCT的国民待遇条款在美国保护他的版权？

三、TRIPs协议关于版权保护的最低标准

TRIPs协议设定的版权保护最低标准包括两个方面：一是《伯尔尼公约》第1～21条所涉及的版权保护标准；二是TRIPs协议本身关于版权保护新增的最低标准。新增最低保护标准包括以下方面。

（1）应将计算机程序作为文字作品加以保护。根据TRIPs协议，计算机程序，无论是源代码还是目标代码，均应作为《伯尔尼公约》（1971文本）项下的文字作品加以保护。❶《伯尔尼公约》时期，计算机程序尚未出现，因此，该公约并无保护计算机程序的依据。从形式上看，计算机程序与《伯尔尼公约》中的文字作品存在很大不同，各国国内法对计算机程序的保护方式也各有不同，有的国家通过版权法保护计算机程序，如1972年，菲律宾在其版权法中规定"计算机程序"是其保护对象，成为世界上第一个用版权法保护计算机程序的国家，美国也于1976年和1980年两次修改版权法，明确由版权法保护计算机软件。有的国家或地区将计算机程序作为专利进行保护，如1979年6月开始实施的《欧洲专利公约》规定，一项同计算机程序有关的发明如果具有技术性就可能获得专利。在版权保护基础上，有些国家也将与计算机程序有关的某些数据和信息作为商业秘密保护，如美国的商业秘密法。更有将其作为独立的知识产权类型——"工业版权"进行保护的做法。TRIPs协议将计算机程序的保护纳入版权保护制度，一定程度上终结了各缔约方域内立法的分歧与冲突。

---

❶　见TRIPs协议第10条。

知识链接4-14：何为"源代码"和"目标代码"？

源代码（source code）又称源程序，是指未编译的文本代码，是一系列人类可读的计算机语言指令。计算机源代码的最终目的是将人类可读的文本翻译成为计算机可以执行的二进制指令，这种过程叫作编译，通过编译器完成。

目标代码（object code）又称目标程序，是指编译器或汇编器处理源代码后所生成的代码，它一般由机器代码或接近于机器语言的代码组成。

延伸阅读4-5

彭佳梅：《计算机软件知识产权的国际保护研究》（载《商》2016年第2期）。

（2）应将数据汇编（数据库）作为汇编作品加以保护。计算机技术普及后，数字技术基础上的数据库被广泛运用。《伯尔尼公约》对文学艺术作品的汇编有明确规定，但该规定无法直接适用于数字技术背景下的数据库。TRIPs协议通过对《伯尔尼公约》的"汇编作品"作扩充解释的方式，为数据库的保护提供依据。TRIPs协议规定，数据汇编或其他资料，无论采用机器可读形式还是其他形式，只要其内容的选取或编排构成智力创作，即应得到法律保护。但是，该保护不得延伸至数据或资料本身，不得损害存在于数据或资料本身的任何版权。❶ TRIPs协议将数据库视为智力创作，给予其与文学艺术作品的汇编相同的法律地位。并且，与普通作品的汇编一样，数据库上的版权与数据库中单个数据的版权相独立，数据库的版权人并不拥有数据库中单个数据的版权，数据库版权的行使不得延及数据本身，不得损害数据本身的版权。

（3）应为计算机程序和电影作品设定出租权。根据TRIPs协议，作品的作者及其合法继承人应享有专有权，向公众商业性出租计算机程序或者电影作品的原件或复制品。但是，如果电影作品的出租不会导致对该作品的广泛复制，从而对作者及其合法继承人的专有复制权产生实质性的损

---

❶ 见TRIPs协议第10条。

害，缔约方可以允许电影作品的商业出租；如果计算机程序本身不是出租的主要标的，缔约方应当允许这种商业出租。出租权是为计算机程序和电影作品特别设定的，其他类型作品的版权不包含出租权这一权能。

（4）在适用《伯尔尼公约》的基础上，对版权的最低保护期限作了具体规定。这些具体规定包括：除摄影作品或实用艺术品，如果作品的保护期限不以自然人的生命为基础计算，那么，保护期限不得少于50年，自作品经授权出版之年的年末起算。如果作品在创作后50年内未经授权出版，保护期为作品完成之年年末起算的50年。

四、TRIPs协议关于"版权的相关权利"的保护规则

TRIPs协议将版权的邻接权称为版权的"相关权利"（Related Rights），其所列出的"相关权利"包括表演者权、录音制品制作者权和广播组织权，这三个权利都是严格意义上的邻接权。

（一）关于表演者权的保护

根据TRIPs协议，表演者应"有可能防止"未经其授权固定其未曾固定的表演和复制该录制品。表演者还应"有可能阻止"未经其授权以无线广播方式播出和向大众传播其现场表演。❶

与《罗马公约》一样，TRIPs协议在述及表演者权时没有使用"权利"一词，代之以"防止的可能性"，而涉及录音制品制作者和广播组织时使用了"权利"。可见，TRIPs协议对表演者的保护水平低于对录音制品制作者和广播组织的保护。❷公约认为，缔约方的法律只需使表演者有可能防止他人实施有关行为即可，不必授予表演者权利。❸

（二）关于录音制品制作者权的保护

录音制品制作者应享有准许或禁止直接或间接复制其录音制品的权

---

❶　见TRIPs协议第14条第1款。

❷　世界知识产权组织2012年缔结的《视听表演北京条约》改变了这一状况，为表演者提供了与录音制品制作者同等的保护。

❸　郑成思.版权法（修订本）[M].北京：中国人民大学出版社，1997:341.

利。同时，录音制品制作者还应享有出租权。但如果成员方在1994年4月15日前已就录音制品的商业出租建立了给予权利人公平报酬的制度，该成员可继续保留此制度。❶ 同表演者权一样，录音制品的商业出租不能对权利持有人的复制专有权产生实质性损害。

（三）关于广播组织权的保护

根据TRIPs协议，广播组织应有权禁止未经其授权录制、复制录制品、以无线广播方式转播以及将其电视广播向公众传播。如果成员方未授予广播组织这些权利，则TRIPs协议要求成员在遵守《伯尔尼公约》（1971文本）相关规定的前提下，给予对广播内容享有版权的人禁止上述未经授权的行为的可能性。❷

（四）"相关权利"的保护期限

根据TRIPs协议，对表演者、录音制品制作者权利提供法律保护的最低期限为：表演发生、录制发生或被广播之年末起50年。对广播组织权的最低法律保护期限为：广播发生之年末起20年。

（五）对"相关权利"的限制

根据协议，任何成员均可以在《罗马条约》允许的范围内规定各种条件、限制、例外和保留。但是，《伯尔尼公约》第18条关于追溯力的规定应适用于表演者权和录音制品制作者权。

五、版权及邻接权的实施、取得和维持以及争端的防止和解决

TRIPs协议第三、第四、第五部分对知识产权的实施、知识产权的取得和维持及当事方之间的相关程序、争端的防止和解决作了规定。这些规定均适用于版权的保护。这些内容前面章节已作介绍，此处不再赘述。

世界贸易组织受理的与版权及邻接权有关的争端如表4-4所示。

---

❶ 见TRIPs协议第14条第4款。
❷ 见TRIPs协议第14条第3款。

表 4-4　WTO/TRIPs 协议版权争端成案一览（1995～2016）

序号	案件名称	案号	请求方	被请求方	第三方	解决方式
1	日本录音措施案	DS28	美国	日本	欧盟	和解
2	日本录音措施案	DS42	欧盟	日本	美国	和解
3	爱尔兰影响版权与相关权利授予措施案	DS82	美国	爱尔兰	欧盟	和解
4	欧盟影响版权和相关权利授予措施案	DS115	美国	欧盟	—	和解
5	欧盟关于电影和电视节目的知识产权执法案	DS124	美国	欧盟	—	和解
6	希腊关于电影和电视节目的知识产权执法案	DS125	美国	希腊	—	和解
7	《美国版权法》第110（5）条争端案	DS160	欧盟	美国	澳大利亚、加拿大、瑞士	临时安排
8	美国《1998年综合拨款法案》第211条争端案❶	DS176	欧盟	美国	加拿大、日本	悬而未决
9	中国影响知识产权保护及履行措施案	DS362	美国	中国	日本、墨西哥、欧盟、阿根廷地区、中国台湾地区	专家组裁决

资料来源：张平，刘朝.WTO/TRIPs协议知识产权争端成案及对策[M].北京：法律出版社，2016:78-82.

【案例4-7】《美国版权法》第110节第5条案（WT/DS160）——关于版权保护的商业例外❷

1998年10月美国国会通过的《音乐作品公平许可法》对《美国版权法》第110节（5）作了修改，修改后的条款对版权人的专有权作了限制，即在两种情况下播放音乐作品不构成侵权，播放者无须向权利人缴纳版权使用费：一种是"家庭型例外"（home style exemption），是指通过私人家庭

❶ 该案除版权外，还涉及专利、商标等知识产权。

❷ 张平，刘朝.WTO/TRIPs协议知识产权争端成案及对策[M].北京：法律出版社，2016:128-130；朱榄叶.WTO争端解决案例新编[M].北京：中国法制出版社，2013:308-309.

中通常使用的接收装置，接收并播放作品的情形；另一种是"商业例外"（business exemption），是指在符合一定条件的情况下，在公共场所（包括饮食场所和商品零售场所）播放非戏剧性音乐作品的情形。1999年1月26日，当时的欧共体❶及其成员国就《美国版权法》第110（5）条向美国提出磋商要求，双方磋商后未能达成协议。1999年4月15日，欧共体要求成立专家组。

在本案中，欧共体主张，《美国版权法》第110（5）条（A）、（B）两项所规定的例外在某些条件下，允许在公共场所播放音乐广播而不需支付版税，不符合美国根据TRIPs协议所应承担的义务，要求专家组认定美国违背TRIPs协议第9条第1款以及《伯尔尼公约》（1971）第11条之二第（1）（iii）款和第11条第（1）（ii）款的规定，建议美国修改国内立法。美国依据TRIPs协议第13条提出抗辩，对版权的限制应当满足三个条件：第一，仅限于某些特殊情况；第二，与作品的正常利用不相冲突；第三，不得不合理地侵害权利人的合法权利。

关于第一个条件，专家组认为，WTO成员的国内法对版权的限制和例外应当"清晰地界定"并在"狭窄的范围内"适用。根据双方提供的事实资料，专家组认定，对于"商业例外"，美国绝大多数的餐饮企业和近乎一半的零售企业都符合该项例外。一个法律将《伯尔尼公约》第11条之二（1）（iii）特别指明要包括的场所的大部分排除在外，不符合TRIPs协议第13条所说的"某些特殊情况"。而对于"家庭型例外"，仅有13%～18%的场所可适用该例外条款，因此，该例外的界定清晰，适用的范围有限，符合"某些特殊情况"的要求。

关于第二个条件，专家组认定，国内立法中对某项专有权规定的限制和例外，如果与权利人在正常情况下获得经济利益的利用方式产生"经济性竞争"，从而给权利人造成大量的或实际的商业损失，即构成"与作品

---

❶ 随着《里斯本条约》2009年12月1日生效，世界贸易组织正式开始使用"欧盟"这一名称，以取代之前的"欧洲共同体"（欧共体）。但在世界贸易组织的早期文件中，仍保留"欧共体"这一名称。

的正常利用相冲突"。对于"商业例外",尽管顾客不用支付听音乐的钱,但在餐饮业和零售业的营业场所播放音乐是出于商业目的。虽然从单个场所能够收取的使用费不多,但累计的金额并不少。权利人可以从餐饮业的一部分获得报酬而不能从另外一部分获得报酬,美国没有提供证据说明这种情况是正常的。因此,该例外与作品的正常利用相冲突。对于"家庭型例外",由于其适用范围狭窄,且权利人通常不会就该条款涉及的情形主张许可权,该条款不与作品的正常利用相冲突。

关于第三个条件,专家组认为,如果对专有权的限制和例外给权利人的收益造成不合理的损失,或者可能造成不合理的损失,就应认定这种损害达到"不合理"的水平。对于"商业例外",美国和欧共体各自提供了数据,说明音乐界受损失的程度,但双方使用的统计方法不同,数据存在差异,双方的数据都存在估计和假设的成分。美国作为援引第13条的一方负有举证责任,但美国没有能够证明该例外没有对版权人的合法权益造成不合理的损害。因此,该例外不符合第三个条件。对于"家庭型例外",该例外的受益人本来就不属于音乐作品许可市场范畴,再考虑到它们所占的比例,以及1998年修改时增加的限制(仅限于非戏剧性音乐作品),不会对权利人的合法利益造成不合理的损害。

基于以上分析,专家组最终裁定《美国版权法》第110(5)条(A)项"家庭型例外"满足TRIPs协议第13条的规定,且与《伯尔尼公约》(1971)第11条之二第(1)(iii)款和第11条(1)(ii)款的规定相符;但第110(5)条(B)项"商业例外"没有满足TRIPs协议和《伯尔尼公约》的相关规定,美国须修改其相关法律。

【思考】

(1)TRIPs协议为版权的例外和限制设定了哪些条件?

(2)《美国版权法》中的商业例外被认定不符合TRIPs协议相关规定的主要原因是什么?

(3)该案与通常的版权法律纠纷案件有何不同?

延伸阅读4-6

（1）阅读《WTO/TRIPs协议知识产权争端成案及对策》第52～60页以及《WTO争端解决案例新编》第318～320页的完整内容。

（2）查询阅读与本案相关的法律条款，包括：中国《著作权法》第4条、第10条、第46条、第47条，《伯尔尼公约》第1条～第21条及其附录，DSU第1条、第4条，TRIPs协议第9条、第41条、第61条、第64条。

（3）查询并阅读"表4-4"列出的所有版权争端成案，归纳总结其中所涉及的版权问题。

第四节 关于邻接权国际保护的专项公约

一、《保护表演者、录音制品制作者与广播组织国际公约》

邻接权保护在早期的版权公约中未得到充分体现，传媒业的快速发展为作品的传播提供了更广阔的空间，同时，录音机、广播、电视的发明和广泛使用使得表演活动可以低成本地记录在唱片、胶片等物质载体上，社会公众不必再去剧院就可以随时以低廉的价格欣赏表演，表演者的利益因此受到严重的损害。各国开始将对作品本身的版权保护扩大到对作品的表演者、录音制品制作者和广播组织的权利上。为协调各国保护邻接权的步调，1961年联合国劳工组织、教科文组织以及世界知识产权组织共同在罗马订立《保护表演者、录音制品制作者与广播组织国际公约》（*International Convention for the Protection of Performers, Producers of Phonograms and Broadcasting Organizations*，以下简称《罗马公约》）。《罗马公约》于1964年5月18日生效，共34条。第1～15条为实体性条款，第16～34条为行政性条款。《罗马公约》是邻接权国际保护领域的基础性多边公约，其中的许多内容已成为邻接权保护的基本标准。

（一）《罗马公约》的国民待遇原则

《罗马公约》的国民待遇与其他公约中国民待遇的含义大致相同，基本出发点是避免缔约方在本国国民与外国国民间实施歧视性的差别待遇。但由于邻接权涉及表演者、录音制品制作者和广播组织三种主体的权利，《罗马公约》首先明确缔约国"本国国民"的标准，然后设定其他缔约方国民可享受该"本国国民"的法律保护的条件。

1.《罗马公约》中的"本国国民"

根据公约，缔约方"本国国民"是指：其节目在该国境内表演、广播或首次录制的表演者；其录音制品在该国境内首次录制或首次发行的录音制品制作者；其广播节目从设在该国领土上的发射台发射，且其总部设在该国境内的广播组织。❶

2. 其他缔约方的表演者享受国民待遇的条件

根据公约，只要符合下列条件之一，各缔约方应当给予表演者以国民待遇：表演是在另一缔约方进行的； 表演已被录制在受本公约第5条保护的录音制品上； 表演未被录制成录音制品，但在受本公约第6条保护的广播节目中播放。❷

3. 其他缔约方的录音制品制作者享受国民待遇的条件

根据公约，只要符合下列条件之一，各缔约方应当给予录音制品制作者以国民待遇：录音制品制作者是另一个缔约方的国民（国民标准）；首次录音是在另一个缔约方制作的（录制标准）；录音制品是在另一个缔约方首次发行的（发行标准）。公约同时规定，如果录音制品是在某一非缔约方首次发行的，但在首次发行后30天内也在某一缔约方发行（同时发行），则该录音制品应当认为是在该缔约方首次发行。任何缔约方可以向联合国秘书长递交通知书，声明它不执行发行标准，或者不执行录制标准。❸

4. 其他缔约方的广播组织享受国民待遇的条件

根据公约，只要符合下列条件之一，缔约各方就应当给予广播组织以国民待遇： 该广播组织的总部设在另一缔约方；广播节目是由设在另一缔

---

❶　见《罗马公约》第2条。

❷　见《罗马公约》第4条。

❸　见《罗马公约》第5条。

约方的发射台播放的。公约同时规定，任何缔约方可以向联合国秘书长递交通知书，声明它只保护其总部设在另一个缔约方并从设在该同一缔约方的发射台播放的广播组织的广播节目。❶

5．对国民待遇的限制

《罗马公约》对国民待遇的限制实际上体现了版权国际保护的"最低标准保护原则"，其内容为：如果某缔约方根据本国法律对其本国国民的表演权、录音制品制作者权和广播组织权的保护低于公约的标准，则不得借口国民待遇给予其他缔约方国民低于公约特别规定的保护。这个规定使得邻接权保护水平较高的缔约方的国民进入保护水平较低的缔约方时，也能得到公约所规定的最低限度的法律保护。

知识链接4-15：《罗马公约》对基本术语的定义

同一法律术语在不同法域使用时，其内涵和外延可能出现差异。为明确公约本文的含义，《罗马公约》对一些基本术语作了集中定义。在《罗马公约》中，"表演者"（performers）是指演员、歌唱家、音乐家、舞蹈家和表演、歌唱、演说、朗诵、演奏或以其他方式表演文学或艺术作品的其他人员；"录音制品"（phonogram）是指任何对表演的声音和其他声音的专门录音；"录音制品制作者"（producer of phonograms）是指首次将表演的声音或其他声音录制下来的自然人或法人；"发行"（publication）是指向公众提供适当数量的某种唱片的复制品；"复制"（reproduction）是指制作一件或多件某种录音的复版；"广播"（broadcasting）是指供公众接收的声音或图像和声音的无线电传播；"转播"（rebroadcasting）是指一个广播组织的广播节目被另一个广播组织同时广播。

（二）《罗马公约》关于表演者的最低保护标准

1．关于表演者的"权利"

公约在设定表演者保护规则时，没有使用"权利"一词，代之以"防止可能发生的下列情况"（the possibility of preventing）。这意味着各缔

---

❶ 见《罗马公约》第6条。

约方不必以授予权利的方式保护表演者，只要采取某种方式制止公约所规定的行为即可。可见，相较于录音制品制作者和广播组织，该公约对表演者的保护水平是较低的。公约规定，表演者享有制止三种行为的可能性：**❶**

（1）未经其同意，将其表演进行广播和向公众传播，但该表演本身就是广播演出或出自录音、录像者例外；

（2）未经其同意，录制他们未曾录制过的表演；

（3）未经其同意，复制他们的表演的录音或录像。这种"可能发生的情况"需符合三个条件之一：录音、录像的原版未经他们同意录制；制作复制品的目的超出表演者同意的范围；录音、录像的原版是根据第15条的规定录制的，而制作复制品的目的与此条规定的目的不同。

同时，公约认为，在广播是经演员同意的情况下，可否制止他人转播、为广播目的进行录音或录像、为广播目的对该录音或录像进行复制，以及广播组织使用为广播目的而制作的录音录像的期限和条件，由缔约方国内法规定。但无论国内法如何规定，均不得使表演者丧失通过合同控制他们与广播组织之间的关系的能力。

2．关于"联合表演"（performers acting jointly）

联合表演是指数个表演者共同参与同一个表演（several of performers in participate in the same performance）。在这种此情况下，表演者们可能采取推举代表的方式行使他们作为表演者的权利。根据公约，表演者行使权利时确定代表的方式由国内法规定。**❷**

3．关于"非文学艺术作品的表演者"（artists who do not perform literary or artistic works）

公约第7条和第8条的规定针对的是文学或艺术作品的表演者，当表演

---

❶　同前文TRIPs协议的相关内容一样，《罗马公约》第7条在规定表演者的保护时没有使用"权利"一词，而是使用了"可能性"，这意味着各缔约方在保护表演者时不必授予其权利，可以通过其他方式，只要能够制止公约所规定的行为即可。相对于对录音制品制作者和广播组织的保护，该公约对表演者的保护水平是较低的。

❷　见《罗马公约》第8条。

的内容是杂耍、马戏这类"非文学艺术作品"时，第7条、第8条便不能适用。为此，公约第9条补充规定，任何缔约方可以通过其本国法，将该公约规定的相关保护延伸适用于"非文学艺术作品的表演者"。

（三）《罗马公约》关于录音制品制作者的最低保护标准

1. 录音制品制作者的权利

根据公约，录音制品制作者享有授权或禁止他人直接或间接复制其录音制品的权利。❶ 根据这一规定，除了公约和国内法规定的例外情况，不经过录音制品制作者的同意对其录音制品进行直接或间接复制的，均构成对录音制品制作者权利的侵犯，录音制品制作者有权制止。

2. 录音制品的保护条件

公约对录音制品的保护未采取《伯尔尼公约》那样的"自动保护"原则，而是与《世界版权公约》一样，允许缔约国根据自身需要，在国内法中对录音制品的保护条件作出规定。为避免缔约方对录音制品的保护提出过高要求，尤其是形式上的要求，公约对缔约方有可能提出的保护条件规定了统一标准。根据公约，如果缔约方在其国内法中规定，录音制品制作者，或与录音制品有关的表演者必须履行一定的手续才能得到法律的保护，那么，只要录音制品符合下列条件，就应视为它已完全履行了国内法要求的所有手续：❷

（1）在所有进入商业领域的已出版录音制品的复制品或其包装上含有规定的标记，该标记为圆圈内的"P"（ⓟ）及随其后的首次出版年份构成；

（2）该标记的放置，应使他人能够合理注意到权利要求；

（3）如果复制品或其包装上未带有制作者或其被许可人的名称、商标或其他适当指示，从而不能确认制作者或其被许可人的，则前述标记应含有制作者权所有人的姓名；如果复制品或其包装不能确认主要表演者，该标记还应当包含在制作这些录音的国家内拥有表演者权的人的姓名。

---

❶ 见《罗马公约》第10条。
❷ 见《罗马公约》第11条。

根据这个规定，只要具备上述条件，录音制品的制作者或相关的表演者即可要求缔约方对其进行保护，而无需再履行其国内法中关于形式条件的其他所有手续。

3.关于录音制品的二次利用

根据公约，如果将为商业目的而出版的录音制品或其他复制品直接用于广播或任何公共传播，使用者应当向表演者和/或录制制品的制作者支付公平的补偿金。补偿金的分配条件应由国内法规定，也可由当事人协议确定。❶

（四）《罗马公约》关于广播组织的最低保护标准

根据公约，广播组织应享有授权或禁止下列行为的权利：转播其广播；将其广播进行固定；复制未经其同意而固定的广播，以及如果该未经其同意的固定是根据第15条规定（关于邻接权的例外与限制）而制作，为了不同于该规定的目的而进行的复制；向公众传播其电视广播，如果传播发生在公众付入场费才能进入的地方。行使这项权利的条件由被请求保护的国家的国内法决定。❷

（五）《罗马公约》关于邻接权保护期限的最低标准

公约涉及的邻接权的保护期限至少为20年，分别按下列行为发生的年底起算（实际上是次年的1月1日到第20年的12月31日）：未经固定的表演按表演发生的时间起算；录音制品和录制于其中的表演按录音制品的制作时间起算；广播按播出的时间起算。❸

（六）《罗马公约》关于邻接权保护的例外规定

版权公约通常会对版权保护作出一些例外规定，《罗马公约》也是如此。根据公约，缔约方国内法可在私人使用、为报道当前发生的事件而少量使用、广播组织为了方便自己在广播中使用而短暂固定以及纯粹出于教

---

❶　见《罗马公约》第12条。
❷　见《罗马公约》第13条。
❸　见《罗马公约》第14条。

学或科学研究目的的使用等情况下，不提供邻接权的保护。此外，除了私人使用和强制许可的情况外，缔约方还可以将其国内法中对文学艺术作品保护的限制，延伸适用于邻接权的保护。❶

知识链接4-16：电影演员在其参演的电影作品中的"表演者权"

一部影视作品中，参与表演的演员可能多达数百人。如果赋予所有参演者"表演者权"，将意味着任何一个演员都可以利用表演者权阻止影视作品的公开传播，影视作品的发行将举步维艰。为此，《罗马公约》规定，如果表演者同意将其表演用于影像或视听作品中，公约第7条规定的表演者的权利就不再适用。❷ 这意味着，对于影像或视听作品中的表演，表演者不能主张表演者权。❸

二、《保护录音制品制作者防止未经许可复制其录音制品公约》

作为邻接权国际保护领域的基础性公约，《罗马公约》提供了表演者、录音制品制作者和广播组织的保护原则和标准。但是，相对于表演者和广播组织，《罗马公约》关于录音制品制作者的保护规则不够具体和详细。再加上只有《伯尔尼公约》或《世界版权公约》的缔约方才可以加入《罗马公约》，使得《罗马公约》对录音制品制作者权利国际保护的有效性受到制约。实践中，数字技术的成熟使得复制技术获得飞速发展，针对录音制品的非法复制行为泛滥，严重阻碍唱片业的正常发展。在此背景下，世界知识产权组织于1971年10月29日在日内瓦主持缔结了《保护录音制品制作者防止未经许可复制其录音制品公约》（*Convention for the Protection of Producers of Phonograms Against Unauthorized Duplication of Their Phonograms*，以下简称《唱片公约》）。《唱片公约》共13条，第1~7条为实体条款，第8~13条为行政条款。

---

❶ 见《罗马公约》第15条。
❷ 见《罗马公约》第19条。
❸ 另请参见《视听表演北京条约》的相关规定。

（一）《唱片公约》的实体规则

1. 《唱片公约》的保护对象

根据《唱片公约》第2条，公约保护的对象是作为"其他缔约方国民"（nationals of other Contracting States）的录音制品制作者。公约没有直接提供"缔约方国民"的判断标准，但根据其他条款的推断，公约主要以制作者的国籍来区分是否为"缔约方国民"。如果录音制品制作者具有某个缔约方的国籍，则该制作者在其他缔约方可享受法律保护。

根据公约第7条第4款，缔约方可以向世界知识产权组织声明，其继续采用"录音制品的首次固定地"标准，而不是录制者国籍标准来界定"缔约方国民"。前提是，该缔约方在《唱片公约》缔结前（1971年10月29日之前）以首次固定地作为保护录制者的依据。

知识链接4-17：《唱片公约》有没有"国民待遇原则"？

《唱片公约》规定缔约方应保护具有其他缔约方国民身份的录音制品的制作者，❶ 但该条并未规定该缔约方在提供保护时应给予外国国民与其本国国民相同的待遇。《唱片公约》没有像《罗马公约》以及其他版权公约那样规定国民待遇，归因于公约本身的特点。《罗马公约》确认了邻接权的具体权利内容，因此，只有规定国民待遇，才能保证任何缔约方的本国国民与外国国民得到公约所规定的同等保护。而《唱片公约》的重点在于"保护"，没有对其保护对象——录音制品制作者的具体权利作出任何规定。既然没有规定具体权利，不提国民待遇也就在情理之中。❷

2. 保护的内容和方式

出于保护录音制品制作者的目的，公约要求缔约方制止未经制作者同意而制作复制品、进口此种复制品的行为。同时规定，这些行为的目的是向公众发行时，才应加以制止。公约没有统一规定保护录音制品制作者的具体方式，实施公约所采用的方式由缔约方国内法自行确定，但公约要求这些方式应包含下列中的一种或几种：通过授予版权或其他专门权利的

---

❶　见《唱片公约》第2条。

❷　唐广良，董炳和.知识产权的国际保护（修订版）[M].北京：知识产权出版社，2007：153.

方式加以保护；或通过竞争法加以保护；或通过刑事制裁的方式加以保护。●因此，录音制品制作者的具体权利及其保护方式，可由缔约方在自己的版权法、竞争法或刑法中作出具体规定。

3. 取得保护的手续

在录音制品制作者取得保护是否须履行手续这个问题上，《唱片公约》与《罗马公约》一样，一方面，允许缔约方对录音制品制作者的保护提出形式条件，即缔约方可以在国内法中规定，录音制品的制作者须履行一定手续后方能享受法律保护；另一方面，将相关的手续统一简化为在录音制品的复制品或包装上加注适当标记。

4. 最低保护期限

根据公约，录音制品的保护期限由国内法确定，但该期限不得短于20年。保护期限从录音制品中包含的声音首次被固定之年或录音制品首次出版之年的年末起算。

知识链接4-18：《唱片公约》关于重要术语的定义

根据《唱片公约》，"录音制品"（phonogram）是指任何仅听觉可感知的、将表演声音或其他声音固定下来的制品。录音制品仅限于声音的原始固定物，但不限于声音载体的材质，不限于声音来源。"录音制品制作者"（producer of phonograms）是指首次将表演声音或其他声音固定（录制）下来的自然人或法人。"复制品"（duplicate）是指一制品中的音响直接或间接来自一录音制品，并含有该录音制品中已固定的声音之全部或实质性部分。"向公众发行"（distribution to the public）是指直接或间接向公众或公众中的一部分提供录音制品的复制品的任何活动。

（二）《唱片公约》关于录音制品保护的限制性规定

公约规定，如果缔约方通过有关版权或其他专门权利的法律，或者以刑事制裁的方式保护录音制品制作者，则该国可以将其国内法中针对文学艺术作品保护的限制性规定，同样适用于录音制品保护。这种限制包括

● 见《唱片公约》第3条。

强制许可和其他限制。但缔约方颁发强制许可证须满足下列条件：仅为教学或科学研究目的而进行复制；复制许可证仅在颁发许可证当局所在国地域内有效，复制品不得用于出口；缔约方当局对于依强制许可证进行的复制，应规定与复制的数量相对应的公平的付酬额。

（三）《唱片公约》的保留性规定

公约对四个方面的问题作了保留性规定：第一，不得以任何方式将本公约解释为限制或减损根据国内法或国际协定给予作者、表演者、录音作品制作者或广播组织的其他保护；第二，对于其表演被固定于录音制品中的表演者，其是否有权享受保护、享受保护的范围以及享受此种保护的条件，均应由缔约方国内法确定；第三，公约不具有追溯力，因此，在该公约对某一缔约方生效之前已经固定的录音制品，不得要求该缔约方适用该公约的规定；第四，缔约方可向世界知识产权组织声明，其将采用录音制品首次固定地标准，不采用录制者国籍标准。❶

三、《视听表演北京条约》

对于表演者的权利，1961年《保护表演者、录音制品制作者和广播组织罗马公约》、1994年《与贸易有关的知识产权协定》和1996年《世界知识产权组织表演和录音制品公约》都提供了法律保护，但这三大公约的保护是不全面的。这种不全面性主要表现在：这些公约区分了以音频方式和以视频方式录制的表演，对前者提供保护，对后者则不予保护。为进一步加强视听作品，尤其是视频作品中表演者权利的保护，2012年6月20日，世界知识产权组织在北京召开保护音像表演外交会议，并于6月26日签署《视听表演北京条约》（*Beijing Treaty on Audiovisual Performances*，以下简称《北京条约》）。该条约终止了近20年的视听表演者版权保护的艰难谈判，赋予电影等作品的表演者，依法享有许可或禁止他人使用其在表演作品时的形象、动作、声音等一系列表演活动的权利，使得这部分表演者

---

❶ 见《唱片公约》第7条第1~4款。

获得与词曲作者和歌手等声音表演者同等的版权保护。条约由序言和30条正文组成，规定了"定义""保护的受益人""国民待遇""精神权利""复制权""发行权""权利的转让"等问题。

知识链接4-19："表演者""视听录制品""广播"和"向公众传播表演"

在《北京条约》中，"表演者"（performers）是指演员、歌唱家、音乐家、舞蹈家以及对文学或艺术作品或民间文学艺术表达进行表演、歌唱、演说、朗诵、演奏、表现或以其他方式进行表演的其他人员；"视听录制品"（audiovisual fixation）是指活动图像的体现物，不论是否伴有声音或声音表现物，从中通过某种装置可感觉、复制或传播该活动图像；"广播"（broadcasting）是指以无线方式的传送，使公众能接收声音或图像，或图像和声音，或图像和声音的表现物；通过卫星进行的此种传送亦为"广播"；传送密码信号，只要广播组织或经其同意向公众提供了解码的手段，即为"广播"；"向公众传播"表演（"communication to the public" of a performance）是指通过除广播以外的任何媒体向公众传送未录制的表演或以视听录制品录制的表演。❶

（一）《北京条约》的"国民待遇"原则

按照《北京条约》，条约专门授予的专有权以及条约规定的获得合理报酬的权利方面，每一缔约方均应将其给予本国国民的待遇给予其他缔约方的国民。❷非缔约方国民但在一个缔约方境内有惯常居所的表演者，视同该缔约方国民。❸

关于表演者享有的广播和向公众传播其以视听录制品录制的表演以及获得合理报酬的权利，缔约方有权将其依据国民待遇原则给予另一缔约方国民的保护限制在其本国国民在该另一缔约方享有的那些权利的范围和期限之内。如果一缔约方对这些权利保护条款作出限制或保留，则其他缔约方无义务对该缔约方国民提供国民待遇。

---

❶ 见《北京条约》第2条。
❷ 见《北京条约》第4条。
❸ 见《北京条约》第3条第2款。

（二）表演者的精神权利

条约列专条授予表演者两个方面的精神权利（Moral Rights）：第一，要求承认其系表演的表演者的权利，即表演者的署名权。因使用表演的方式而决定可省略不提其系表演者的情况除外。第二，制止任何对其表演实施的将有损其声誉的歪曲、篡改或其他修改的权利，即表演者的保持作品完整权。条约要求表演者行使该权利时，应对视听录制品的特点予以适当考虑。❶

条约还重申了表演者精神权利的特征：不依赖于表演者的经济权利，不因经济权利的转让而丧失，也不因表演者的死亡而丧失。❷ 至于表演者死亡后，其精神权利保护期限，条约规定了最低标准，即"至少到其经济权利期满为止"。条约同时规定，表演者死亡后，其精神权利"可由被要求提供保护的缔约方立法所授权的个人或机构行使"。考虑到各缔约方立场差异较大，条约允许缔约方在国内法中规定表演者死亡后，其精神权利的全部或部分不再保留，条件是，该国批准或加入条约时其立法尚未规定在表演者死亡后保护其上述精神权利。

（三）表演者的经济权利

条约授予表演者的经济权利既呼应了TRIPs协议中关于版权的规定，又考虑了互联网时代表演者权利保护的特殊需要。这些经济权利包括以下方面。

（1）表演者对其尚未录制的表演的经济权利。根据条约，对于其尚未录制的表演，表演者有授权广播和向公众传播该表演的专有权，除非该表演本身就是广播表演，或者属于授权录制其尚未录制的表演。❸

（2）表演者的复制权。根据条约，表演者享有以任何方式或形式对其以视听录制品录制的表演直接或间接地进行复制的专有权。❹

---

❶ 见《北京条约》第5条。
❷ 见《北京条约》第5条第1款。
❸ 见《北京条约》第6条。
❹ 见《北京条约》第7条。

（3）表演者的发行权。根据条约，表演者享有通过销售或其他所有权转让形式向公众提供其以视听录制品录制的表演的原件或复制品的专有权。表演者的发行权适用"权利用尽原则"，权利用尽的具体条件由缔约方自行确定。❶

知识链接4-20：权利用尽

权利用尽是指对于已录制表演的原件或复制品经表演者授权被首次销售或其他所有权转让之后适用《北京条约》第8条第（1）款中权利的用尽所依据的条件（如有此种条件），根据《北京条约》，该条约的任何内容均不得影响缔约各方确定该条件的自由。

（4）表演者的出租权。表演者享有将其以视听录制品录制的表演的原件和复制品向公众进行商业性出租的专有权，即使该原件或复制品已由表演者发行或经表演者授权发行。如果商业性出租并未导致相关录制品的广泛复制，并且严重损害表演者的专有复制权，缔约方可将出租权排除在法律保护范围之外。❷

（5）表演者提供已录制表演的权利。根据条约，表演者享有专有权，通过有线或无线的方式向公众提供其以视听录制品录制的表演，使该表演可为公众中的成员在其个人选定的地点和时间获得。❸

（6）表演者授权广播和向公众传播的权利。根据条约，表演者享有授权广播和向公众传播其以视听录制品录制的表演的专有权。但是，缔约方可以向世界知识产权组织声明，用一项对于以视听录制品录制的表演直接或间接地用于广播或向公众传播获得合理报酬的权利，代替该项权利。❹

根据条约，缔约方给予表演者的保护期，应自表演录制之年年终算起，至少持续到50年期满为止。❺

---

❶ 见《北京条约》第8条。
❷ 见《北京条约》第9条。
❸ 见《北京条约》第10条。
❹ 见《北京条约》第11条。
❺ 见《北京条约》第15条。

知识链接4-21：《视听表演北京条约》给表演者权带来的改变

以京剧大师梅葆玖先生的表演为例，梅先生在舞台上表演的京剧既有声音唱腔，又有动作和形象，是典型的视听表演。《北京条约》生效前，如果梅先生许可他人将其演出京剧时的声音录成CD，而有人擅自翻录、销售该CD，或将CD上传到网上供他人下载，梅先生可以起诉此人侵犯其表演者权。但如果梅先生许可他人将其演出的京剧录成DVD，而他人擅自翻录、销售该DVD，或将DVD上传到网上供他人下载，之前的条约的缔约方就没有义务对梅先生提供保护。而《北京条约》生效后，梅先生以DVD等视听录制品形式记录的表演就会在缔约方受到保护，他人擅自翻录、销售该视听录制品，或将其上传到网上供他人下载，就构成侵权行为。❶

（四）表演者权利的转让

根据条约，缔约方可以在其国内法中规定，表演者一旦同意将其表演录制于视听录制品中，条约规定的表演者专有权应归该视听录制品的制作者所有，或应由其行使，或应向其转让，但表演者可以通过与视听录制品制作者订立合同的方式保留其在该视听录制品中的表演者权。❷该规定延续了《罗马条约》的做法，照顾到影视制作行业的运营模式和通行惯例。同时，根据条约，上述关于权利转让的规定，不应影响表演者因表演的任何使用而获得使用费或合理报酬的权利。

（五）表演者权利的限制与例外

根据条约，缔约各方可以在其国内立法中，对给予表演者的保护规定限制于例外。条约沿用了TRIPs协议的做法，要求这些限制或例外仅限于某些特殊情况，不与表演的正常利用相抵触，并且不会导致不合理地损害表演者的合法利益。限制与例外的种类可以与其给予文学和艺术作品的版权保护的限制或例外相同。❸

---

❶ http://www.gapp.gov.cn
❷ 见《北京条约》第12条。
❸ 见《北京条约》第13条。

（六）关于技术措施和权利管理信息的义务

根据条约，缔约方应制定法律，制止针对表演者使用的技术措施❶的规避行为，制止未经许可去除或改变任何权利管理的电子信息的行为，以及未经许可发行、为发行目的进口、广播、向公众传播或提供明知未经许可而被去除或改变权利管理电子信息的表演或以视听录制品录制的表演的复制品的行为。在制止这些行为时，应证明行为人"明知"，或"有合理根据知道其行为会诱使、促成、便利或包庇对条约规定的权利的侵犯，而故意实施"。

同时，根据条约"与第13条相关的关于第15条的议定声明"，对技术措施的保护规定，不得影响有权合法使用该表演的受益人能享受到国内法关于权利例外与限制的规定，即关于合理使用和法定许可的规定。

知识链接4-22：《北京条约》中的技术措施和权利管理信息

技术措施是指表演者为行使条约规定的权利而使用并限制对其表演实施未经该有关表演者许可的或法律不允许的行为的有效技术措施。如视听表演的防盗录措施。❷权利管理信息是指识别表演者、表演者的表演或对表演拥有任何权利的所有人的信息，或有关使用表演的条款和条件的信息，以及代表此种信息的任何数字或代码，各该项信息均附于以视听录制品录制的表演上。如表演者在其出版发行的视听录制品上加载的与版权有关的文字、图表、编码等。❸

---

❶ 根据《北京条约》议定声明之11，"表演者使用的技术措施"一语，与《世界知识产权组织表演和录音制品条约》的情况一样，应作广义的理解，亦指代表表演者实施行为的人，包括其代理人、被许可人或受让人，包括制作者、服务提供者和经适当许可使用表演进行传播或广播的人。

❷ 见《北京条约》第11条第1款。

❸ 见《北京条约》第11条第2款。

第五节　互联网时代的版权国际保护——
《世界知识产权组织版权条约》与
《世界知识产权组织表演和录音制品公约》

一、《世界知识产权组织版权条约》

数字技术和网络技术的普遍应用带来新的版权保护问题。世界知识产权组织在日内瓦主持召开由120多个国家和地区代表参加的外交会议，并于1996年12月20日通过《世界知识产权组织版权条约》(*World Intellectual Property Organization Copyright Treaty*，WCT)。该条约于2002年3月6日生效。中国于2007年3月6日正式加入该条约，2007年6月9日，该条约对我国生效。

WCT是为了在信息技术和通信技术领域，特别是互联网领域更充分地保护版权人的利益。该条约共25条，第1～14条为实体条款，第15～25条为行政管理条款。条约附有9条"议定声明"。

（一）版权保护的范围及对《伯尔尼公约》的适用

1. 版权保护的范围

对于版权保护的范围，条约采用通说，即版权保护及于表达而不及于思想、过程、操作方法或数学概念本身。❶ 公约只保护作品的外在表现，不保护表达形式所载的思想内容。

2. 条约对《伯尔尼公约》的适用

WCT是《伯尔尼公约》第20条❷ 意义下的专门协定，是伯尔尼框架的构成部分。根据条约，缔约各方应遵守《伯尔尼公约》的实体条款，同时

---

❶　见WCT第2条。

❷　《伯尔尼公约》第20条是关于成员方政府之间订立的"授予作者的权利比公约所授予的权利更为广泛，或其中包括并不违反本公约的其他条文"的特别规定。

条约不影响缔约方根据《伯尔尼公约》（1971年巴黎文本）承担义务。❶
这一规定既保护了《伯尔尼公约》，简化了条约内容，又利用《伯尔尼公
约》的影响，促进了条约的生效与实施。❷

条约规定，缔约方应比照适用《伯尔尼公约》第2～6条的规定对版
权进行保护。《伯尔尼公约》第2～6条的内容包括：受保护的作品（第2
条）、保护的条件（第3条、第4条）、国民待遇原则、自动保护原则和版权
独立原则（第5条）、对某些非缔约方国民的限制（第6条）。条约的追溯力
问题，也适用《伯尔尼公约》第18条的规定。❸

此外，该条约第2条"版权的保护范围"、第4条"计算机程序的保
护"、第5条"数据汇编（数据库）的保护"以及第10条"限制与例外"与
世界贸易组织TRIPs协议的规定基本一致，本节对这些内容不再赘述。

（二）关于发行权及其穷竭

《伯尔尼公约》只规定了电影作品的发行权，WCT将其扩大适用于
所有的"文学艺术作品"。根据条约第6条第1款，"发行"是指通过销售
或其他所有权转让形式向公众提供作品的原件或复制件，使其可为公众利
用。发行包括销售及与销售类似的转让所有权的行为，不包括出租、出
借、展览等不转移所有权的行为。

根据多数国家的版权法，作品的复制件经合法发行进入流通领域后，
版权人就无权制止该复制件的持有者将该复制件转售、出租或出借，即
"权利穷竭"。条约规定了国际范围内的发行权穷竭，并允许缔约方为发
行权穷竭设定条件。❹ 关于发行权穷竭，应当注意两点：第一，发行权穷
竭只适用于经作者授权而首次出售或以其他方式转让的作品原件或特定复
制件，未经授权而发行的，不适用权利穷竭。第二，发行权穷竭只意味着
作者无权控制经其授权而首次出售的作品原件或复制件的后续处分，作者

---

❶ 见WCT第1条。
❷ 唐广良，董炳和.知识产权的国际保护（修订版）[M].北京：知识产权出版社，2007:163.
❸ 见WCT第13条。
❹ 见WCT第6条第2款。

针对作品本身的行为，如复制、修改等，则不受权利穷竭的限制。

（三）关于出租权

《伯尔尼公约》未规定作者的出租权，WCT受TRIPs协议影响，对出租权作了规定。根据条约，计算机程序、电影作品和以录音制品体现的作品的作者，应享有授权将其作品的原件或复制件向公众进行商业性出租的专有权。但在两种情况下该权利不适用：一是程序本身并非出租的主要标的；二是电影作品的商业性出租并未导致对该电影作品的广泛复制并进而严重损害作者的复制专有权。❶

（四）关于"向公众传播权"

向公众传播权是条约针对新型传播媒介而设定的作者权。不同于《伯尔尼公约》中的传播权，向公众传播权是一项独立权利，该权利与复制权、发行权、表演权、改编权等权利并列。根据条约，文学和艺术作品的作者享有授权将其作品以有线或无线方式向公众传播的专有权，包括将其作品向公众提供，使公众中的成员在个人选定的地点和时间可获得这些作品。❷与《伯尔尼公约》的传播权仅限于特定类型作品不同，条约的向公众传播权适用于所有类型的作品，且适用于任何传播手段和传播方式。

延伸阅读4-7

陈绍玲：《论著作权法中的公开传播权》（载《华东政法大学学报》2015年第1期）。

（五）关于摄影作品的保护期限

《伯尔尼公约》允许成员方国内法规定摄影作品的保护期限，但这一期限不应少于自作品完成时算起25年。❸根据WCT，缔约各方不得适用《伯尔尼公约》该条款的规定，❹因此，该条约项下摄影作品的保护期限

---

❶　见WCT第7条。

❷　见WCT第8条。

❸　见《伯尔尼公约》第7条第4款。

❹　见WCT第9条。

与一般作品的保护期限相同。

（六）关于技术措施和权利管理信息的义务

1. 有关技术措施的义务

WCT要求缔约方在国内法中制定适当的法律保护措施和有效的法律救济方法，制止针对权利人的技术措施的规避行为，❶ 如制造、销售、进口反保护装置的行为。条约关于技术措施的规定使得版权保护由原来的只针对侵权行为扩大到为侵权行为提供装置或服务的行为，有利于从根本上制止版权侵权。❷

2. 有关权利管理信息的义务

权利管理信息既有利于权利人行使和保护版权，又便于作品的使用者识别作品的版权状况，避免在不了解版权状况的情况下不合法地使用作品。根据条约，权利管理信息须附着于作品的每一件复制品上或能够在作品向公众传播时显现出来。根据条约，对于明知或者应当知道其下列行为有可能导致、促使、方便或者隐匿对版权的侵犯行为时，缔约国应立法禁止：未经许可去除或改变任何权利管理的电子信息；未经许可发行、为发行目的进口、广播或向公众传播明知已被未经许可去除或改变权利管理电子信息的作品或作品的复制品。❸

知识链接4-23：WCT的"技术措施"和"权利管理信息"

所谓技术措施是指权利人为保护自己的版权而采取的技术措施，在于防止他人对其作品实施的未经其许可或未由法律准许的行为。❹ 如计算机软件的设计者在其软件中设置加密程序，防止他人擅自复制、使用，等等。所谓"权利管理信息"是指用于识别作品、作品的作者、对作品拥有任何权利的所有人的信息，或者有关作品使用的条款和条件的信息，包括代表

---

❶ 见WCT第18条。

❷ 唐广良，董炳和.知识产权的国际保护（修订版）[M].北京：知识产权出版社，2007：181.

❸ 见WCT第12条。

❹ 见WCT第12条第1款。

此种信息的数字或代码。❶ 如图书出版者在出版发行的图书上加载的与版权有关的文字、图表、编码等。

（七）关于权利实施

为确保条约的有效实施，条约要求缔约方根据其法律制度采取必要措施，以确保条约的适用。❷ 这些措施既包括能够有效制止侵犯版权行为的司法程序，也应包括防止侵权的措施及防止进一步侵权的措施。关于权利实施的规定是条约的一项重要内容，这项规定受TRIPs协议的影响，提供了比《伯尔尼公约》更具体和完善的版权保护。

二、《世界知识产权组织表演和录音制品条约》

（一）条约概况

为强化数字技术和网络技术环境下表演者和录音制品制作者的保护，世界知识产权组织于1996年12月20日在日内瓦制定了《世界知识产权组织表演和录音制品条约》（*WIPO Performances and Phonograms Treaty*，WPPT）。该条约与WCT合称"互联网知识产权条约"。该条约共33条，分为五章："总则""表演者权利""录音制品制作者权利""一般性规定"和"行政及最后条款"。

与其他邻接权公约一样，WPPT对《罗马公约》这一邻接权基础性公约进行了保护。根据该条，任何人不得以该条约为依据减损缔约方相互之间依照《罗马公约》已承担的各项义务。❸ 同时，WPPT明确了表演者及录制制品制作者的权利保护与原作品版权的关系。条约在第1条第2款中规定，依该条约授予的保护不得触动或以任何方式影响对文学艺术作品版权的保护。关于条约第1条第2款的议定声明指出，"不言而喻，第1条第2款澄清本条约规定的对录音制品的权利与以录音制品体现的作品的版权之间

---

❶　见WCT第12条第2款。
❷　见WCT第13条。
❸　见WPPT第1条。

的关系。在需要以录音制品体现的作品的作者与对录音制品持有权利的表演者或制作者许可的情况下，获得作者许可的并非因同时还需获得表演者或制作者的许可而不复存在，反之亦然"。

此外，条约明确规定，该条约与任何其他条约无任何关联，也不得依据该条约损害依其他条约产生的权利和义务。❶ 这表明，WPPT既不是《罗马公约》框架内的国际公约，也不是《伯尔尼公约》框架内的国际公约。

（二）WPPT的保护对象及国民待遇

根据WPPT，缔约各方应将依该条约规定的保护给予其他缔约方国民的表演者和录音制品制作者。❷ 该条约所称的"其他缔约方国民"应被理解为"符合《罗马公约》规定的标准、有资格受到保护的表演者或录音制品制作者，如同本条约的全体缔约方均假设为该公约缔约国的情形"。❸ 该条约规定，在本条约所专门授予的专有权以及本条约第15条所规定的获得合理报酬的权利方面，每个缔约方均应将其给予本国国民的待遇给予其他缔约方的国民。❹ 即条约在缔约方之间实行国民待遇。

知识链接4-24：WPPT中的"表演者"和"录音制品制作者"

根据WPPT，"表演者"（performers）是指演员、歌唱家、音乐家、舞蹈家以及表演、歌唱、演说、朗诵、演奏、表现，或以其他方式表演文学艺术或艺术作品或民间文学艺术作品的其他人员。❺ "录音制品制作者"（producer of a phonogram）是指对首次将表演的声音、或其他声音、或声音表现物录制下来提出动议并负有责任的自然人或法人。❻

---

❶ 见WPPT第1条第3款。
❷ 见WPPT第3条第1款。
❸ 见WPPT第2条。
❹ 见WPPT第4条第1款。
❺ 见WPPT第2条（a）。
❻ 见WPPT第2条（d）。

（三）表演者的权利

1. 表演者的精神权利

WPPT授予表演者的精神权利包括：表演者有权要求承认其是现场有声表演或以录音制品录制的表演的表演者；表演者有权反对任何对其表演进行有损其名声的歪曲、篡改或其他修改。❶

根据WPPT，表演者的精神权利不依赖于表演者的经济权利，具有独立性。表演者的经济权利转让后，表演者仍可主张精神权利。表演者的精神权利在表演者死亡之后继续保留，至少到其经济权利期满为止。该权利可交由缔约国国内法授权的个人或机构行使。如果缔约方在批准或加入条约时其国内立法尚未规定在表演者死亡后继续保护其精神权利的，可立法规定表演者死亡之后不再保护其部分权利。

2. 表演者对其尚未录制的表演的经济权利

对于尚未录制的表演，表演者享有的专有权包括授权广播和向公众传播其尚未录制的表演，除非该表演本身是广播表演；授权录制其尚未录制的表演。❷

知识链接4-25：WPPT中的"录制""广播""向公众传播表演或录音制品"

根据WPPT，"录制"（fixation）是指对声音或声音表现物的体现，从中通过某种装置可感觉、复制或传播该声音。❸ "广播"（broadcasting）是指以无线方式的播送，使公众能接收声音、或图像和声音、或图像的表现物；❹ 通过卫星进行的此种播送亦为"广播"；在播送密码信号的情况下，如果广播组织或经其同意向公众提供解码的手段，则是"广播"。"向公众传播表演或录音制品"（communication to the public of a performance or a phonogram）是指通过除广播以外的任何媒体向公众播送表演的声音或以录

---

❶　见WPPT第5条。
❷　见WPPT第6条。
❸　见WPPT第2条（c）。
❹　见WPPT第2条（f）。

音制品录制的声音或声音的表现物。❶

3. 表演者的复制权

表演者享有专有权,以授权对其以录音制品录制的表演进行复制,包括直接复制和间接复制。根据WPPT,"复制"不仅指利用与原有录音制品相同的介质再现表演,在电子媒体中以数字形式存储受保护的表演或录音制品,同样构成这些条款意义上的复制。❷

4. 表演者的发行权

表演者享有专有权,以通过销售或其他所有权转让形式向公众提供其以录音制品录制的表演的原件或复制品。❸ 条约允许缔约方规定发行权的穷竭及其条件。❹

5. 表演者的出租权

这里的出租指商业性出租。根据条约,将其以录音制品录制的表演的原件和复制品向公众进行商业性出租的权利属表演者专有。❺ 这项专有权在原件或复制品已由表演者发行或根据表演者的授权发行之后仍然存在。出租权的具体内容由缔约方国内法规定。条约还规定,如果1994年4月15日前缔约方存在表演者通过出租其以录音制品录制的表演的复制品而获得公平报酬的制度并且仍继续实行,那么,只要录音制品的商业性出租不至引起对表演者复制专有权的严重损害,缔约方可保留这一制度。

6. 表演者向公众提供已录制表演的权利

表演者应享有专有权,以授权通过有线或无线的方式向公众提供其以录音制品录制的表演,使该表演可为公众中的成员在其个人选定的地点和时间获得。❻

---

❶ 见WPPT第2条(g)。
❷ 见WPPT"关于第7条、第11条和第16条的议定声明"。
❸ 这里的"复制品"指可作为有形物品投放流通的固定的复制品,而不是使表演固定的录音制品本身。
❹ 见WPPT第7条第2款。
❺ 见WPPT第9条。
❻ 见WPPT第14条。

（四）录音制品制作者的权利

1. 复制权

根据该条约，录音制品制作者应享有授权以任何方式或形式对其录音制品直接或间接地进行复制的专有权。[1]

2. 发行权

该条约规定，录音制品制作者应享有授权通过销售或其他所有权转让形式向公众提供其录音制品的原件或复制品的专有权。[2] 与表演者的发行权同样，公约允许缔约方在国内法中规定发行权的穷竭及其适用条件。

3. 出租权

根据该条约，录音制品制作者应享有授权对其录音制品的原件和复制品向公众进行商业性出租的专有权，即使该原件或复制品已由录音制品制作者发行或根据录音制品制作者的授权发行。[3] 与表演者的出租权同样，条约规定1994年4月15日已存在相关制度，允许录音制品制作者出租其录音制品的复制品获得公平报酬的国家，可以保留这类制度，只要录音制品的商业性出租没有引起对录音制品制作者复制专有权的严重损害。

4. 向公众提供录音制品的权利

该条约规定，录音制品制作者应享有专有权，以授权通过有线或无线的方式向公众提供其录音制品，使该录音制品可为公众中的成员在其个人选定的地点和时间获得。[4]

（五）因广播和向公众传播获得报酬的权利

根据该公约，如果为商业目的发行的录音制品被直接或间接地用于广播，或用于向公众传播，表演者和录音制品制作者均享有获得一次性合理报酬的权利。[5] 根据条约，只要以有线或无线的方式向公众提供，可为公

---

[1] 见WPPT第11条。

[2] 见WPPT第12条。

[3] 见WPPT第13条。

[4] 见WPPT第14条。

[5] 见WPPT第15条。

众中的成员在其个人选定的地点和时间获得的录音制品，即可认定其为商业目的而发行。至于表演者和录音制品制作者应向谁主张这项权利，缔约方可在其国内立法中明确，该一次性合理报酬应由表演者和录音制品制作者其中之一，或者由二者共同向使用者索取。这个问题也可由表演者和录音制品制作者通过协议的方式解决。缔约方可在国内立法中规定二者未达成协议时，该一次性合理报酬的分配方式及适用条件。

根据该条约，缔约方可以向世界知识产权组织总干事交存通知书，声明对该条款作出保留，不适用该条的规定。由于条约签订过程中该条引发的争议较大，故议定声明中作出两点说明：第一，第15条并不能代表一种表演者和录音制品制作者在数字时代应享有的广播和向公众传输的权利水平完全解决方案。关于此项专有权的具体适用条件以及是否允许对此进行保留等问题，各代表团未能协商一致，这些议题留待以后解决。第二，第15条所授予的权利可同样提供给民间文学艺术作品的表演者和录制民间文学艺术作品录音制品的制作者，只要这些录音制品未曾以商业目的发行。❶

（六）保护的条件和期限

依据该条约，享有和行使相关权利无须履行任何手续。

表演者的保护期限，应自表演以录音制品录制之年的年终算起，至少持续到第50年期满为止。❷ 录音制品制作者的保护期限，应自该录音制品发行之年的年终算起，至少持续到第50年期满为止。如果录音制品自录制完成之日起50年内未被发行，保护期限应自录制完成之年的年终起至少持续50年。❸

（七）限制与例外

---

❶ 见WPPT关于第15条的议定声明。
❷ 见WPPT第17条第1款。
❸ 见WPPT第17条第2款。

　　该条约允许缔约方通过国内立法，在对表演者和录音制品制作者的保护方面，规定与文学艺术作品的保护相同种类的限制条件和例外情况。同其他公约一样，WPPT要求缔约方在对相关权利进行限制或规定例外时，不得与录音制品的正常利用相抵触，不得无理地损害表演者或录音制品制作者的合法利益。❶

　　考虑到电子技术、计算机技术及互联网技术的普及，议定声明作了两项说明：第一，第7条和第11条所规定的复制权及相关例外，完全适用于数字环境，尤其是以数字形式使用表演和录音制品的情况。第二，第16条关于限制与例外的规定，可比照《世界知识产权组织版权条约》第10条的议定声明执行。

　　（八）其他规定

　　1. 关于技术措施的义务

　　同《世界知识产权组织版权条约》一样，WPPT对规避版权人技术措施的行为也作出规定。根据条约，缔约方应规定适当的法律保护措施和有效的法律补救办法，制止规避权利人技术措施的行为。❷

　　2. 关于权利管理信息的义务

　　条约规定，缔约方应规定适当和有效的法律补救办法，制止任何人在明知或应当知道的情况下，未经许可去除或改变任何权利管理的电子信息；未经许可发行、为发行目的进口、广播、向公众传播或提供明知已被未经许可去除或改变权利管理电子信息的表演、录制的表演或录音制品的复制品。❸ 因为这些行为有可能引发、促成、便利或隐匿对权利人的侵犯。WPPT的这项规定与WCT完全相同。

　　3. 关于条约的追溯力

　　该条约比照适用《伯尔尼公约》第18条的规定，同时规定，缔约方可只对条约对该缔约方生效后进行的表演适用条约的第5条（表演者的精神

---

❶　见WPPT第16条。

❷　见WPPT第18条。

❸　见WPPT第19条。

权利）。

4. 关于权利行使的保障

条约要求缔约方作出承诺，将根据其国内法律制度采取必要的措施，以确保该条约的有效实施。❶ 这些措施主要指提供有效的司法程序，制止任何侵犯条约授予的权利的行为，包括预防侵权的措施和制止进一步侵权的补救措施。

【思考与练习】

一、名词解释

1.邻接权

2.最低保护标准

3.国民待遇

4.最惠国待遇

5.自动保护原则

6.独立保护原则

7.演绎作品

8.数据汇编

9.技术措施

10.权利管理信息

二、简答

1.简述版权国际化的原因。

2.简述《伯尔尼公约》的"起源国"标准。

3.简述《伯尔尼公约》中文学艺术作品的范围。

4.简述《伯尔尼公约》中作者的经济权利的内容。

5.简述TRIPs协议与《伯尔尼公约》的关系。

6.简述《世界版权公约》关于发展中国家的特别优惠规定。

---

❶ 见WPPT第23条。

7.简述《WIPO版权条约》对《伯尔尼公约》的适用。

8.简述《WIPO版权条约》关于发行权穷竭的规定。

9.比较《WIPO版权条约》的"向公众传播权"与《伯尔尼公约》的"传播权"的区别。

10.简述《罗马公约》中"国民"的含义。

11.简述《罗马公约》中表演者的权利内容。

12.简述《唱片公约》的保护范围。

13.简述WPPT中录音制品制作者的权利内容。

14.简述《视听表演北京条约》对于表演者权法律保护的重要作用。

【资料链接】

1.翟一我，陈昭宽. 版权讲座——国际版权纵横谈[M]. 北京：东方出版社，1991.

2.彭辉.版权保护制度理论与实证研究[M]. 上海：上海社会科学院出版社，2012.

3.国家版权局网站

4.世界知识产权组织官网

5.世界贸易组织官网

6.知识产权研究网

第五章 中国涉外知识产权保护

【导读】

　　涉外知识产权保护主要是在WTO的TRIPs协议和世界知识产权组织（WIPO）条约等国际法的框架下，通过国内立法实施保护。"二战"后，GATT多边贸易体制建立（1995年被WTO体制取代），该体制是一套以市场经济为基础和导向的国际贸易法律制度，通过GATT的争端解决机制促成各成员遵守条约标准。TRIPs协议标志着知识产权保护进入全球化时代，它规定了一致的知识产权保护范围、内容和期限，并首次设立执行机制。"全球化时代的标志就是各国决定其国内知识产权保护水平的自主范围大幅缩减"。[1] 随着智力成果的商品化、产业化、国际化和国际交往手段的革命性变化，知识产权在世界贸易中的地位愈来愈重要，以致知识产权保护成为世界贸易组织的三大支柱之一，构成多边贸易体系的一个主要部分。[2] 截至2015年11月30日，世界贸易组织的成员已经达到162个，[3] 由此可见该组织范围之广、覆盖之宽。知识产权国际条约的覆盖面如此之大，使缔约方的知识产权实体法在一定方面得到了一定程度的统一，从而在一定范围内避免了一些法律冲突。

　　国际条约只是承诺对成员国国民的知识产权予以保护，但保护的具体根据不是国际条约，而主要是本国法，只有在本国法的保护水平低于国际

---

　❶　[美]苏姗·K.塞尔.私法、公法——知识产权的全球化[M].董刚，译.北京：中国人民大学出版社，2008：12.

　❷　汤宗舜.知识产权的国际保护[M].北京：人民法院出版社，1999：24.

　❸　世界贸易组织网站[EB/OL].[2016-10-13].http://wto,org/engush/thewto_e/whatis_e/tif_e/org6_e.htm.

条约的要求时，才依据国际条约。司法实践中，对于国际条约的适用，一般情况下很少直接适用国际条约来处理具体的纠纷，多数国家是把对其有约束力的国际条约转化成国内法。我国对外国人知识产权的保护主要是基于我国签订或者参加的国际条约所赋予的义务。因此，确认外国人与相关国际条约成员国的关系，是审理涉外知识产权民事案件的前提。

对涉外民事法律关系的法律调整，通常有直接调整和间接调整两种。直接调整是指国际条约被直接并入国内法并且成为当事人向国内司法机构主张权利的直接依据。衡量国际条约是否得到直接调整，需要考察国际条约是否已被纳入国内法以及国际条约是否具有可援引性两方面的问题。而间接调整即以冲突规范指引出应适用的实体法来确定权利义务关系。人民法院在审理涉外民事案件时，通常会涉及实体法和冲突法的适用问题，知识产权本身虽为民事权利，但知识产权有不同于其他民事权利的特点，同时，有关知识产权的国际条约大量存在，这对知识产权法律关系的调整具有非常大的影响，从而使得涉外知识产权民事案件的法律适用有其特殊性。

本章教学重点是我国涉外知识产权的司法保护中的民事法律关系的调整与法律适用，以及涉外知识产权保护的现状、实际案例、存在问题和应对策略。

第一节　中国涉外知识产权立法概况

对于知识产权的国际保护，国际社会采用了统一实体法调整与法律适用法调整的"二元"结构。随着国际经济贸易往来日益频繁和现代科学技术的飞速发展及跨国技术合作与转让发达，国际社会面临知识产权国际保护的新形势、新情况、新问题不断出现，为协调各国知识产权保护的立法和保护水平的差异，直接调整的方法被认为是最行之有效的方法，即各国通过达成统一实体法规范来解决国际知识产权领域的法律冲突，将知识产权的国际性建立在对其一国传统地域性的尊重之上，同时在尊重各缔约方国内有关知识产权法律规定的基础上，相互承认和保护外国自然人和法人的知识产权，并给予国民待遇，各缔约方有义务给予其他缔约方国民的知识产权申请以承认和保护，实现平等保护，以此构建并提供知识产权国际保护制度的基本法律框架，为每个缔约方国民的智力成果和标识性权利在其他缔约方取得知识产权提供便利通道。

在当代，绝大多数国家的知识产权法既是国内法又是涉外法。其能够让本国国民的知识产权在国外受到某种保护，也为外国国民相应的知识产权提供保护。不过，就知识产权法的三个主要分支——专利法、商标法、版权法来说，其对内与对外两种作用的侧重点是不一样的。在订立涉外法（以及订立后使之不断完善）的过程中，我们一般都要在保持我国特色及社会主义市场经济性质的前提下，参考有关国际条约和惯例，以便减少在对外交往中可能产生的障碍。研究各种知识产权法的侧重点，有助于我们更好地选择参考和吸收国际知识产权保护制度中对我国有益的内容。对内对外所起作用的不同侧重点，是指有的知识产权法主要作用在于调节国内民事关系，为发展本国经济服务；有的知识产权法主要作用则在于调节涉外民事关系，以促进国际交往（当然其最终作用仍然是为发展本国经济服务，但不像前者那么直接）。❶

改革开放以来，我国经济开始与国际接轨，逐步进入由美国主导的全球资本主义经济和全球自由贸易体系，成为全球化的一部分。中国从1978～2008年连续30年平均GDP增长将近10个百分点，2010年成为世界最大出口国，2013年成为世界最大贸易国。在这期间，通过加入一系列知识产权的国际条约，我国成为知识产权国际保护体系中的重要成员之一。以我国加入世界贸易组织（WTO）为标志，我国经济逐渐融入世界经济大潮，经过30多年突飞猛进的快速发展，现在我国已经成为世界第二大经济体，涉外知识产权民事案件的数量也随着对外交往和技术合作及贸易流通的密切联系不断增长。在我国人民法院审理的知识产权民事案件中，涉外

---

❶ 郑成思.知识产权法——新世纪初的若干研究重点[M].北京：法律出版社，2004：15.

知识产权民事案件一直占有一定比例。

知识链接5-1：我国已加入的知识产权国际公约

我国于1980年加入《成立世界知识产权组织公约》；1985年加入《保护工业产权巴黎公约》，1989年加入《商标国际注册马德里协定》《保护集成电路知识产权华盛顿公约》，1992年加入《保护文学艺术作品伯尔尼公约》《世界版权公约》，1993年加入《保护录音制品作者防止未经许可复制其录音制品公约》，1994年加入《专利合作条约》《商标注册用商品和服务国际分类尼斯协定》，1996年加入《建立工业品外观设计国际分类洛迦诺协定》1997年加入《国际专利分类斯特拉斯堡协定》，1999 年加入《国际保护植物新品种公约》，2001年加入《与贸易有关的知识产权协定》，2006年加入《世界知识产权组织版权条约》。

随着改革开放的需要和进程，我国相继加入有关的知识产权国际条约，正是缔约国之间相互承认对方国家知识产权法律的域外效力，使知识产权也成为冲突法调整的对象。自此，国际上对知识产权法律冲突解决走上了通过统一实体法调整与国际私法调整并行的"二元"结构。有关国际条约也成为人民法院审理知识产权案件的重要依据，世界贸易组织的有关规则亦对人民法院的审判产生约束力，并对我国的知识产权审判工作提出更高的要求。世界贸易组织具有庞大的成员体系，以一个平台、多边对话的方式解决知识产权的国际保护问题。TRIPs 协议的最大贡献是确立执法机制。如何达到TRIPs 协议有关知识产权保护的要求，一直是我国立法机关和人民法院涉外知识产权审判工作面临的重大挑战，人民法院在审理涉外知识产权民事案件时如何适用法律同样成为法院审判工作的一个重要课题。

知识链接5-2：冲突规范如何产生?

冲突规范之所以产生，其根本原因是法律冲突的存在。所谓法律冲突，指调整同一社会关系或者解决同一问题的不同法律由于各自内容的差异和位阶的高低而导致在效力上的抵触。一般来说，法律冲突是在几种不同的法律与某一法律关系相联系时决定应适用何种法律。法律冲突发生后，就需要有一些法律规定来指出在什么场合下应该适用本国法，在什么情况下应该适用有关的外国法，所有这些法律规定就是国际私法的冲突规范。

一般认为，涉外民事法律冲突的产生是由以下因素作用的结果：其一，各国民事法律制度不同。由于各国民事法律规定不同，对同一法律关系往往因适用不同国家的法律而必然产生不同的结果，因此产生应适用哪国法律来确定当事人的权利义务的问题。其二，各国国民之间存在民事交往，并形成涉外民事法律关系，这必然会提出依哪国法律形成涉外民事法律关系的问题，提出在涉外民事交往中发生争议时应适用哪国的法律加以解决的问题。其三，各国在一定条件下承认外国民事法律在内国的域外效力。由于各国在一定条件下承认外国民事法律在内国的域外效力，因此在案情涉及外国法律的适用问题，内国法院有可能承认有关外国法的效力。正是由于各国相互承认对方的某些法律同时具有域内效力和域外效力，所以才会产生法律冲突，从而产生内外国法律适用的选择。

当各缔约国对知识产权保护出台不同保护标准时，缔约国之间的冲突就不可避免。我国现行经多次修订的《专利法》《商标法》及《著作权法》，基本上已与国际接轨，实现了国内法对国际法的转化，所以人民法院一般可以直接适用我国的相关法律。根据《中华人民共和国民法通则》第142条第2款规定："中华人民共和国缔结或者参加的国际条约同中华人民共和国的民事法律有不同规定的，适用国际条约的规定，但中华人民共和国声明保留的除外。"这是一种不需要将条约内容转换为国内法而原则上可以直接适用的方式。即在我国相关的法律与该国际条约相冲突时，应优先适用该国际条约的规定，但我国声明保留的条款除外。如工业产权领域中的企业名称的保护问题，我国法律规定，企业名称只有在我国登记后方受保护，这与《保护工业产权巴黎公约》的规定不同，我国在加入条约时并未对该项规定提出保留意见，故在我国应受到保护。在此情况下，人民法院可直接引用上述国际条约来审理案件。总之，在适用国际条约处理涉外知识产权时，既要履行国际义务，又要维护国家司法主权。针对涉外知识产权的独立性、地域性、国际性、复杂性和政策性等特点以及我国统一实体法之不足，利用冲突规范援引准据法来解决涉外知识产权纠纷，是保护各国权利人知识产权权利的重要手段，需要立法予以解决。

一、涉外民事关系法律适用法与冲突规范适用

如何公平有效地解决涉外民事纠纷，推进涉外法治的和谐发展，为进一步对外开放营造公平、有序的法制环境成为我国涉外立法面临的新挑战。我国涉外民事关系法律适用立法散见于各民商事法律之中，缺少系统性、全面性、严密性、科学性。审判实务中选择准据法所依据的冲突规范捉襟见肘，社会各界对制定一部完整的涉外民事关系法律适用法的呼声十分强烈。早在2002年12月，九届全国人大常委会第三十一次会议就曾经对涉外民事关系法律适用法草案进行过"初审"，只不过当时它仅仅是作为民法草案的一编提起的审议。如何制定和修改这个草案，法制工作委员会当时提出了"全""新""简"的指导思想。"全"指的是完整性，所有民事关系的法律适用都要有依据，不能遗漏；"新"指的是先进性，既要总结我国民法通则等法律实施经验，又要体现国际上这方面的优秀成果和发展趋势；"简"既有精简的含义，也有简明、简洁的意思。除此之外，还有方便当事人从事民事活动，促进国际民商事的交流和合作。❶ 后来，由于民法草案篇幅较大，涉及条款众多，全国人大常委会决定采取分编审议、分别通过的方式。随着改革开放的深入，我国的综合实力与日俱增，国际社会对中国成为负责大国的殷切期待，以及中国自身更加注重国际形象建设等内外因素，都要求中国更加公平地对待中国法律和外国法律，正确处理涉外民事关系和纠纷，就此问题单独立法条件已经具备，制定一部开放、包容、公平合理的涉外民事关系的法律时机已经成熟。

---

❶ 王胜明. 涉外民事关系法律适用法的指导思想 [J]. 政法论坛，2012（1）：3.

　　《中华人民共和国涉外民事关系法律适用法》❶（以下简称《涉外民事关系法律适用法》）经第十一届全国人民代表大会常务委员会第十七次会议讨论于2010年10月28日通过，自2011年4月1日起施行。《涉外民事关系法律适用法》是我国民法的重要组成部分，该法的出台对我国涉外民事审判工作产生重大而深远的影响。该部法律对调整我国涉外民事关系具有十分重要的作用，同时对促进国际民事交往亦会起到积极推动作用。其中第7章明确涉外知识产权民事关系的法律适用，为解决涉外知识产权民事争议，维护知识产权当事人的合法权益提供了依据。

　　《涉外民事关系法律适用法》是我国关于涉外民事关系法律适用的第一部单行法律，该法较为特殊，既不是实体法，也不是程序法，而系冲突规范。该法对涉外知识产权关系的法律适用问题作了专章规定，但该法在制定之初及施行之后，涉外知识产权关系的法律适用问题一直存在较大争议。❷ 关于知识产权的法律适用，该法草案在审议时，委员们明确知识产权的法律适用应有利于知识产权的应用和保护。因此，草案针对实践中发生较多的知识产权确权、转让、侵权等三类纠纷，分别规定："知识产权，适用权利保护地法律，也可以适用权利来源地法律。""当事人可以协议选择知识产权转让和许可使用适用的法律；没有协议选择的，适用本法对合同的有关规定。""知识产权的侵权责任，适用权利保护地法律，当事人也可以协议选择适用法院地法律。"❸ 草案规定的条文属于选择性冲突规范，但对"知识产权"的内涵并未予以明确，容易引发法律适用的困难。因此最终审议通过的《涉外民事关系法律适用法》将知识产权范围进

---

　　❶ 调整涉外民事关系法律的名称，各国称谓不一，有的称其为"冲突法"、有的称其为"国际私法"、有的称其为"法例"、有的将其作为《民法》的一部分。其中"国际私法"这一名称已为国际组织海牙国际私法会议、瑞士、奥地利、意大利、德国等国家在立法上接受并使用，在国际上具有广泛的影响；国际私法这一称谓已被大陆法系国家普遍用来指代调整涉外民事关系法律学科的名称，具有广泛的国际法基础。

　　❷ 李双元. 再论起草我国涉外民事关系法律适用法的几个问题 [J]. 时代法学，2010（8）；黄进. 中国涉外民事关系法律适用法的制定与完善 [J]. 政法论坛，2011（5）.

　　❸ 2010年8月23日全国人大法律委员会主任委员胡康生在第十一届全国人民代表大会常务委员会第十六次会议上就全国人民代表大会法律委员会关于《中华人民共和国涉外民事关系法律适用法（草案）》主要问题的汇报。

一步明确为"知识产权的归属和内容",并将选择性冲突规范变更为以被请求保护地为连接点的双边冲突规范。冲突规范立法类型,从理论上而言主要取决于一个国家的对内对外政策及国家社会利益的需要,一个国家对某些涉外民事法律关系相对宽松时,可采用双边和选择性冲突规范,最终我国涉外知识产权立法确定了双边冲突规范。这是为了适应当代各国频繁而复杂的国际知识产权转让和许可及技术转移的需要,同时表明我国开放、发展的大国的立法态度,平等地保护国内和外国人,平等地适用法律,友好地与各国进行技术交流与合作,当然也是符合国际立法趋势和国际交往实践要求。虽然该法专章规定了知识产权,但其他法律中关于知识产权的特别规定应当优先于该法适用。

以国际条约为核心的知识产权国际保护机制对各国保护外国人知识产权产生至关重要的影响,通说认为,知识产权是一种民事权利,也是一种私权。因知识产权法的属地性及由此产生的知识产权的地域性,涉外知识产权民事法律关系并不存在适用冲突规范的基础,因此,对涉外知识产权民事法律关系的调整有其特殊性,一般不适用国际私法的间接调整方法,即冲突规范的调整方法。

理论界普遍认为,地域性是知识产权的主要特征之一。它是指知识产权只能依特定国家或地区的法律或授权而产生,且仅在该国家或地区地域范围内有效,在该国家或地区以外不具有法律效力。因此,每一项知识产权只能在一个特定地域内有效,并且适用授予该权利的国家或地区的法律规定。知识产权的产生、内容、期限、效力与救济等都是基于国家公权直接授予和作用的结果,规制知识产权法包含大量的行政和刑事等公法规范,这与一般民商法是明显不同的。❶

有形财产权的主体对其客体的独占支配具有天然的可能性,法律所要做的只是给予确认和支持,因此传统认为,有形财产权作为私权是一种自然权利。但与有形财产权相比,知识产权的客体是精神产品,不具有物

---

❶ 冯文生.知识产权国际私法基本问题研究[M].北京:中国政法大学出版社,2000:234.

质形态，人难以对其进行类似有形财产那样的自然占有和实际控制，因此必须对其客体的存在加以确定化，使其获得时间上和空间上的存在，即所有人必须仰仗法律保障所有人对它的控制、利用和支配，因而所有人对知识产权客体享有的专有权是法律拟制的结果，或者说，知识产权是一种借助法律按照有形财产权的性质进行人工塑造的一种权利。而不同国家由于其政治、经济、文化、科学技术、道德伦理观念、历史和法律传统等方面存在较大差异，对知识产权的保护（范围、水平等）必然有极大不同，所以说知识产权地域性根源于知识产权客体的特点及主权国家的属地优越权。❶

此外，作为知识产权产生根据的一国的知识产权法通常只有域内效力，其域外效力难以得到他国的承认。一般来说，各国都在一定条件下或一定程度上承认外国民商法律在内国的效力，但一般不承认外国刑法、行政法、财政法等具有公法性质的法律具有域外效力。❷ 知识产权法与传统民商法相比，是一种综合性的法律制度，包含大量的行政、刑事等公法规范。因此，具有强烈公法色彩的一国的知识产权法的域外效力通常不会得到各国的承认。由此，依仅具有域内效力的一国法律产生的知识产权就只能在该国发生效力，不具有域外法律效力。

有观点认为，知识产权地域性特征可以被突破，其具体表现在各国知识产权法赋予外国人平等于内国国民的民事地位，允许外国人在内国申请并取得知识产权，甚至立法赋予外国人在知识产权保护方面完全的国民待遇；另外一系列国际条约的订立，使知识产权的保护从一国范围扩及他国领域；特别是产生了诸如欧洲专利等跨地域性知识产权。❸ 一国允许外国人在内国申请并取得知识产权，是依据内国法的规定并由内国授予的，恰恰体现了知识产权法及其知识产权效力的地域性，其实这正是对知识产权地域性特征的误解造成的，这与民商法由各国自动相互承认法的域外效力

---

❶ 冯文生.知识产权国际私法基本问题研究[M].北京：中国政法大学出版社，2000：238.
❷ 黄进.国际私法[M].北京：法律出版社，2011：22.
❸ 赵相林.中国国际私法立法问题研究[M].北京：中国政法大学出版社，2012：218.

是不同的；而欧洲专利是在欧洲各国达成协议的基础上产生的，是该组织内的法律统一制定、实施的结果，并不意味着知识产权地域性的消失，只是扩大了知识产权地域性的范围而已。一国根据国际条约保护外国人的知识产权，不是承认外国人依据其所属国法律产生的知识产权的域外效力，而只是承认外国知识产权人所享有的知识产权可以依内国法授予并给予保护。

在对待知识产权法的问题上，由于知识产权法及其知识产权的地域性特征，各国在知识产权法律适用上奉行的是严格的"属地主义"，各国均只承认和保护依本国法律取得的知识产权，而不适用外国法，不承认外国法的域外效力，也不承认依外国法产生的知识产权。因此，在调整涉外知识产权民事法律关系时，不存在法律冲突，也就不存在适用冲突规范选择适用法律的问题。

综上所述，知识产权涉外民事关系的法律适用应遵循以下原则：优先适用知识产权领域法律的特殊规定；其次适用《涉外民事关系法律适用法》关于知识产权的特殊规定；然后适用《涉外民事关系法律适用法》的原则规定。

二、有关国际条约、国际惯例的适用

（一）国际条约的适用

在涉外知识产权审判领域，条约始终占有重要地位，因为条约是国际性和全球化的体现和产物，国际条约已成为替代国内价值评估的法律制定，成为知识产权立法的主导模式，条约是国内立法的重要基础，知识产权制度正在全球趋同化。国内知识产权法律与国际条约密切相关，各国知识产权法律的诸多一致性主要是由知识产权条约推动和促成的结果，知识产权条约规范构成当今知识产权规范的基本框架。司法实践中涉及国际条约、国际惯例的适用时，我国法院在审理相关案件时都是坚持以《中华人民共和国民法通则》第142条等的相关规定作为直接法律依据。但在2016年12月19日召开的十二届全国人大常委会第二十五次会议上，第三次提交审议的民法总则草案中删除了上述条款。民法总则是规定民事活动的基本原则和一般性规则，在民法典中起着统率性、纲领性的作用，是民法典的大纲，关乎公民切身权益。在分组审议民法总则草案三审稿时，全国人大常委会组成人员纷纷表示，目前草案三审稿全面规定了基本民事法律制度，体现了民法的固有特征，积极回应了社会关切，适应我国的现实需求，总体上已经比较成熟，赞成草案的规定。全国人大法律委员会副主任委员李适时表示，如果审议意见较一致，草案将提交2017年3月召开的十二届全国人大五次会议审议。❶

为此我国著名民法学家梁慧星再次建议保留《民法通则》第142条第2款适用国际条约的规定和第3款适用国际惯例的规定。其认为：

"按照现行《民法通则》第142条第2款规定，我国缔结或者参加的国际条约，除声明保留的条款之外，是我国现行法之一部。其适用规则是：如国际条约的规定与民事法律的规定不同，则应适用该国际条约的规定；如国际条约的规定与民事法律的规定相同，则应适用民事法律的规定。按照第3款规定，如果我国现行法律和我国缔结或者参加的国际条约都没有规定，可以适用有关国际惯例。

民法通则起草人将上述规则规定在涉外民事关系的法律适用的第八章，是基于上述规则的适用对象为"涉外民事关系"，但其性质并不属于狭义的国际私法（冲突法）。因此，2010年在《民法通则》第八章基础上制定涉外民事关系法律适用法，未作相应规定。

显而易见，涉外民事关系法律适用法的起草人，认为《民法通则》第142条第2～3款，性质上属于民法实体法，而不属于冲突法。致涉外民事关系法律适用法生效后，《民法通则》第八章第142条第2～3款依然有效存在，而除此之外的该章其他条文均被废止的状况。

另外，关于国际条约、国际惯例的适用，我国已经采取由国内法专设条文明确规定中国法院可以适用国际条约和国际惯例的模式，中国法院适

---

❶ 新华社. 全国人大常委会组成人员认为民法总则草案已比较成熟[EB/OL].[2016-12-26]. http://www.npc.gov.cn/npc/cwhhy/12jcwh/2016-12/21/content_2004247.htm.

用国际条约和国际惯例的法律依据是《民法通则》第142条第2～3款的规定，这种模式已经执行达30年之久，为国内外所熟知。现在民法总则却未设相应的规定（条文），按照新法废改旧法的原理，被理解为民法总则废除了原《民法通则》第142条第2～3款关于中国法院可以适用国际条约和国际惯例的规定，就是合乎法理的。虽然在实际上，中国法院不会因此就不再适用国际条约、国际惯例，将仍然在有关案件裁判中引用国际条约、国际惯例作为判决依据。但就法理而言，这样的判决将被认定为法律适用错误。

按照共同遵循的法理，既然规定中国法院可以适用国际条约、国际惯例的法律规定（《民法通则》第142条第2～3款），已经被现行国内法（《民法总则》）废除，则中国法院再适用国际条约、国际惯例，就是于法无据。这不仅将引发中国法院应否再适用国际条约、国际惯例，以及适用国际条约、国际惯例是否构成法律适用错误的疑问，并且当事人将中国法院适用国际条约、国际惯例的判决拿到外国法院申请承认和执行时，就难免有被外国法院（特别是对中国不那么友好的国家法院、法官）以此为借口，予以刁难甚至拒绝承认和执行的风险。特建议民法总则将《民法通则》第142第2～3款规定予以保留。"❶

该建议言之有理，相信立法机关会谨慎、合理作出制度安排和法律之间的衔接。

在知识产权国际保护中，国际条约的作用是协调各国的知识产权国内法，促成各缔约国按照国际条约的要求，依照本国的法律承认和保护外国人的知识产权。一国缔结或者加入国际条约，只是承诺对成员国国民的知识产权予以保护，但保护的具体根据不是国际条约，而主要是本国法。只有在本国法的保护水平低于国际条约要求时，才依据国际条约。因此，在涉外知识产权审判中，对于外国人要求我国给予知识产权法保护的，除了我国法律另有规定的以外，首先要考虑的是主张权利的外国人所属国与我

---

❶　梁慧星.对民法总则草案（三次审议稿）的修改建议[EB/OL].[2016-12-26]中国法律评论网络版。

国是否缔结或共同参加了国际条约，我国是否承诺给该国国民知识产权保护；其次，在适用我国相关知识产权法给该外国人知识产权保护时，要考虑我国相关法律规定的保护标准是否达到国际条约的要求。

条约在司法实务中往往需通过国内法转化适用，在涉外民事关系法律适用法制定过程中，社会各界亦曾建议法工委对国际条约、国际惯例的适用作出规定，但由于立法技术问题，特别是国际条约适用的复杂性，法工委没有在涉外民事关系法律适用法中对国际条约、国际惯例的适用作出规定。审议中，有的常委委员和专家建议在本法中规定国际条约的适用问题。法律委员会经同最高人民法院和有关专家研究，认为国际条约涉及面广，情况复杂，对国际条约的适用问题，各方面有不同意见，实践中也有不同做法。在《涉外民事关系法律适用法》中对国际条约的适用问题不作规定为宜。《涉外民事关系法律适用法》对该问题不作规定，民法通则、民事诉讼法等法律中有关规定仍然适用，以后在其他法律中还可以再作规定。据了解，国外一般也不在法律适用法中规定国际条约的适用问题。❶因此，最高人民法院《关于适用〈中华人民共和国涉外民事关系法律适用法〉若干问题的解释（一）》第4~5条分别对适用国际条约和国际惯例的法律依据作出指引。根据《民法通则》第142条第2款的规定，在审理涉外知识产权民事案件需要适用法律时，如我国法律与国际条约有相同规定的，仅需依照我国相关的知识产权法律。我国法律与《巴黎公约》《伯尔尼公约》有不同规定的，可以援用《巴黎公约》《伯尔尼公约》的规定作为裁判的依据，但我国声明保留的条款除外。

需要特别指出的是，由于国际上普遍承认知识产权的地域性原则和各国独立保护原则，我国对WTO项下的TRIPs协议采取了转化适用的模式，且TRIPs协议以外的知识产权领域的国际条约通常规定的是最低保护标准而不是完全统一的具体规则，因此，知识产权领域的司法实践中，在国内

---

❶ 全国人大法律委员会副主任委员孙安民2010年10月25日在第十一届全国人民代表大会常务委员会第十七次会议上就全国人民代表大会法律委员会关于《中华人民共和国涉外民事关系法律适用法（草案）》审议结果作出的报告。

法与国际条约有不同规定的情况下，不一定优先适用国际条约的规定。鉴于此，该司法解释第4条增加了"但知识产权领域的国际条约已经转化或者需要转化为国内法律的除外"的规定。❶

（二）国际惯例的适用

按照我国立法，司法语境中的国际惯例为私法性实体规范。它只适用于涉外案件，在国内案件中不能用作裁判规范。国际惯例的司法效力源于契约效力、替补效力和直接效力。作为法官法源，国际惯例的司法进入有当事人选择（间接适用）和法官选择（直接适用）两种路径，在直接适用中其主要用于法律漏洞的填补。一般认为，国际惯例是在国际交往中逐步形成的不成文的法律规范，它只有经过国家或当事人的认可才具有约束力。国际私法上的国际惯例是一种广义的国际惯例，既包括强制性惯例，也包括任意性惯例。❷我国《民法通则》第142条第3款规定："中华人民共和国法律和中华人民共和国缔结或者参加的国际条约没有规定的，可以适用国际惯例。"第150条规定："依照本章规定适用外国法律或者国际惯例的，不得违背中华人民共和国的社会公共利益。"这是我国立法对国际惯例在国内的适用所作的原则性规定。国际惯例在我国涉外民事关系中的适用，一直是我国国际私法立法和司法当中分歧较大的问题，国际私法学界对《民法通则》相关规定的学理解释同样大相径庭。❸《涉外民事法律关系适用法》对国际惯例的适用问题又只字未提，导致有关问题悬而未决。尽管如此，根据《民法通则》及其他法律中的类似规定，我国国际私法学界主流观点，认为国际惯例是我国国际私法的法律渊源，国际惯例是指实体私法意义的国际惯例。我国与国际惯例接轨或适用的方式上，主要是通过立法与司法承认而实现。国家通过立法和签订条约纳入某项国际惯例，是最直接明示的方式，例如我国对外国人的著作权给予保护，则依据国际

---

❶ 2013年1月6日，最高人民法院民四庭负责人就《关于适用〈中华人民共和国涉外民事关系法律适用法〉若干问题的解释（一）》答记者问，载《人民法院报》2013年1月7日第6版。

❷ 韩德培. 国际私法[M]. 北京：高等教育出版社，北京大学出版社，2000：31.

❸ 李双元. 国际私法[M]. 北京：北京大学出版社，2007：22.

惯例著作权自动产生和国民待遇原则纳入我国著作权对外国人作品给予保护；其二，通过司法承认国际惯例，例如我国民法通则授权人民法院可以适用国际惯例，这种方式的承认国际惯例只是作为法律漏洞的补充，法院可以采用，也可以不予采用。因此，国际惯例是可据以裁判案件，确定当事人权利和义务的实体性国际惯例。它既可经编纂成文，也可以是不成文但被广为接受和遵守的习惯性做法。

三、涉港、澳、台案件的法律适用问题

司法实践中，涉港、澳、台案件的法律适用问题如何解决呢？我国法律没有对涉港、澳、台民事关系的法律适用问题作出过规定。在涉外民事关系法律适用法制定过程中，社会各界亦曾建议法工委对我国区际私法冲突的问题作出规定，但基于各种因素的考量，涉外民事关系法律适用法最终没有对涉港、澳、台民事关系的法律适用问题作出任何规定。司法实践中，对于涉港、澳、台案件的审理，虽然人民法院一直比照涉外案件处理，但仍需要通过在司法解释中作出原则性规定，为法官处理涉港、澳、台民事关系的法律适用问题提供可供援引的依据。根据最高人民法院所持的注重实用、统一规则的总方针，涉台案件单独制定司法解释，已由法释〔2010〕19号最高人民法院《关于审理涉台民商事案件法律适用问题的规定》作出相应规定。该司法解释第19条同时规定："涉及香港特别行政区、澳门特别行政区的民事关系的法律适用问题，参照适用本规定。"❶ 例如，江苏省高级人民法院审理的上诉人鼎海精机大丰有限公司与被上诉人黄某、原审被告常州悠乐优食品有限公司侵害实用新型专利权纠纷一案❷中，对本案准据法则选择大陆法律，黄某系台湾居民，根据我国大陆法律有关规定，本案应参照涉外民事案件有关程序进行审理。根据黄某的诉

---

❶ 2013年1月6日，最高人民法院民四庭负责人就《关于适用〈中华人民共和国涉外民事关系法律适用法〉若干问题的解释（一）》答记者问，载《人民法院报》2013年1月7日第6版。

❷ 江苏省高级人民法院（2013）苏知民终字第129号民事判决书，见中国法律法规规章司法解释全库。

请，本案应为知识产权侵权纠纷。根据《涉外民事关系法律适用法》第50条规定："知识产权的侵权责任，适用被请求保护地法律，当事人也可以在侵权行为发生后协议选择法院地法律。"本案中，黄某、鼎海公司、悠乐优公司一致选择适用法院地法即我国大陆法律解决本案争议。前述关于法律适用的选择合法有效，故本案准据法应为中华人民共和国大陆法律。

第二节 涉外知识产权民事关系

一、涉外民事关系的界定

民事关系具有涉外性是法院启动涉外民事案件审理程序的前提，不仅关系到法院对案件管辖权的确定与实体法律的选择，还可能直接影响案件当事人的合法利益的实现。知识产权纠纷案件同样属于民事案件，因此，首先应确定什么是涉外民事关系，进而确定涉外知识产权民事关系，从而为正确审理涉外知识产权案件和准确适用法律打下基础。由于《涉外民事关系法律适用法》未对涉外民事关系进行界定，司法实务中，具体可从涉外与法律适用两个方面予以考察，涉外是针对于国外而言，针对于本国国民在国外的利益，但这不是绝对的，当事人无论是否身在国外，涉及涉外民事关系的利益，也应包含在涉外民事关系的范畴之内，也有一些事件发生在国外，却并不属于涉外民事关系，法律适用是国际上通用的准则，能够正确解决双方的民事权利争议，维护双方的各自正当利益。所以如何对涉外民事关系中的涉外作出正确区分，明确哪些情况是属于其范畴之内，这也决定了在具体确定"涉外"问题的范围和因素上存在争议。

考察以往的中国法院司法实践，我国法院一直根据最高人民法院法（办）发〔1988〕6号《关于贯彻执行〈中华人民共和国民法通则〉若干问题的意见（试行）》（以下简称《民法通则司法解释》）第178条的规定认定"涉外民事关系"。该条规定："凡民事关系的一方或者双方当事人是外国人、无国籍人、外国法人的；民事关系的标的物在外国领域内的；产生、变更或者消灭民事权利义务关系的法律事实发生在外国的，均为涉外民事关系。"此外，最高人民法院法发〔1992〕22号原《关于适用〈中华人民共和国民事诉讼法〉若干问题的意见》（以下简称《1992年民事诉讼法司法解释》）第304条，从程序法的角度对如何认定"涉外民事案件"作出明确规定，该条规定："当事人一方或双方是外国人、无国籍人、外国企业或组织、或者当事人之间民事法律关系的设立、变更、终止的法律事实发生在外国，或者诉讼标的物在外国的民事案件，为涉外民事案件。"由此可知，民法通则司法解释与民事诉讼法司法解释对"涉外因素"的构成标准保持一致，即从民事法律关系的主体、客体（标的物）、法律事实三要素考查，只要其中具备一个要素涉外，即属"涉外民事关系"或"涉外民事案件"。三要素标准表现为通说。从我国立法及学术理论研究上，对涉外民事关系界定，均是围绕"法律关系要素说"❶展开，因此，无论是在立法还是在学术研究上，"法律关系要素说"在我国都占据主导地位。从民事法律关系构成的三要素角度确定"涉外民事关系"是我国司法实践中长期坚持和一贯的，也是相对合理的。

在涉外民事关系法律适用法制定过程中，社会各界曾建议全国人大常委会法工委对如何界定"涉外民事关系"作出规定，法工委认为可以通过司法解释在司法实践中解决该问题，无须通过立法予以规范，且其他国家和地区的立法例均无此规定。因而，涉外民事关系法律适用法没有对如何界定"涉外民事关系"作出规定。❷但上述三要素标准并不能完全解决实践中出现的问题，各地法院在适用中也存在一些不同认识和做法，造成一定差异而影响裁判的统一。主要表现如下：第一，主体要素方面。《民法通则司法解释》和《1992年民诉法司法解释》对主体采取列举式的封闭性规定，将涉外主体限于外国人、无国籍人、外国法人（外国企业或组

---

❶ 近年来，还有一种有代表性的学说认为，应采取"广泛联系说"来界定涉外民事关系，认为涉外民事关系的涉外情形应是多样的，不应局限于三要素，而包括与外国法有联系的所有涉外情形。凡是含有涉外因素的一个民商事案件中，不管是实体法律关系中的涉外因素，还是程序法律关系中的涉外因素，均构成国际私法中涉外案件。详见肖永平.国际私法原理[M].北京：法律出版社，2013：2-3.

❷ 2013年1月6日，最高人民法院民四庭负责人就《关于适用〈中华人民共和国涉外民事关系法律适用法〉若干问题的解释（一）》答记者问，载《人民法院报》2013年1月7日第6版。

织）。这一界定无法涵盖非法人组织形式，如无法涵盖国际组织甚至国家参与的民事关系。此外现有规定将主体的涉外因素局限于主体的国籍或注册登记地，忽略了经常居所地或主营业地等涉外因素。实践表明，经常居所地或主营业地在涉外诉讼中的重要性往往超过国籍或注册登记地，如在送达时需要得到经常居所地国或主营业地国的配合，案件证据通常来自经常居所地国或主营业地国。此外，法律适用法将经常居所地、主营业地作为确定法律适用的重要联结点，依此逻辑，经常居所地、主营业地在我国境外的民事主体，自然应视为涉外主体。第二，法律事实要素方面。法律事实要素方面存在的主要问题是，一些表面的、偶然的涉外因素可能被作为纠纷涉外性的标准。如两位国内法人的法定代表人在境外签订供货合同，合同的履行均在中国境内，履约过程中发生纠纷。在该案中，虽然导致合同关系产生的订约事实发生于境外，但这一事实因素对于纠纷而言具有偶然性，仅因此认定该纠纷涉外，不尽合理。所以，应从实质、内在的涉外因素来确定，与民事关系的产生或变更具有密切联系，可能使相关民事争议的管辖、送达、调查取证等与外国相关时，才是认定民事关系具有涉外性的基础。第三，客体（标的物）要素方面。标的物要素也存在与法律事实涉外性因素相似的问题，容易导致标的物的自然属性与社会属性的混淆，使得民事关系由于表面的、偶然的因素而被认定为涉外。基于上述存在的问题，在界定对涉外民事关系时，扩大主体要素范围；增加经常居所地、主营业地作为主体涉外性的认定依据；在客体和法律事实方面可设置一定的限制条件，排除与争议仅具有表面的、偶然的涉外因素的情形。另外，司法实务中还存在当事人仅从民事法律关系的主体判断案件是否具有涉外因素，是不全面的，也是对涉外民事关系的误解。

正因为原司法解释存在一定的不足，结合当前的学术研究成果和司法实践的需要，最高人民法院为正确贯彻《涉外民事关系法律适用法》，统一裁判思路，在广泛调研、充分论证的基础上出台了新司法解释，即法释〔2012〕24号《关于适用〈中华人民共和国涉外民事关系法律适用法〉若干问题的解释（一）》（以下简称《涉外司法解释》），该解释第1条对如何界定"涉外民事关系"进行重新规定，对上述民法通则司法解释的内容在以下方面进行完善：（1）涉外民事关系法律适用法的一个亮点就是将"经常居所地"规定为民事法律关系主体的重要联结点，不再仅仅强调"国籍"这一联结点。因此，有必要在主体方面增加"当事人一方或双方的经常居所地在中华人民共和国领域外"的规定。（2）对于外国人，应当包括外国的自然人、法人及其他组织，表述上以"外国公民、外国法人或者其他组织"更为贴切。（3）将"外国"这一表述变更为"中华人民共和国领域外"更为合理。（4）需要规定一个兜底式条款，以囊括实践中可能存在的其他应当被认定为涉外民事关系的情形。❶ 为了对此问题作相同规定，并对《1992年民事诉讼法司法解释》重新修订，于2015年2月4日新修改并施行的《最高人民法院关于适用〈中华人民共和国民事诉讼法〉的解释》（以下简称《2015年民事诉讼法解释》）第522条从程序法上作了基本相同的规定。

因此，民事关系具有下列情形之一的，法院在受理或审理相关案件时，可以认定为涉外民事关系：

（1）当事人一方或双方是外国公民、外国法人或者其他组织、无国籍人；

（2）当事人一方或双方的经常居所地在中华人民共和国领域外；

（3）标的物在中华人民共和国领域外；

（4）产生、变更或者消灭民事关系的法律事实发生在中华人民共和国领域外；

（5）可以认定为涉外民事关系的其他情形。

如此界定涉外民事关系，是在结合我国成文法的传统基础上，以法律关系要素说为框架，立足于司法实务的需要，对各要素涉外情形实质内容进行扩充，这样既可保证法律规则适用的确定性、可预见性和便捷性，也增加了适用的灵活性，从而避免法律关系要素说固有的缺陷。前四项是对

---

❶ 高晓力.最高人民法院《关于适用〈中华人民共和国涉外民事关系法律适用法〉若干问题的解释（一）》解读[J].法律适用，2013（3）.

涉外民事关系涉外情形具体表现明确地规则化规定，体现了法律适用的确定性，最后一项用兜底条款体现灵活性，可赋予法官自由裁量权，以适应复杂多变的世界各国现实社会生活实际。

此外，对于是否应当将外国国家和国际组织列入，在涉外司法解释制定过程中曾引起争论。有观点认为，应当将外国国家和国际组织列为涉外民事关系主体。然而，最高人民法院认为，目前的司法实践中的确有国际组织作为民事案件主体的情形，也有将外国国家列为被告的情形，但这不可避免地会涉及管辖豁免问题的讨论，只有在国际组织或者外国国家明确表示放弃民事案件管辖豁免权的情况下我国法院才能对其行使管辖权。尽管正在研究制定的国家豁免法倾向于转向"相对豁免"，我国在实践中一直主张"绝对豁免"，而非"相对豁免"，在相关司法解释中明确将外国国家、国际组织列入，有可能被误认为我国法院已经采取了相对豁免的立场，故虽有将"外国国家或者国际组织"列入的建议，但最终涉外司法解释未予采纳。

二、涉外知识产权民事案件构成要件

涉外知识产权除具有知识产权共性的特点外，其还具有以下三个特点：第一，涉外知识产权的主体突破了一国国籍，除本国人外，外国人也能取得主体资格；第二，涉外知识产权通常受到两个或两个以上国家法律保护，权利人一般先在一国取得知识产权，然后向外扩张到另一个国或多国取得知识产权；第三，涉外知识产权可能同时受到国内法和国际法的双重保护。[1] 是否涉外知识产权民事案件是决定是否适用涉外民事关系适用法调整的前提和基础，因此，在审理涉外知识产权民事案件时，首先必须确定所审理的案件是否为涉外知识产权民事案件。由此先从涉外民事案件入手，涉外民事案件即含有涉外因素的民事案件，凡民事关系的一方或者双方当事人是外国人、无国籍人、外国法人的；民事关系的标的物在外国

---

[1]　章尚锦. 国际私法[M]. 北京：中国人民大学出版社，2000：139.

领域内的；产生、变更或者消灭民事权利义务关系的法律事实发生在外国的，均为涉外民事关系。因此，只要案件具有当事人为外国人、法律事实发生在国外或者争议的标的物在国外的三个因素之一，即属于涉外民事案件。由上述分析可知，对某一民事案件是否为涉外知识产权民事案件的判断，同样应从当事人，引起知识产权法律关系产生、变更、消灭的法律事实或知识产权的标的物这三个方面来考虑，只要知识产权法律关系中有一个因素具有涉外性质，就属于涉外知识产权民事案件。当事人主体因素是否具有涉外性质，通常比较容易判断，即只要当事人一方或双方是外国人，当事人就具有涉外因素。在知识产权审判实践中，尤其需要重视的是法律事实、标的物这两个因素，因为这两个因素较容易被忽视和混淆。就法律事实而言，引起法律关系发生、变更或者消灭的事实可能既发生于内国，又可能在外国出现，这时就不能把该事实仅当作一个事实来看待，因为在外国出现的事实本身就使引起的法律关系具有涉外性质。就标的物而言，由于知识产权的特性，同一客体在各国均依各国的法律产生和受到保护，因此同一知识产权客体在不同的国家可以有不同的身份，由不同国家的法律加以保护。所以，当事人就同一客体主张权利时，如果是针对发生于不同国家的事实或者针对位于不同国家的当事人，就应注意其权利的国别性质，区分不同的法律关系。例如，被告某一中国公司未经原告——住在中国的中国人许可，在中国将其小说改编成电影并首先在中国、后又到法国戛纳电影节放映，原告以被告侵犯其著作权为由提起诉讼。从表面上看，该案似乎没有涉外因素，因为本案当事人均为中国人，原告的权利受中国著作权法保护，被告的行为首先发生在中国后延续到国外，似可认为被告实施的是同一行为，侵犯的是原告的同一权利，因此本案不是涉外案件。但实际上，根据知识产权的地域性特点和知识产权国际保护的独立性原则，原告虽然可以对同一知识产权客体主张权利，但其在中国只能是依中国著作权法主张著作权，原告欲主张被告在法国实施的行为侵权，则应依法国法律主张法国法上的著作权。因此，此案在知识产权标的物及引起法律关系产生的法律事实方面均有涉外因素。综上，审判实践中应注意知识产权的特殊性，在判断案件是否涉外民事案件时，要从涉外民事案件的三个要素考虑，尤其要注意法律事实及标的物这两个要素存在与否。

三、涉外知识产权民事案件司法管辖

【案例5-1】涉外知识产权案件不适用《最高人民法院关于涉外民商事案件诉讼管辖若干问题的规定》

在申请再审人阿迪达斯有限公司（ADIDAS AG）（以下简称阿迪达斯公司）与被申请人阿迪王体育用品（中国）有限公司（以下简称阿迪王公司）、原审被告华珠（泉州）鞋业有限公司（以下简称华珠公司）、郭某侵犯商标权及不正当竞争纠纷案〔（2010）民申字第1114号〕中，最高人民法院认为，《最高人民法院关于涉外民商事案件诉讼管辖若干问题的规定》不适用于涉外知识产权案件。

本案的基本案情是：2008年8月19日，阿迪达斯公司以阿迪王公司、华珠公司、郭某侵犯商标权及不正当竞争为由向辽宁省营口市中级人民法院提起诉讼，请求判令阿迪王公司、华珠公司、郭某立即停止侵犯其注册商标专用权的行为；华珠公司、阿迪王公司立即停止在产品和商业活动中使用阿迪王体育用品（中国）有限公司、德国阿迪王（国际）体育发展集团有限公司企业名称的不正当竞争行为；阿迪王公司变更其含有"阿迪王"字号的企业名称；阿迪王公司、华珠公司、郭某在全国发行的报纸上消除影响；阿迪王公司、华珠公司、郭某连带赔偿经济损失100万元。华珠公司在提交答辩状期间以华珠公司、阿迪王公司的住所地、涉案产品生产地均在福建省泉州市，华珠公司在辽宁省营口市并没有销售或仓储涉案产品，也没有被查封扣押事项为由提出管辖异议。辽宁省营口市中级人民法院一审认为，根据《最高人民法院关于审理商标民事纠纷案件适用法律若干问题的解释》第6条、第7条规定，对涉及不同侵权行为实施地的多个被告提起的共同诉讼，原告可以选择其中一个被告的侵权行为实施地人民法院管辖。阿迪达斯公司将阿迪王公司、华珠公司、郭某作为共同被告起诉，郭某销售被控侵权产品的行为实施地在辽宁省营口市，因此，营口市中级人民法院对本案依法拥有管辖权。故裁定驳回华珠公司的管辖异议。阿迪王公司不服一审裁定，提起上诉。辽宁省高级人民法院二审认为，因被告郭某销售被控侵权产品的行为实施地在辽宁省营口市，营口市为侵权行为的实施地，营口市中级人民法院对本案有地域管辖权。本案系涉外民事案件，涉外民商事案件实行集中管辖，营口市等市区域内的第一审涉外民商事案件，由大连市中级人民法院管辖。故裁定移送大连市中级人民法院管辖。阿迪达斯公司不服二审裁定，向最高人民法院申请再审。

最高人民法院于2010年11月8日裁定指令辽宁省高级人民法院再审。

【思考】

（1）本案管辖与一般涉外民商事案件管辖有何不同？

（2）本案当事人可选择的管辖法院有哪些？

关于世界各国的国际管辖权，并不存在统一的国际法规则，而由各国分别自行予以规定。该问题是国际私法运作的前提，处于核心地位，因此，管辖权的确定不但对法律适用有着基础性影响，也与承认与执行外国判决制度有着非常密切的联系。

涉外知识产权民事管辖权是指一国法院处理涉外知识产权民事案件的权利或资格。有关国际条约和各国国内法大多规定知识产权授权性案件，主要包括专利权和商标专用权等确权类的有效性问题由授权确权国家专属管辖，而对于其他类型的涉外知识产权案件，通常适用本国的民事诉讼法管辖权之规定。或者说经一国依据其本国或地区法律授予的权利，其效力仅限于这个国家或地区。一旦超出这个国家或地区的范围，权利的客体，如作品、专利发明、商标等，则不再受到他国保护。知识产权的地域性特征为世界各国所普遍承认和通行的做法，即使像欧盟那样致力于经济和法律一体化的区域，知识产权保护仍然维持其地域性原则。例如，一项欧洲专利侵权会在欧盟不同国家各自诉讼，诉讼结果也很可能不同。欧洲法院在判例中还特意重申这种地域性，因为专利权是严格的国家权力，各审判辖区的不同判决，不能认为是相互矛盾的。❶ 在地域性原则限定之下，一国的涉外知识产权侵权案件只能表现为两种形态，即在本国国内发生的侵害本国知识产权的案件和在本国之外发生的侵害外国知识产权的案件。各国为了有效行使自己的司法主权，便利本国当事人诉讼，一般直接规定自己的涉外司法管辖权。

我国法律并未对涉外知识产权诉讼的管辖权问题作出特别规定，涉外知识产权侵权案件管辖权的确定适用我国民事诉讼法的相关规定。我国民事诉讼法自颁布生效以来，一直实行的是涉外与国内民事诉讼管辖权分别进行立法的模式，但是2012年新修订的《民事诉讼法》有向单轨制发展的趋势，将涉外协议管辖和应诉管辖纳入国内管辖，在涉外编中仍保留了特殊地域管辖和涉外三类经济类合同的专属管辖。涉外管辖权规范的实质是国家之间对涉外民事案件行使管辖权的分配性规则，因而它是不同于一国之内不同种类、不同地域、不同级别法院之间对于民事案件行使管辖权的国内民事管辖权规则。❷ 为了区分涉外民事诉讼案件与国内案件的不同，涉外民事诉讼管辖权应当单独立法，涉外民事诉讼管辖权涉及的问题并非只有涉外管辖权的确定，事实上还有如何解决管辖权问题引起的管辖权冲突。对于侵害我国知识产权的案件，由于侵权行为发生在我国国内，我国法院当然享有司法管辖权。实践中，我国法院所管辖的涉外知识产权侵权案件大多属于这一类。

知识产权是民事权利，涉外知识产权诉讼一般属于涉外民事诉讼的范畴。就涉外知识产权侵权案件而言，无论是根据有关国际条约还是各国国内法，都是既可以由侵权行为地国家管辖，也可以由被告住所地国家管辖。然而传统上，各国在司法实践中一般只管辖侵犯本国知识产权的案件，而不管辖侵犯外国知识产权的案件——无论是否涉及本国人或者在本国有住所、居所、惯常居所或者营业所的当事人。也就是说，涉外知识产权侵权案件事实上是由侵权行为地国家专属管辖的。需要注意的是，在司

---

❶ 欧洲专利局.未来知识产权制度的愿景[M]. 郭民生，译.北京：知识产权出版社，2008：69.
❷ 刘仁山.国际私法[M]. 北京：中国法制出版社，2012：380.

法实践中，仅以当事人是否是外国人认定案件是否为涉外案件的做法非常普遍，特别是法院的立案部门，对此应加以改进和纠正。除当事人的国籍，还应当从当事人的经常居住地、系争的标的物、法律事实等因素进行考察，只要其中之一具有涉外因素，即应当认定是涉外知识产权民事案件，法院地法院均具有管辖权。

目前我国还没有专门的关于知识产权管辖权的规定，关于涉外知识产权侵权案件管辖权的法律规定主要体现在《民事诉讼法》第28条、2015年《民事诉讼法司法解释》第24～25条、2001年最高人民法院《关于审理专利纠纷案件适用法律问题的若干规定》第5条、2006年最高人民法院《关于审理涉及计算机网络著作权纠纷案件适用若干法律问题的解释》第1条等相关规定之中。根据我国目前的法律条文以及我国的司法实践，我国奉行的是知识产权的绝对地域性管辖原则，对于侵犯我国的知识产权案件，皆由我国法院管辖。此外，我国没有明确将知识产权侵权纠纷案件列入专属管辖的范围。据此知识产权侵权纠纷中具有管辖权的法院为侵权行为地法院和被告住所地法院。其中被告住所地法院是民事诉讼管辖的一般原则，但在知识产权领域，该原则是作为特别规则得以优先适用的，在于保护弱势的被告人的权益，而且在知识产权侵权诉讼中，侵权行为地和被告住所地往往是重合的，至于侵权行为地原则，则是确定侵权纠纷管辖的另一项原则。

随着知识产权跨国流动的增多、跨国知识产权案件快速增长以及由此带来的跨国知识产权问题的复杂性，立法管辖权与司法管辖权绝对统一的观点逐渐被打破。随着互联网的快速发展和技术的更新换代，网络空间下对涉外知识产权案件管辖提出新的问题和挑战，可以预见这种挑战将对整个知识产权纠纷国际私法制度、传统理论和实践造成全面的影响。这种挑战的根源正是知识产权的地域性决定传统知识产权侵权管辖规则局限性所致，因而可能带来的问题包括但限于以下问题：（1）知识产权严格地域性管辖根据遇到困境，如互联网访问、网址、域名是否合适，法院如何确定新的管辖依据；（2）网络空间下，容易产生同一侵权行为同时发生在不同国家，而造成一事多理；（3）物理空间普遍适用的国籍、被告住所地、最低联系原则等是否可以继续适用；（4）当事权利人选择法院地行为普遍发生等。由此可见，涉外知识产权保护中的管辖问题是一个重点需要加强研究的问题，因为这一问题同样关系到更广阔的国际私法保护是否全面完整的命题。网络侵权行为适用"与侵权行为有最密切联系的法律"独具其价值：考虑到属地性的连接点在虚拟而无界的网络空间的无奈，通过"最密切联系"连接点的灵活性可将虚拟空间与现实世界偶然或随意的碰撞作综合的考量；其作为多元化的连接点能够应对网络空间的复杂性；赋予法官一定的自由裁量权，有利于管辖权的确定，也可以实现个案公正，给受害人以有利的保护。美、日、欧等发达国家早就对此问题加以研究，其认识已经相当深入，如果我国在这个问题上仍持保守态度，可能会使我国在未来的国际知识产权保护和技术贸易陷入被动的局面。各国在尊重他国在主权范围内的立法管辖权的同时，基于诉讼效率、方便当事人等原因，有条件地承认对发生在外国的知识产权案件或者涉及外国知识产权的案件的司法管辖权，并适用该外国法。我国在国际技术贸易中处于知识产权需求大国，即输入大国地位，同时随着我国的创新驱动国家战略的实施，创新能力和水平的提升，我国不仅输入外国的知识产品，我国自主创新的知识产品也开始参与国际竞争，特别是"一带一路"战略中的广大发展中国家市场竞争，这无疑对我国知识产权侵权纠纷的立法和司法审判提出更高的要求。从国际民事诉讼的一般实践来看，涉外民事案件的管辖权可以根据多个标准主张，例如属人管辖权（被告住所地）、国际管辖规则（侵权人财产所在地）、法律行为地管辖规则（例如合同履行地、侵权行为地）等。我国《民事诉讼法》第241条关于涉外民事案件管辖的规定也明确列举了多个管辖联结点。因此，尽管各国知识产权法的效力仅及于其地域范围之内，并排他性地调整发生在其地域内的涉外知识产权关系，该涉外知识产权关系引发的案件却并非由该内国专属管辖，而是可以由他国管辖，并由他国根据冲突法规则适用外国法律。这与知识产权的地域性及独立保护原则并不矛盾，恰恰相反，适用外国法处理因该外国域内的知识产权关系引发的案件，是尊重该外国立法管辖权的结果，也是知识产权法地域性和独立保护原则的必然要求。

【案例5-2】我国法院事实上对侵犯外国（或者外域）知识产权的案件行使管辖权吗？

在山东省医药保健品进出口公司诉中国包装进出口山东公司侵犯商标权一案中，山东省烟台中药厂在先在内地合法拥有"至宝"三鞭酒商标专用权，原告山东省医药保健品进出口公司于1988年向香港知识产权署商标登记处申请注册登记了"至宝"三鞭酒的商标，获得"至宝"商标在香港地区的商标权，被告中国包装进出口山东公司从山东省烟台中药厂合法购得至宝三鞭酒后销往香港。原告向青岛市市南区人民法院提起侵权之诉，被告提出管辖权异议，认为原告在内地不享有商标权，内地法院没有司法管辖权。法院最终基于原告就被告原则行使了管辖权。

该案的法院地在中国内地，原告请求保护其在香港地区的商标专用权，被请求保护地与侵权行为地均为香港地区。倘若本案中原被告协议适用中国（大陆）商标法来判定是否构成侵权，则等于承认依照香港地区法律登记的商标权在大陆地区生效，即商标权具有域外效力，这显然违反了《巴黎公约》的独立性原则。虽然物权侵权当中当事人协议法律适用比较普遍，但是物权的域外保护已成为各国司法实践的共识，而这一点在知识产权领域始终被"地域性"原则所排斥。因此，在知识产权侵权领域由双方当事人协议约定适用法院地法，其合理性尚待考察。

【思考】

（1）本案法院行使管辖权的主要依据是什么？

（2）本案的管辖与一般涉外民商事案件管辖有何不同？

延伸阅读5-1

课外查询并阅读下列案件的判决文书：

（1）北影录音录像公司诉北京电影学院侵害著作权案；

（2）吴冠中诉上海朵云轩、香港永成古玩拍卖公司出售假冒其署名的美术作品纠纷案；

（3）东莞金凤米粉有限公司诉程某、东莞明祺米粉厂侵犯商标权案。

知识链接5-3：不方便法院原则

不方便法院原则，作为具有广泛自由裁量性质的一项原则，是指法院在处理民商事包括知识产权案件时，尽管其本身对案件具有管辖权，也是正确的审判地，但如果法院发现其是审理案件的不适当法院或在外国有审理案件的适当法院，法院有权使用自由裁量权拒绝行使管辖权。不方便法院原则的主要目的是所有当事人的利益与正义，尽管这一目的常常遭到破坏，但不能就此否定这一目的。另外，在所有国家法院不方便法院原则的分析中，方便因素只是其中一个考虑因素，不能将之绝对化，认为不方便法院原则仅仅是为了解决不方便法院问题而存在的。不方便法院原则存在赋予审判法院太大的自由裁量权，导致不方便法院案件结果的不一致性和缺乏确定性、可能被被告所利用，成为延迟诉讼的一种策略、具有很强的结果决定性等方面的不足。所有这些不足都将阻碍中国适用不方便法院原则。

第三节　涉外知识产权的法律适用

一、涉外知识产权法律适用主要学说介绍

关于涉外知识产权的法律适用，主要是以普遍主义为基础的来源国法说和以属地主义为基础的保护国法说。❶ 国外利用冲突规范保护知识产权的理论繁多，但具有代表性的主要有以下几种。

（一）原始国法律说（来源国法律说）

该说主张知识产权的确认受来源国法支配，即专利权应适用最初取得地法，商标权应适用最初注册地法，著作权适用最初发表地法，其理由是可以保证知识产权在不同的国家有相同的法律效力，让智力成果的创造

---

❶ 黄进.中国国际私法[M].北京：法律出版社，2014：179.

者有权决定知识产权的法律适用，避免侵权人有机会选择知识产权的准据法。❶

（二）被请求保护国法律说

知识产权被要求得到保护的国家的法律这种主张在处理知识产权侵权案件中适用比较普遍。对于被请求保护国的界定却存在争议，其焦点在于被请求保护国与原始国、侵权行为地国以及法院地国的关系。从实践上看，被请求保护国常常既是原始国，又是侵权行为地，同时是法院地，但是四者彼此独立、不能混同。侵权行为地与原始国属于静态的连接点，两者不难确定，区分的关键在于被请求保护国与法院地两个动态连接点之间的关系。被请求保护国是指权利人认为其知识产权应当受到保护的国家，而受理诉讼请求的法院可能是被请求保护国，也可能不是被请求保护国。❷

（三）分割适用法律说

该说即根据涉及知识产权的不同问题，分别适用不同的冲突规则以确定适当的准据法。分割论的合理性在于其对客观性冲突规范进行"软化"处理，能使准据法的选择更符合日趋复杂的法律关系的各种具体情况，从而使案件得到更公正、更合理的解决。❸ 这种做法目前在各国立法中比较普遍。

以上三种理论为解决知识产权法律冲突提供了宏观指导，各自有其特点和适用对象。但知识产权纠纷浩繁复杂，并非任何一种抽象理论可以解决所有现实问题。有学者主张，专利权、商标权和著作权具体的法律适用规则，需要根据各自特性和具体情况予以确定。❹ 其实，不仅如此，即使单就专利权、商标权和著作权纠纷而言，纠纷不同，法律适用规则也有所

---

❶ 石巍.知识产权的法律冲突与法律适用探微[J]. 现代法学，1999（5）.

❷ 黄进.中国国际私法[M]. 北京：法律出版社，1998：180.

❸ 黄进，杜焕芳.2002 年中国国际私法的司法实践述评[M]//中国国际私法与比较法年刊. 北京：法律出版社，2003：43.

❹ 肖永平.国际私法原理[M]. 北京：法律出版社，2007：158.

不同。我国国际私法学者在立法中建议用《中华人民共和国国际私法（示范法）》❶ 的表述，即可规定为："知识产权的成立、内容和效力，适用被请求保护地法律，也可以结合最密切联系原则适用权利来源国地法律。"如此，法官的自由裁量权必然加大，但"立法需要而且必须给法官留出自由裁量的空间，以弥补规则与实际的差距"。❷

二、涉外知识产权的归属和内容的法律适用

法律适用的目的不仅是界定法律关系的性质以及当事人之间的权利义务，还包括对当事人之间的争议作出公正的裁判结果。结合涉外知识产权的特点，以冲突规范来解决涉外知识产权领域的法律冲突，仍是各国的主要选择。所以，统一实体法和冲突法作为解决知识产权的法律冲突的两种方法，缺一不可。《涉外民事关系法律适用法》第48条规定："知识产权的归属和内容，适用被请求保护地法律。"该法以被请求保护地法律取代传统的被请求保护国法律，❸ 被请求保护国法即主张知识产权被请求保护的国家或地区的法律。该规则在知识产权国际保护领域已为很多国际条约和国家立法广泛采用。如《伯尔尼公约》第5条第（2）款一直被翻译为"被请求保护国法"，❹ 其是一条典型的单边冲突规则，就其原因主要是保护国主义与知识产权的地域性相一致。《涉外民事关系法律适用法（草案）（二次审议稿）》第51条规定知识产权，适用权利保护地法律，也可以适用权利来源地法律。而在最终通过并施行的《涉外民事关系法律适用法》中，将草案的第51条修改为第48条，修改为：知识产权的归属和内容，

---

❶ 以韩德培教授为首的中国国际私法示范法起草工作小组，于 1995 年提交给中国国际私法研究会的《中华人民共和国国际私法（示范法）》，则以一部系统的专门法典的模式，在国际私法学界产生重大影响。

❷ 肖永平. 法理学视野下的冲突法[M]. 北京：高等教育出版社，2008：314.

❸ 万鄂湘. 中华人民共和国涉外民事关系法律适用法条文理解与适用[M]. 北京：中国法制出版社，2011：348.

❹ 原文：Consequently, apart from the provisions of this Convention, the extent of protection, as well as the means of redress afforded to the author to protect his rights, shall be governed exclusively by the laws of the country where protectionis claimed.

适用被请求保护地法律。本条没有区分著作权、专利权、商标权等具体的知识产权类型，而直接采用"知识产权"这一统括性概念加以确定，在一定程度上保证了与知识产权有关的法律适用规则的统一性，既科学严谨又简洁实用，统一适用被请求保护地法。知识产权严格的地域性与被请求保护地其内容随着国际交往和国际私法理论研究成果已被大大丰富，并已成为多元化的连接点，是一个包容性和概括性更强的概念，它可以是权利来源国法、权利申请地法、权利授权地法、权利人国籍国法、行为地法等。从立法的角度看，采用概括性方式立法更具有包容性，适用范围广，可以调整各种类型的知识产权法律关系，还可以包括以后可能出现的新型知识产权关系。我国修改后的《涉外民事关系适用法》第48条将"知识产权"的范围进一步明确为"知识产权的归属和内容"，并将"被请求保护地法律"作为唯一的连接点，这样有利于在司法实践中妥善合理地解决涉外知识产权纠纷。因此，被请求保护地法律对于涉外知识产权关系的法律适用则具有前提作用和基础地位。

【案例5-3】迪××翻唱《歌剧2》著作权纠纷

2017年1月28日，哈萨克斯坦青年歌手迪××在湖南卫视《我是歌手》和1月30日《全球华侨华人春节大联欢》中翻唱俄罗斯维塔斯创作的成名曲《歌剧2》引发著作权争议，成为春节期间中国歌迷的热点话题。

歌曲《歌剧2》系由俄罗斯著名歌手维塔利·弗拉达索维齐·格拉乔夫（艺名"维塔斯"）创作并于2000年12月首次演唱。维塔斯作为《歌剧2》词、曲作者，对该音乐作品享有著作权，并将该音乐作品授权许可俄罗斯布多夫金文化制作中心行使。2017年1月31日，布多夫金文化制作中心委托中国律师向湖南广播影视集团有限公司发出律师函，认为未经权利人许可在《我是歌手》及《全球华侨华人春节大联欢》中播出《歌剧2》的行为侵害了其著作权，要求其停止播放《歌剧2》的内容。

【思考】

（1）本争议翻唱行为中"权属内容"的侵权定性？

（2）翻唱行为侵害了著作权人哪些权利？

（一）被请求保护地的含义

被请求保护地法律对于法律适用在涉外知识产权案件中具有基础性地位，正确理解其含义是确定涉外知识产权关系准据法的基本前提。基于知识产权地域性和独立保护原则，被请求保护地应为被请求保护的权利地。这是因为权利人所获得的知识产权是以一国地域为界的专有权利，各国分别依据各自的法律对知识产权客体赋予权利并提供法律保护。即使针对同一客体，权利人在各国所获得的仍然是各不相同且各自独立的权利。被请求保护的权利地与法院地和提起保护请求地仍存在一定差别。

第一，被请求保护地不等同于法院地。虽然存在各种各样的冲突规范与法律选择方法，但涉外知识产权审判实践中最终适用法院地实体法的现象可能居多数。在实践中，有时权利人要求一国法院保护的并不是法院地国的知识产权，此时法院地与被请求保护地就会不一致。《伯尔尼公约》第5条规定的被请求保护的国家实际上就是使用有关作品的那个国家。郑成思先生就"被请求保护地法"曾举过一个有名的例子，他假设有一部德文作品在中国已然过了保护期，中国出版商因而在中国将其翻译为中文作品，随后又将中文译作卖到了德国去。由于德国的保护期是70年，该德文作品仍然受德国著作权法保护。于是德文作品的权利人到中国来起诉出版商在德国的侵犯德文作品著作权行为，此时中国法已然不保护该德文作品，因此著作权人请求给予保护的国家是德国，即被请求保护地为德国，中国法院应适用德国法。❶ 此时德国不是法院地，而是被请求保护地。此外，《涉外民事关系法律适用法》第 50 条的规定将被请求保护地和法院地并列，根据同一部法律中同一术语应作相同理解，不同术语应作不同理解的一般解释规则，应该认为两者并不等同。此外，各国知识产权法往往规定了多种知识产权保护方式和途径，除了诉讼方式外，不少国家还规定了仲裁、海关保护以及行政保护等，权利人有多种保护途径可以选择，并非必须通过法院以诉讼方式获得保护。因此，被请求保护地并不必然是法

---

❶　郑成思.知识产权论[M].北京：法律出版社，2007：305.

院地。❶

第二，被请求保护地也不等同于提起保护请求地。在涉外知识产权纠纷中，权利人可以在具有案件管辖权的任何法院或者仲裁机构提起保护请求，但是该管辖法院或者仲裁庭适用的法律并不必然是当事人提起保护请求地的法律。如果权利人在权利注册地或者登记地提起保护请求，被请求保护地和提起保护请求地就重合了；如果权利人在权利注册地或者登记地以外提起保护请求时，两者并不重合。

如果权利人在权利来源地国提起保护请求，被请求保护地和来源地国就是同一地；如果权利人在权利来源地国之外提起保护请求时，则被请求保护地和来源地国就不重合。当知识产权登记地、注册地或者利用地并非知识产权纠纷的提起之地时，法院将不会适用其本国的法律，而是适用登记地、注册地或者利用地国家的法律。这是因为被请求保护地并不适用提起诉讼的法院地国法律，而是知识产权保护地的国家的法律。知识产权只能依一定国家的法律产生，其产生条件、权利客体、适用程序都是由权利授予国的法律所规范，而且各国对同一知识产权客体的保护各不相同并相互独立。因此，《涉外民事关系法律适用法》第50条规定，知识产权的侵权责任，适用被请求保护地法律，当事人也可以在侵权行为发生后协议选择适用法院地法律。如浙江省杭州市滨江区人民法院在审理原告日本斑马株式会社诉被告郑某侵害商标权纠纷一案，❷ 判决书对本案涉外因素的表述为："斑马株式会社系在日本注册的企业法人，因本案侵权行为发生地在中华人民共和国境内，故本案审理应当适用中华人民共和国的法律规定。"其认为法律适用因为是涉外侵权责任，应适用侵权行为地法律。该法律条款适用存在明显的不当之处，因为虽然《涉外民事关系法律适用法》第44规定涉外民事侵权责任适用侵权行为地法律，但第50条对涉外知识产权侵权责任纠纷又作出特别规定，即此类涉外知识产权侵权纠纷应适

---

❶ 吴文灵，朱理.涉外知识产权关系的法律适用——以涉外民事关系法律适用法第七章为中心[J]. 人民司法，2012（9）：55.

❷ 浙江省杭州市滨江区人民法院（2012）杭滨知初字第186号判决书，见中国裁判文书网。

用被请求保护地法律，当事人也可以在涉外知识产权侵权行为发生后协议选择适用法院地法律。根据特别法优于一般法的法律适用原则，本案属于知识产权侵权责任纠纷，所以应适用该法第50条规定，而非第44条规定。

同样在辽宁省高级人民法院审理的上诉人沈阳蒂尔佳商贸有限公司因与被上诉人韩国海飞安妃有限公司侵害商标权纠纷一案，❶ 二审法院认为，海飞安妃有限公司系在韩国注册的法人，与蒂尔佳公司发生侵权纠纷，属涉外商事案件。《涉外民事关系法律适用法》第44条规定："侵权责任，适用侵权行为地法律，但当事人有共同经常居所地的，适用共同经常居所地法律。侵权行为发生后，当事人协议选择适用法律的，按照其协议。"鉴于本案被控侵权行为结果发生地在中华人民共和国境内，故本案应当适用中华人民共和国法律。二审法院认为本案是涉外商事案件，其案由却是侵害商标权纠纷，在案件类型属知识产权侵权类案件情况下，定性为涉外商事案件明显不妥，其法律适用结果当然是不准确的。在法院判决中如此适用也不在少数，再如海南省海口市中级人民法院审理的原告鲁道夫·达斯勒体育用品波马股份公司诉被告海南丝绸进出口公司侵害商标权纠纷一案，❷ 该法院就认为原告是德国公司，本案属涉外知识产权侵权纠纷案件，根据《中华人民共和国民事诉讼法》第244条的规定，涉外合同或者涉外财产权益纠纷的当事人，可以书面协议选择与争议有实际联系的地点的法院管辖。本案当事人并未选择管辖法院，被告住所地位于我国，故本院对本案有管辖权。根据《涉外民事关系法律适用法》第44的规定："侵权责任，适用侵权行为地法律，但当事人有共同经常居所地的，适用共同经常居所地法律。侵权行为发生后，当事人协议选择适用法律的，按照其协议。"由于被控侵权行为地在我国，当事人没有共同经常居所地，也并未协议选择适用的法律，故本案应适用我国的法律作为处理当事人争议的准据法。

---

❶ 辽宁省高级人民法院（2015）辽民三终字第97号民事判决书，见中国裁判文书网。

❷ 海南省海口市中级人民法院（2011）海中法民三初字第43号民事判决书，见中国法律法规章司法解释全库。

知识产权侵权责任与一般侵权民事责任法律适用的关系，《涉外民事关系法律适用法》第44条规定了一般侵权民事责任的法律适用："侵权责任，适用侵权行为地法律，但当事人有共同经常居所地的，适用共同经常居所地法律。侵权行为发生后，当事人协议选择适用法律的，按照其协议。"第50条则是关于知识产权侵权的特别规定。因此，第50条与第44条构成特别规定与一般规定的关系，第50条的特定规定应优先于第44条的一般规定得到适用。因此，第44条关于当事人有共同经常居所地时则适用共同居所地法律的规定不得排除第50条的适用。考虑到知识产权的地域性、公共政策性和独立保护原则，适用当事人共同居所地法律也是不合适的。

（二）被请求保护地的适用范围

《涉外民事法律关系适用法》第48条冲突规范的范围是"知识产权的归属和内容"，因此对"归属和内容"作何理解将决定本条的具体适用范围。归属的含义是属于、归于即确定所有权，以及划定从属关系的意思。知识产权归属，则可以理解为知识产权的取得。知识产权的归属是指发明创造或创作者以符合法定条件的技术发明、作品、标识等依法申请并通过法定程序取得相应专有权利。知识产权的归属是指特定知识产权归谁所有的问题；而知识产权的内容，则应包括知识产权范围、取得、效力、期限、终止等问题，这些问题都应适用被请求保护地法律。《涉外民事关系适用法》第七章整章规定的是涉外知识产权的法律适用，其中涉外知识产权合同关系和涉外知识产权侵权关系的法律适用分别在第49条和第50条的规定，从法律的整体和体系化分析，第48条与第49条、第50条应该属于一般规定和特殊规定的关系。因此，本条的适用范围原则上包括涉外知识产权合同关系和侵权关系之外的所有问题。

此外，随着知识产权创造和利用方式的发展，通过劳动关系、委托或者合作等合同关系完成某一知识产品并不少见。因此，劳动关系、委托或者合作合同关系经常与知识产权的权利归属联系在一起。在这种情况下，该知识产权的权利归属是优先适用关于劳动关系、委托或者合作合同关系的准据法，还是适用本条规定的被请求保护地法律？对此，可以从以下几个方面予以分析：第一，根据特别规定优于一般规定的适用原则，第48条是关于知识产权权属问题的一般规定，而有关委托或者合作合同关系、劳动关系的法律适用规则属于特别规定，此时应优先适用特别规定。第二，对于此类知识产品成立的知识产权而言，其权属关系相比较成立、效力和内容，与被请求保护地的社会公共利益无实质性关联，因此没有适用被请求保护地的必要。第三，在涉外著作权领域，适用委托或劳动合同关系所适用的准据法可以避免导致同一作品的著作权主体依据不同的被请求保护地法律不一致的结果。例如，假设英国甲公司的雇员乙的职务作品在中国被侵犯著作权，雇员乙为此在中国请求保护，此时的一个先决问题是确定该作品的著作权归属问题。英国和中国都是《伯尔尼公约》的成员国，英国作品的版权在中国应受保护。如果适用雇佣关系的准据法即英国法确定该作品著作权的归属，则甲公司为著作权人。如果适用被请求保护地法律即中国法律，则雇员乙为著作权人，此时将否定甲公司的权利人资格，相反雇员乙获得不当利益，这明显有失公允。因此，在这种情况下，知识产权的权利归属问题应该适用劳动关系、委托或者合作等合同关系所应适用的法律。如2010年我国"台湾地区涉外民事法律适用法"第42条第2款规定，受雇人于职务上完成之智慧财产，其权利之归属，依其雇佣契约所应适用之法律。

综上所述，被请求保护地的法律是解决知识产权归属和内容冲突方面的法律适用规则，适用被请求保护地法律具有明显优势：其一，被请求保护地是知识产权权利人自己选择的结果，其对其权利范围最清楚，其一定会选择对其权利保护最充分、最有效的国家或地区的法律维护自身的排他权，这样可充分体现对知识产权权利人的尊重和保护；其二，法官适用其熟悉的法律有利于提高司法的法律和社会效果，减少对不熟悉的法律的不当适用，造成对权利人保护不力后果，以实现司法公正；其三，有利于实现对于来源地不同的知识产权在被请求保护地国内给予相同的待遇，避免就同样的法律事实给予不同程度的保护，给当事人造成司法保护的不确定或不公平的误解。

三、涉外知识产权转让和许可使用的法律适用

知识产权转让是指知识产权所有人将其拥有的知识产权转让给受让人，受让人向其支付一定的费用，在转让完成后，转让人对该知识产权不再享有权利，受让人则成为该知识产权的所有人；知识产权的许可使用是指知识产权的所有人或持有人将其依法拥有的知识产权许可给被许可人，由被许可人在约定的时间和地域范围内以约定的方式使用或实施该知识产权指向的作品、发明创造或商标等知识产品，由被许可人向许可人支付一定的使用费，作为使用或实施的回报。❶ 涉外知识产权转让合同是指具有涉外因素的以知识产权为转让或许可标的的合同类型。此处的转让为规范意义上的转让，既包括以转让知识产权所有权为标的的转让合同，也包括以转让知识产权使用权为标的的合同。《涉外民事关系法律适用法》第49条规定："当事人可以协议选择知识产权转让和许可使用适用的法律。当事人没有选择的，适用本法对合同的有关规定。"根据该条规定，涉外知识产权的转让和许可原则上适用当事人选择的法律，在当事人没有选择的情况下，适用一般合同的规定，即运用特征性履行方法确定最密切联系地的法律。这一规定体现了知识产权转让和许可使用协议的本质属性，尊重当事人的意愿，有助于维护法律关系的稳定性与可预见性，有利于促进知识产权的顺利流转。

【案例5-4】上诉人百安奇售货设备集团公司与被上诉人周某、常州费斯托自动售货设备有限公司、徐某某商标权转让合同纠纷案❷

百安奇售货设备集团公司（以下简称百安奇集团公司）系在意大利共和国登记注册的公司。2001年7月其子公司与常州费斯托自动售货设备有限公司（以下简称常州费斯托公司）在中国常州成立中外合资企业：常州联合自动售货设备有限公司（以下简称常州联合公司），由徐某某担任公司董事长兼总经理。徐某某未经许可，于2002年1月15日以常州费斯托公司名

---

❶ 吴汉东. 知识产权法通识教材[M]. 北京：知识产权出版社，2013：352.
❷ 江苏省高级人民法院（2011）苏知民终字第0183号民事判决书。

义向中国商标局申请注册原告的"bianchi图案"商标,并于2003年5月7日获得注册。早在1999年,原告方在意大利开始使用bianchi文字商标,并于2001年设计"bianchi图案"商标,打算在全球使用,该图案商标于2003年在意大利获得注册后,其在2003年3月递交马德里国际申请,涵盖20多个国家,包括中国。原告2004年8月知悉常州费斯托公司注册该商标,即要求常州费斯托公司无偿转让,并于2005年3月10日和常州费斯托公司签订了商标转让协议。然而,常州费斯托公司法定代表人徐某某并未配合原告方完成商标转让协议的备案,于2005年3月15日代表常州费斯托公司和周某签订商标转让协议并在中国商标局办理备案手续,使案外人周某成为该商标持有人。此后,徐某某在自动售货设备上使用涉案商标,其生产的"百安奇"产品在展会上展示,并远销到海外,包括捷克、新西兰等多个国家。

原告认为徐某某恶意串通周某,以虚假合同形式将原告方的注册商标转让给周某并大量生产销售"百安奇"商标产品,该商标转让合同应为无效。常州费斯托公司、徐某某一审辩称:百安奇集团公司对于其在先设计、使用百安奇注册商标、百安奇集团公司具有相当的知名度、其与联合售货设备公司两个外方股东的关系等诉状中诉称事实,均未提交相应的证据予以证明,请求法院驳回百安奇集团公司的诉讼请求等。

一审法院认为:本案系双方当事人因商标权转让合同的订立、履行等导致的纠纷,本案百安奇集团公司在意大利共和国登记注册,故本案属涉外民商事纠纷。关于百安奇集团公司要求判令常州费斯托公司与周某订立的转让百安奇注册商标合同无效的诉讼请求,因该合同系由我国国内当事人签订的转让我国注册商标的合同,该合同关系不具有涉外因素,应当适用我国法律。关于百安奇集团公司要求判令其是百安奇注册商标的合法所有人的诉讼请求,因该项诉讼请求涉及百安奇注册商标权属法律关系,根据《中华人民共和国涉外民事关系法律适用法》第48条之规定,知识产权的归属和内容,适用被请求保护地法律,故百安奇注册商标权权属法律关系应当适用我国法律。我国商标法规定转让商标的自公告之日起享有商标专用权。因此,在我国取得商标专用权原则上应经我国商标局核准。现常州费斯托公司与周某于2005年3月委托常州延陵商标事务所办理转让百安奇注册商标申请手续，我国商标局已经核准并公告，百安奇注册商标权利人为周某，周某享有百安奇注册商标专用权。百安奇集团公司要求法院判令其为百安奇注册商标合法所有人的诉讼请求缺乏事实依据和法律依据，不予支持。关于百安奇集团公司要求判令常州费斯托公司协助其办理注册商标转让合同核准登记手续的诉讼请求，因该项诉讼请求涉及常州费斯托公司与百安奇销售股份公司签订的百安奇注册商标转让合同法律关系。根据《中华人民共和国涉外民事关系法律适用法》第49条规定，当事人可以选择知识产权转让和许可适用的法律。本案中，双方当事人均同意适用我国法律，故百安奇销售股份公司与常州费斯托公司签订的百安奇注册商标转让合同法律关系应当适用我国法律。百安奇集团公司要求常州费斯托公司继续履行与百安奇销售股份公司签订的百安奇注册商标转让合同，前提是该合同可以继续履行。现百安奇注册商标的权利人为周某，并非常州费斯托公司，百安奇集团公司要求常州费斯托公司继续履行与百安奇销售股份公司签订的百安奇注册商标转让合同存在事实上、法律上的障碍，故对该项诉讼请求不予支持。综上，百安奇集团公司的诉讼请求缺乏事实依据和法律依据，不予支持。依照《中华人民共和国合同法》第52条第（2）项、《中华人民共和国民事诉讼法》第64条第1款之规定，一审法院判决：驳回百安奇集团公司的诉讼请求。

原告百安奇集团公司不服一审判决，提起上诉。2012年5月2日二审判决维持原判决。

【思考】

（1）本案适用我国《合同法》第52条第（2）项规定中有关恶意串通，损害国家、集体或者第三人利益的合同无效法院为何未予支持？

（2）本案中常州费斯托公司与周利签订的百安奇注册商标转让合同是否有效？

（一）当事人意思自治原则

对于涉外合同的法律适用问题，运用当事人意思自治原则确定准据法已成为涉外合同法律适用的基本原则。由于涉外知识产权合同关系的本质属性仍然在于其合同性，故适用当事人意思自治原则确定涉外知识产权合同的准据法是应有之义。

知识产权的地域性特征通常意味着知识产权和调整知识产权的法律不具有域外效力，或者说，该国都不承认其他国家知识产权及其立法的域外效力，因此，按照一般原理，在知识产权产权领域不存在法律冲突。传统的国际私法，无论是立法还是学说，或者不涉及知识产权问题，或者只涉及知识产权保护的国际公约，而关于知识产权的法律冲突则是无人问津，也是无须顾及的。❶ 知识产权转让合同以具有极强地域性特征的知识产权为标的，必然受到这种地域性特征的影响。这种地域性决定了在确定转让合同的准据法时，无法完全套用合同的一般冲突原则，确定连接点时参考的因素应考虑地域性特征。然而，基于知识产权的地域性与政策性，与一般涉外合同关系法律适用不同的是，在涉外知识产权合同领域中适用当事人意思自治原则存在一定程度的限制。这主要表现在以下两个方面：第一，强制性规定对当事人意思自治适用的排除。《涉外民事关系法律适用法》第 4 条的规定在知识产权领域尤为明显。❷ 因此，当事人的意思自治要受到被请求保护国法律强制性规定的影响。由于知识产权保护的独立性和公共政策性，各国对于知识产权合同往往又有一些特殊的强制性规定。这些强制性规定具有直接适用的效力，排除了当事人协议选择的法律的适用。"强制性规定"系指位于我国"法律"层级中的实体规范，作为"强制性规定"的我国国内法中的实体规范，无须冲突规范的指引即可直接适用。该"强制性规定"不仅限制了当事人法律选择的自由，而且直接排除了有关外国法的适用。以限制当事人法律选择自由的我国强行法，既涉及

---

❶　吕岩峰.知识产权的国际私法保护：中国的实践[J]. 河南财经政法大学学报，2013（06）：89.
❷　《中华人民共和国涉外民事关系适用法》第4条规定：中华人民共和国对涉外民事关系有强制性规定的，直接适用该强制性规定。

冲突法，亦包括实体法。

例如，我国《专利法》第10条有关专利转让合同形式及效力性的规定，中国单位或者个人向外国人、外国企业或者外国其他组织转让专利申请权或者专利权，应当依照有关法律、行政法规的规定办理手续。转让专利申请权或者专利权的，当事人应当订立书面合同，并向国务院专利行政部门登记，由国务院专利行政部门予以公告。专利申请权或者专利权的转让自登记之日起生效。《商标法》第39条、《著作法》第26条对相关知识产权合同的登记、生效条件等作了相应具体规定；还有更直接地强制性规定，如我国《对外贸易法》第16条、《技术进出口管理条例》第8条～10条、第32～33条等规定了对特定技术的进出口禁止或者限制。该条例规定技术进出口包括专利权转让、专利权申请权转让、专利实施许可等各种技术在中国境内和境外之间的转移应办理相关手续。如果某项知识产权转让或者许可使用合同涉及限制或者禁止进出口的技术，上述法律条款应当直接适用。涉及技术进出口的合同必须遵守，无论当事人协议选择何国法律，都不允许当事人对法律适用进行选择。

第二，公共秩序保留原则对当事人意思自治适用的排除。公共秩序保留制度的存在与传统的多边主义方法相生相伴，公共秩序保留制度也被各国、欧盟，以及国际立法所广泛采纳，它要建立在基本的道德观念和正义思想之上。如果通常需要适用的外国法违背了法院地的强烈的道德信念或者被法院地认为是严重的不公正，它就不会获得适用，这个原则通过法院审理解决争议时，法院的判决不会也不应该向其国民展现一份有损国内基本价值观的结果。我国《涉外民事关系法律适用法》第 5 条同样规定，外国法律的适用将损害中华人民共和国社会公共利益的，适用中华人民共和国法律。如果当事人协议选择的法律的适用结果与我国（法院地国）的重大利益、基本政策、道德等基本观念或者法律的基本原则相抵触，则可排除适用当事人选择的准据法。例如，在我国审理的涉外知识产权合同纠纷案件中，如果当事人协议选择的法律的适用结果违背我国的社会公共利益，则不予以适用，因为冲突法的适用应该以维护国家利益为导向。如果适用外国法律违反我国社会公共利益，则排除该外国法律的适用，直接适用我国法律的规定。作为排除外国法适用的一个"安全阀"，公共秩序保留制度一直为各国立法和司法审判所固守。但由于"公共政策""社会公共利益"本身就是一个多面体式的概念，其内涵及外延具有较大的模糊性，人民法院在实践中如何合理运用这一机制排除外国知识产权法的适用而不悖于国际礼让，显得尤为重要。❶

（二）当事人没有约定时准据法的确定

在当事人未明确选择所适用法律时，一般依据最密切联系原则加以确定，特征履行说是适用较为规范的规则。在知识产权转让合同中特征履行的确定具有特殊性，在确定适用法律时，应当考虑无形财产权的履行特征。对于知识产权转让合同本身的效力可以适用合同准据法一般原则加以确定，但对于知识产权的效力则应区别对待。在涉外知识产权转让过程中，对知识产权有效性产生异议时，一般只能适用权利实施地国，也是权利登记地国的法律。此外，在确定知识产权转让合同适用法律时，还应当充分考虑知识产权转让合同与合同标的的不同性质，特别是如果专利转让或许可合同中因转让或许可的专利权被宣告无效，造成已部分履行合同效力受到影响。在涉外知识产权合同当事人没有选择法律的情况下，与一般涉外合同关系一样，依照特征性履行方法和最密切联系原则确定合同的准据法。特征履行说是确定最密切联系地的主要学说之一。如根据1980年《罗马公约》的规定，在国际专利许可合同当事人未对合同确定哪一国的准据法作出规定时，应适用特征履行方的属人法，即许可方的惯常居所地法、核心管理机构所在地法或主管营业所所在地法，当合同与其他国家具有更密切的联系时，适用其他国家的法律。但是，基于知识产权合同的特殊性，在运用特征性履行方法确定准据法时，其特征性履行地很难予以确定。例如在专利转让合同中，转让人的义务包括保证自己是合法有效的权利人、提交专利有关的技术资料等；受让人的义务包括支付转让费、依合

---

❶ 王承志.论涉外知识产权审判中的法律适用问题[J].法学评论，2011（1）.

同约定实施专利等。由此可见，合同双方当事人的权利义务比较复杂，确定特征性履行地绝非易事。在涉外知识产权合同纠纷中，特征性履行地可以根据每个案件的具体情况予以确定。综上，涉外知识产权合同应当以当事人意思自治原则为主、以最密切联系原则为补充、以特征履行方法确定最密切联系地。

【案例5-5】涉外合同协议管辖条款的效力认定

上诉人韩国MGAME公司（MGAME CORPORATION）与被上诉人山东聚丰网络有限公司（以下简称聚丰网络公司）、原审第三人天津风云网络技术有限公司（以下简称风云网络公司）网络游戏代理及许可合同纠纷管辖权异议案〔（2009）民三终字第4号〕。

该案的基本案情是：聚丰网络公司依据其与MGAME公司于2005年3月25日签订的《游戏许可协议》，以MGAME公司为被告、以风云网络公司为第三人提起诉讼。MGAME公司提出管辖权异议，认为本案应由新加坡有管辖权的法院审理。其主要理由是协议第21条约定："本协议应当受中国法律管辖并根据中国法律解释。由本协议产生或与本协议相关的所有争议应当在新加坡最终解决，且所有由本协议产生的争议应当接受新加坡的司法管辖。"山东省高级人民法院经审查认为，双方在协议适用法律上选择中国法律为准据法，因此，双方协议管辖条款也必须符合选择的准据法即中国法律的有关规定；依据《民事诉讼法》第242条的规定，当事人选择的管辖法院应限定在与争议案件有实际联系的范围内，而新加坡与本案争议无任何联系，其约定管辖应属无效。遂据此裁定驳回管辖权异议。MGAME公司上诉后，最高人民法院于2009年12月22日裁定驳回上诉，维持原裁定。

最高人民法院审理认为，根据《民法通则》第145条和《民事诉讼法》第242条以及《最高人民法院关于审理涉外民事或商事合同纠纷案件法律适用若干问题的规定》第1条的规定，协议选择适用法律与协议选择管辖法院是两个截然不同的法律行为，应当根据相关法律规定分别判断其效力。对协议选择管辖法院条款的效力，应当依据法院地法进行判断；原审法院有关协议管辖条款必须符合选择的准据法所属国有关法律规定的裁定理由有误。对于涉外案件当事人协议选择管辖法院的问题，1982年10月1日起试行的《中华人民共和国民事诉讼法（试行）》并未作出特别规定。现行规定是1991年4月9日公布并施行的《中华人民共和国民事诉讼法》作出的。根据当时的立法背景和有关立法精神，对于该条中关于"可以用书面协议选择与争议有实际联系的地点的法院管辖"的规定，应当理解为属于授权性规范，而非指示性规范。即涉外合同或者涉外财产权益纠纷案件当事人协议选择管辖法院时，应当选择与争议有实际联系的地点的法院，否则，该法院选择协议即属无效；同时，对于这种选择管辖法院的协议，既可以是事先约定，也可以是事后约定，但必须以某种书面形式予以固定和确认。据此，按照我国现行法律规定，对于涉外合同或者涉外财产权益纠纷案件当事人协议选择管辖法院的问题，仍应当坚持书面形式和实际联系原则。本案当事人协议指向的新加坡，既非当事人住所地，又非合同履行地、合同签订地、标的物所在地，同时本案当事人协议选择适用的法律也并非新加坡法律，上诉人也未能证明新加坡与本案争议有其他实际联系。因此，应当认为新加坡与本案争议没有实际联系。相应地，涉案合同第21条关于争议管辖的约定应属无效约定，不能作为确定本案管辖的依据。

【思考】

（1）授权性规范与指示性规范的区别？

（2）我国法律对协议管辖的立法目的？

四、涉外知识产权侵权的法律适用

在知识产权侵权法律适用领域，学界通说认为应适用被请求保护国法律处理法律冲突。由于原告常常在侵权所在地起诉，被请求保护国常常是法院地国。但被请求保护国并非一定总是法院地国，原告也可以依据属人管辖权在被告的惯常住所地起诉，当被告的惯常住所地不在侵权所在地国时，被请求保护国同时是侵权行为地，但并非法院地国。正因为法院地国与被请求保护国有可能出现不一致，《涉外民事关系法律适用法》第50条规定当事人可以协议适用法院地法。这种立法模式吸收了当事人意思自治原则的精神，同时避免了外国法查明的诉累，具有一定的优势，但当事人选择法院地法有可能破坏知识产权的"地域性"特征。从历史上看，冲突法领域的意思自治原则呈现出从严格限制到逐渐放宽的发展过程。迄今为止，这个过程仍在持续发展之中。在公共政策性很强的知识产权法领域，尤其是知识产权侵权领域是否需要适用当事人意思自治原则，更是一个充满争议的问题。

【案例5-6】涉外知识产权侵权案件的法律适用

卡尔蒂埃尔创造工作室股份有限公司诉南京沃持贸易有限公司、夏某、深圳市郎度电子商务有限公司侵害外观设计专利权纠纷案❶。

2007年7月25日，原告卡尔蒂埃尔公司经中国知识产权局授权，取得ZL200630124283.7号"手表"的外观设计专利权。该专利包括7幅视图（详见附图）。原告已将该外观设计运用于实际产品生产，即"Cartier"蓝气球系列手表。该系列手表经不断宣传、推广及"Cartier"作为世界知名奢侈品品牌的较大影响力，已在相关公众中具有较高的知名度。被告在天猫网站上开设"binger宾格官方旗舰店"的网店并销售"binger"品牌系列手表。经比对两者外观设计在整体视觉效果上无实质性差异，应构成近似，落入原告外观设计保护范围。故一审法院判决被告立即停止侵权并赔偿原告经济损失50万元等。

【思考】

（1）本案原告诉讼主体需具备哪些条件？

（2）如果国外消费者在国外从天猫平台上购买到侵权手表管辖权如何确定？

---

❶ 参见江苏省南京市中级人民法院（2016）苏01民初55号民事判决书。

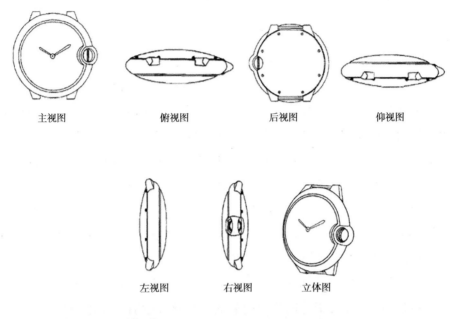

主视图　　　　俯视图　　　　后视图　　　　仰视图

左视图　　　右视图　　　立体图

被控侵权手表

关于知识产权侵权，《涉外民事关系适用法》第50条规定了知识产权的侵权责任，虽然比较简单，但法律适用规则比较明确。一是知识产权的侵权责任，适用被请求保护地法律；二是当事人也可以在侵权行为发生后协议选择适用法院地法律。从现有法律规定来看，就涉外知识产权侵权案件而言，无论是根据有关国际条约还是各国国内法，都是既可以由侵权行为地国家管辖，也可以由被告住所地国家管辖。在我国司法实践中，涉外知识产权侵权案件管辖权的确定适用现行《民事诉讼法》第265条规定处理。有关法律适用问题可分为两种情况，对于侵犯本国知识产权的涉外案件，往往适用本国知识产权法或国际条约，对于侵犯外国知识产权的案件则分歧较大，莫衷一是。《涉外民事关系法律适用法》引入意思自治原则，又作出必要的限制，这无疑是一个明智的选择。根据国际私法中的意思自治原则，当事人有权依其共同意志选择其合同适用的法律。该原则源于民法上的契约自由原则，最早产生于合同领域，后其适用范围呈不断扩大的趋势，而各国采用的范围则不尽相同。我国《民法通则》仅在合同领域采用该原则，而《涉外民事关系法律适用法》则将其进一步扩大到知识产权等领域，并于《总则》第3条相协调；从而表明我国立法不仅对意思自治原则给予充分肯定，体现了对当事人民事处分权的尊重，亦对国际社会的立法趋向给予必要的关注与尊重。

我国涉外侵权法律适用的立法比较落后，《民法通则》规定了一条三款，最高人民法院关于《民法通则》的司法解释中有一条解释性规定，因此，涉外侵权法律适用立法是《涉外民事法律适用法》立法重点。在该法出台前，我国没有关于知识产权法律适用的单行立法，而我国立法中关于一般侵权行为法律适用的规定主要体现在《民法通则》第146条和最高人民法院1988年关于《贯彻执行〈中华人民共和国民法通则〉若干问题的意见》第187条。《民法通则》第146条第1款规定："侵权行为的损害赔偿，适用侵权行为地法律。当事人双方国籍相同或者同一国家有住所，也可以适用当事人本国法律或者住所地法律。"该条第2款规定："中华人民共和国法律不认为在中华人民共和国领域外发生的行为是侵权行为的，不作为侵权行为处理。"从这两款规定可以看出，我国法律在侵权行为的法律适用问题实际采取了以下三项原则：侵权行为地法原则；当事人共同属人法；双重可诉原则。由此可以看出《民法通则》没有直接规定最密切联系原则和当事人意思自治原则。最密切联系原则虽然没有在侵权的法律适用中得到直观体现，但它最早是在现已失效的《涉外经济合同法》中得到体现，而当事人意思自治原则毋庸置疑地在合同领域一直占据重要地位。

我国2011年4月实施的《涉外民事关系法律适用法》，改变了我国长期没有涉外知识产权侵权法律适用专门立法的历史，纵观该法，不管从总则到分则，无不展现出最密切联系原则的身影，将侵权行为地细化，将侵权行为实施地作为侵权行为地，规定侵权行为适用侵权行为实施地法律，侵权行为实施地和侵权结果发生地不一致，受害人可以要求适用侵权行为结果发生地法律。在侵权行为地法与更密切联系地法的关系上，强化更密切联系地法的适用，更密切联系地法的适用优位侵权行为地法。同时也在第50条的规定中首次在侵权领域引入当事人意思自治原则，不得不说《涉外民事关系适用法》是我国国际私法历史上的一个里程碑，由此我国在侵权法律适用方面确立了以侵权行为法为主，辅以最密切联系地原则以及当事人意思自治原则的法律适用架构。关于该规定中被请求保护地是否就是法院地的问题，由于第50条中将法院地与被请求保护地法并列，根据同一部法律中相同术语应作同一解释，不同术语应作不同解释的原则，应该认为两者并不等同，但在一些情况下，二者也是重合的，例如一中国公民的著作权在中国境内侵犯，那么被请求保护地就和法院地重合。此外，我国《涉外民事关系适用法》将当事人意思自治引入侵权领域，可以看作一大进步，但就目前而言，当事人协议选择的法律还仅限于法院地法。知识产权的侵权责任，原则上适用被请求保护地法律，但当事人可以通过协议选择适用法院地的法律。这一规定不仅摒弃了侵权责任适用侵权行为地的传统立法，而且独创性地引进有限的当事人意思自治原则。我国立法最终选择将当事人的意思自治引入知识产权侵权领域。在扩大意思自治的适用领域的同时，又基于效率和便利的考虑，将当事人意思自治的范围限定为只能协议选择法院地法。由于知识产权的复杂性和公共政策性，尽管立法允许当事人在侵权行为发生后协议选择适用法院地法，似乎依然需要审查当事人可以选择的范围。当事人选择的法院地法适用于何种范围？是否案件涉及的全部问题包括权利归属、保护范围和损害赔偿都由法院地法决定？对此，一种做法是无任何限制地允许当事人意思自治，特别是当事人意图综合性地解决多个地域中的并发侵权问题时。从实践的角度看，与逐个国家检索知识产权权利的存在、保护范围、限制与例外的规定相比，根据单一法来解决问题无疑更有效率。但是，在侵权行为仅涉及一个国家时，允许无限意思自治的必要性就减弱了。尤其对需要登记或者注册才能产生的权利而言，似乎在权利的存在、归属、保护范围等方面，由被请求保护地法调整更加合理，而随后的救济则可以依据法院地法来解决。当然，这一问题非常复杂，还有待于司法实践进一步探索。

《涉外民事关系法律适用法》第50条规定的知识产权侵权责任适用被请求保护地法律，此处的"被请求保护地"应同上述第 48 条分析意见相同，含义一致，也应是指被请求保护的权利地。该条还将有限的当事人意思自治原则引入知识产权侵权法律适用领域，这显然是立法者为了与《涉外民事关系法律适用法》第 44 条一般侵权所规定的当事人意思自治原则保持一致。但是知识产权领域因其地域性具有很强的公共政策性，当事人意思自治原则在知识产权侵权领域适用是否恰当，不同学者具有不同的观点。否定观点认为，基于知识产权的公共政策性，知识产权侵权责任的认定与承担是一个国家科学技术发展战略的反映，需要考虑国家利益，因此，原则上应将当事人协议选择适用的法律予以排除，否则有可能与国家的公共政策相悖。肯定观点认为，一方面，对于知识产权侵权责任引入意思自治原则可以避免因适用法院地国以外的法律而导致法律适用结果的不确定性情况。另一方面，在涉外知识产权侵权纠纷中，如果允许当事人协议适用法院地法律，这对于当事人和审理法院而言，都更加清楚了解涉案的侵权法律关系，有利于提高争议解决的效率。我国立法赞成肯定观点，在知识产权侵权领域规定当事人意思自治原则。从实践的角度来看，尽管采用当事人意思自治原则可以克服单一适用请求保护地法的缺陷，可以达到扩大法院地法适用的目的，但是如果法院地不是请求保护地，当事人选择适用法院地法就破坏了知识产权的地域性，其合理性尚待考察。

一方面，"被请求保护地"在很多情况下都与"法院地"重合。但是如果"被请求保护地"就是"法院地"，那么直接规定此类案件适用法院地法就不会有更多疑义，究其原因，就在于"被请求保护地"在有的情况下并不等同于"法院地"。如杭州市滨江区人民法院2016年9月审结的原告雀巢产品有限公司（Societe Des Produits Nestle S.A.）诉被告杭州胜东贸易有限公司、杭州佳融和食品有限公司侵害商标权纠纷一案，❶ 该一审法院认为，本案系侵犯商标专用权引发的侵权纠纷，根据《中华人民共和国民事关系法律适用法》第50条规定，知识产权的侵权责任，适用被请求保护地法律，故本案应适用中华人民共和国法律审理。本案就是"被请求保护地"与"法院地"重合的典型案件。

　　另一方面，双重可诉原则是指侵权行为在外国发生，则只有依据我国法律也认为是侵权行为的，当事人才能向我国法院提起侵权行为之诉。我国《民法通则》第146条第2款对此作了明确规定。之所以在侵权行为问题上应当采纳双重可诉原则，是因为侵权损害赔偿问题与法院地国家、地方的基本政策和经济水平息息相关。对于国外惩罚性与重复性的损害赔偿的巨大数额，如果不以融入法院地政策的双重可诉原则予以钳制，则被告难以承受不可预见的侵权后果。❷

延伸阅读5-2

　　雀巢产品有限公司（Societe Des Produits Nestle S.A.）诉杭州胜东贸易有限公司、杭州佳融和食品有限公司侵害商标权纠纷案（杭州市滨江区人民法院2016年9月审结）。

---

❶　浙江省杭州市滨江区人民法院（2016）杭滨知初字第1024号民事判决书，见中国裁判文书网。

❷　马志强.一般侵权行为法律适用的规定及完善——兼评民法（草案）第九编相关规定[J]. 理论探索，2010（1）.

第四节　中国涉外知识产权保护的实效

一、涉外知识产权司法保护状况

（一）涉外知识产权保护从被动接受向主动适应转变

我国涉外知识产权保护立法和执法是适应改革开放和对外经贸交往的需要而产生和发展的，尤其是加入世界贸易组织之初，我国基本上是被动接受相关知识产权保护标准，在立法上基本照搬条约规定，对于TRIPs协议中的弹性条款研究不深入、利用更不充分，司法和行政执法更多是按照外国要求的重点进行调整。经过30年来的制度建设，我国在积极借鉴国外立法经验的同时，也始终承受着来自双边或多边的国际压力，直到今天仍是如此。相应地，知识产权一直是我国对外交往和国际贸易中的一项重要议题，这与全球化时代下知识产权早已不再是单纯的经济或贸易问题而演变为国际政治问题相契合有关。在知识产权保护全球化的当下，我们已不再有西方国家工业化过程中将他国知识产权当作公共物品无偿使用的制度空间和国际环境。如今保护知识产权已成为我们自身创新和发展的主导需求，我们同样需要坚定不移地保护知识产权。中国在积极倡导、推动经济全球化并在全球化的过程中已获得一定益处，但也应清醒地看到，中国在知识产权领域全球化的过程中还处于弱势地位，从整体上看，全球化对于中国知识产权来说仍是负面影响大于正面影响。一个国家的经济发展水平与知识产权保护程度有着密切的关系，不同的国家根据各自的国情对知识产权采取不同程度的保护，即使是同一个国家，在不同的历史阶段也会采取不同程度的知识产权保护的方式和力度。中国已经认识知识产权保护的重要性，出台《国家知识产权战略纲要》，以创新驱动作为国家发展战略。我国的国际角色也开始转换，由较为被动的制度移植者和批评接受者逐渐成为国际舞台上的主动参与者，国际影响力与日俱增。❶ 我国的国际地位与影响力迅速提升，但我国仍然属于发展中国家。中国的综合国力大幅提升、国际地位稳步提高是国际社会不容否认的事实，但综合多项因素进行考察，我国仍然是发展中国家，是知识产权的主要输入国，距离发达国家还存在很大的差距。而在知识产权国际化保护方面，这一定位决定了在相当长的一段时期内，我国将处于知识产权国际保护体系中的弱势地位，也就意味着在策略上，我国的主要目标在于同强权国家积极抗衡，并在与发达国家的博弈中促使知识产权的国际规则从立法程序到实体内容等各方面更加公正合理，防止发达国家利用先进技术和立法优势地位，通过高标准保护和技术贸易壁垒等方式加剧中国企业在国际竞争中的劣势地位，进而最大限度地维护自身利益。在取得成绩的背后，我们还应当看到，规则外观的一致性进展并不能忽视我国国内知识产权制度在客观上尚存在一定明显的问题。

当前，国际国内形势发生新变化，涉外知识产权审判面临新形势和新任务，在今后相当长的一段时期内，可以预见，知识产权国际保护标准还是以美欧所主导，超TRIPs协议保护的标准化不可避免。我国应从加强自身实力入手，提高自主创新能力和水平，以利于在国际竞争中处于积极主动的地位。当然人民法院也应进一步增强责任感、使命感和紧迫感，抓住机遇，奋发有为，不断提高涉外知识产权审判能力和水平。充分认识国际经济贸易竞争变化对涉外知识产权审判提出的新要求，进一步提高我国知识产权司法的国际影响力，建设对创新创业者具有吸引力的良好营商环境，努力将中国法院打造成当事人信赖的国际知识产权争端解决的"优选地"。

美国《华尔街日报》2016年11月7日刊载文章说，中国专利诉讼影响力上升，当一家加拿大专利授权公司欲起诉日本电子企业索尼时，它选择了一个让人意想不到的地方：中国。该文称，总部位于加拿大渥太华的

---

❶ 国家知识产权局2011年4月21日发布的《2010年中国知识产权保护状况》，第12～13页。

WiLAN公司2016年10月30日向南京一家法院提起针对索尼的诉讼。这种外国专利持有实体在中国起诉非中国企业的案例实属罕见。这说明中国正成为它们寻求法律行动更具吸引力的地方。

相比美国，在中国诉讼不会旷日持久，费用也较低。而且，过去几年，中国的法院进步迅速。如果法院的禁令在中国发布，将不仅适用于在该国销售的使用所涉专利的产品，也适用于中国制造的此类产品的出口。专利法公司罗斯律师事务所在此案中为WiLAN出谋划策。该事务所驻华律师埃里克·罗宾逊说，"若是三四年前，我不会为任何想要在中国提起专利诉讼的外企提供建议"。此类诉讼的全球中心历来是美国，但近年来，专利授权公司寻求在新地方打官司。中国由于成熟和高效的诉讼程序而成为一个热门地点，一些潜在诉讼当事方开始考虑选择中国。

推动中国快速进步的是中国想要促进本国科技发展，而目标是保护中国企业所拥有的数量日益增多的专利。一些中国大型科技企业如华为和中兴，已建起庞大的专利组合。据中国国家知识产权局统计，2015年中国授权的专利数量猛增54%，达35.9万件。

授予更多专利的同时，中国政府近年加强专利保护，设立专门审理知识产权纠纷的法院。专家认为，对本已在华面对激烈竞争的外国科技公司来说，这可能意味着平添法律挑战。中国专利持有者如今也利用该制度发起诉讼。❶

知识产权司法保护与国际国内形势密切相关，特别涉外知识产权案件审理应更具开放性，可以断言，我国今后相当长时期内，在知识产权立法上必然是在继续强化与国际规则接轨基础上，实现与国际同步并与国内需求深度整合。世界经济深度调整、复苏乏力，经济全球化和区域一体化发展更加错综复杂，国际竞争在科技、经济、人才、制度等方面全面展开，

---

❶ 据美国《华尔街日报》2016年11月7日第6版刊文翻译。据了解，该案2016年10月30日，由南京市中级人民法院立案受理，（2016）苏01民初1133号原告无线未来科技公司诉索尼移动通信产品（中国）有限公司、南京京启承信息科技有限公司、南京京启承信息科技有限公司玄武分公司侵害发明专利权纠纷一案，该案正在审理之中。

争夺国际经贸规则制定主导权的较量更加激烈。部分发达国家寻求通过双边或者小多边方式确保其世界经贸规则制定主导权。部分国家达成跨太平洋伙伴关系协定（TPP），形成高标准的国际经贸规则和知识产权保护规则，抢得主导未来规则制定的先机。该协定是以美国主导而倡议成立的贸易投资组织，虽然美国新当选总统特朗普2017年1月20日上任后宣布退出TPP，但导致不确定因素可能更难预料，特朗普政府对华政策就是防范中国崛起，美国利用知识产权对中国施压可能更加明显。高标准的知识产权保护制度所产生的引导效应在未来可能进一步推高国际知识产权保护水准，并可能对我国知识产权制度的发展完善形成倒逼之势。我国已经成为全球第二大经济体和世界第一大贸易国，是世界经济格局中举足轻重的力量，可以发挥建设性和制衡性作用，推动国际经贸规则向更加公平自由、普惠包容的方向发展。我国正在积极构建开放型经济体系，大力推动建立双边自由贸易区和亚太自由贸易区，实施"一带一路"战略，企业纷纷走出去，特别需要良好的国际贸易、投资和知识产权保护环境。审判中必须深刻认识国际竞争和我国国际地位的新变化，适应我国开放型发展战略的新需要，更加积极主动地运用知识产权制度，加强知识产权保护，在参与、推动乃至引领国际知识产权保护和规则制定方面发挥更大作用。

（二）在涉外知识产权案件的审理中，人民法院坚持依法平等保护原则

审理涉外知识产权案件，要正确处理本国利益与他国利益的关系，既不片面夸大国家利益，搞狭隘的民族保护主义，又要防止因国内外各方面的各种压力而影响公正审判和平等保护。要正确处理对外关系与具体案件审理的关系，无论普通涉外案件还是引起国际关注的敏感性案件，都要严格依法办案，不能为盲目迎合片面的外部舆论而牺牲公正司法。要正确处理好本国当事人与外国当事人的利益关系，遵循国民待遇原则，信守国际条约，严格依法保障中外当事人的诉讼权利和平等保护其实体权益。对于涉外知识产权案件，人民法院始终坚持依法公正审判和平等保护原则，依法平等保护中外当事人的合法权益，确保知识产权审判的独立性和中立

性，维护我国司法良好的国际形象。

坚持平等保护原则，坚决反对任何形式的保护主义。严格依法办案，平等保护本国与外国、本地与外地当事人的合法权益，坚决遏制地方保护和部门保护，促进国内市场的统一开放，完善投资环境和增强投资信心，提高我国知识产权保护的国际声誉和树立良好形象，提高对外开放水平。统筹好国内国际两个大局，妥善处理与贸易有关的重大知识产权纠纷，积极服务于国内国际两个市场、两种资源的统筹利用，既确保遵循相关国际公约和国际惯例，促进国际经贸合作，又始终注意维护国家利益和经济安全，激励和促进自主创新，提升我国的知识产权综合能力和国际竞争力。

（三）司法保护的透明度不断增强，加大保护效果明显

人民法院始终坚持审判公开原则，依法通过媒体、网络和出版物等形式及时向社会公开生效裁判文书和发布审判信息，最高人民法院于2006年3月10日正式开通"中国知识产权裁判文书网"，统一上网公开全国各级人民法院的生效知识产权裁判文书，❶ 现在所有知识产权纠纷案件裁判文书已统一由中国裁判文书网公开发布。及时上网发布全部可以公开的裁判文书，提高了裁判文书的公布范围和效率。据统计，截至2015年年底，通过中国裁判文书网公开生效知识产权裁判文书约15.5万份，知识产权审判已成为司法透明度最高的审判领域之一。知识产权审判中始终坚持公开透明原则，积极主动开展知识产权司法宣传，大力深化司法公开，受到国外、域外权利人的欢迎和关注。通过多年的知识产权国际保护实践，我国执法和司法机关始终遵循国民待遇原则，信守国际条约，依法平等保护涉外知识产权，营造公开透明的贸易投资环境，促进提高对外开放水平。运用行政和司法双轨保护途径加大惩处力度，依法加重对假冒盗版、重复侵权、恶意侵权行为人的查处和赔偿责任，提高其侵权代价。在最新由美国商会全球知识产权中心2017年2月8日发布的《创新之源——国际知识产权指数报告》对中国在知识产权侵权可得救济方面得分有所上升，新增指标

---

❶ 见中国法院知识产权司法保护状况（2009年）白皮书。

如海关贸易相关知识产权侵权的透明度等得分较高。❶ 2016年，我国政府公布了一个内容广泛的知识产权行动计划——《国务院关于新形势下加快知识产权强国建设的若干意见》。该意见强调将继续努力完善中国的知识产权环境。2016年，最高人民法院在备受关注的美国篮球明星乔丹姓名权与商标权争议判决中表明对于解决商标注册领域恶意申请商标问题的法律取向。2016年年底北京知识产权法院5 000万元判赔案例创下同类案例判赔额新高。事实充分证明，我国在保护涉外知识产权方面的成果，全世界及相关权利人都是有目共睹的。

二、涉外知识产权案件的特点

涉外知识产权民事案件，一般指含有涉外因素或国际因素的民事案件。涉外知识产权纠纷案件的审理，关系到我国改革开放中的技术发展和技术水平的提升，公平高效地解决涉外知识产权民事纠纷，向世界展示我国在知识产权司法保护方面开放、自信、包容和负责的大国形象，是人民法院涉外知识产权审判工作所面临的艰巨任务。我国近几年审结的涉外知识产权案件体现如下特点。

（一）涉外知识产权案件数量持续增长

随着国际经贸往来和技术交流的日益频繁，全国涉外知识产权纠纷案件数量由2013年的2 840件上升至2015年的5 675件。❷ 相关案件均涉及当今世界主要发达国家。近年来全国法院受理的涉外（包括涉港澳台）一审知识产权民事案件总体呈现持续平衡增长的态势，收案平均增长幅度为17.5%，表明当前国外和境外权利人维权力度不断增大，涉外知识产权纠纷案件仍处上升期。

---

❶　美国商会全球知识产权中心（GIPC）.创新之源——国际知识产权指数报告[EB/OL].[2017-2-8].www.ipr.gov.cn.

❷　最高人民法院民三庭庭长宋晓明在2015年4月26日世界知识产权日前一天接受《中国日报》专访时介绍，见《中国日报》2015年4月26日第5版。

（二）涉及全球知名企业、知名品牌较多

近年来，中国各级具有知识产权管辖权的法院受理、审结了一批涉及较高国际知名度和影响力的企业和品牌的案件。如涉及美国微软公司、美国埃克森美孚公司、法国施耐德电气工业有限公司、法国路易威登马利蒂公司、法国拉科斯特股份有限公司、日本电气株式会社、日本本田公司、荷兰飞利浦公司、荷兰黛尔吉奥公司等国际知名企业，以及涉及万宝龙（MONTBLANC）、卡地亚（CARTIER）、施华洛世奇（SWAROVSKI）、古驰（GUCCI）、轩尼诗（HENNESSY）、米其林（MICHELIN）、飞利浦（PHILIPS）、路易威登（LV）、阿迪达斯（ADIDAS）、拉科斯特（LACOSTE）等国际知名品牌。

（三）涉外商标类侵权纠纷比重大、专利权纠纷增长快

近年来，各地法院受理的各类涉外知识产权纠纷中，商标侵权案件一直占有较大比重，从上述粗略列举的商标品牌所涉即可见一斑；同时，一审专利权纠纷案件呈现快速增长的态势，而且涉外专利纠纷的技术含量相对较高，如涉及芬兰诺基亚公司基站、无线网络等的系列发明专利案，德国贝林格尔公司噻托澳铵原料药制造方法发明专利，瑞士亨斯迈公司偶氮染料制备方法发明专利案等。2012～2015年，经检索就有143件外国专利权人起诉中国企业和经营者。

（四）国外权利人作为原告胜诉率高、请求赔偿数额大

近年来，各级法院受理的涉外知识产权民事案件中，基本都是国外权利人作为原告指控国内企业或经营者侵害其知识产权，且当事人主要来自发达国家，其中涉及美国、德国、法国、日本等国的案件最多，出现不少大标的额的案件。如美国微软公司诉上海瑞创网络科技股份有限公司等侵害计算机软件著作权纠纷案，原告诉请赔偿金额达1亿元，经法院调解被告最终赔偿3600万元；如比利时索尔维公司诉江苏扬农化工集团有限公司侵犯发明专利权纠纷案，诉讼标的额超过1亿元；美国礼来公司等诉黄某侵害商业秘密纠纷案，诉讼标的额达到2000万元，等等。

（五）批量和系列维权案件较多且相对集中，社会影响大

批量维权案件较多，是各地法院受理的涉外知识产权民事案件的一个显著特点。经粗略统计，仅2013～2016年美国磊若软件公司在中国就起诉各类企业和单位侵害其计算机软件著作权系列纠纷案件就达566件；❶ 近年来，德国鲁道夫·达斯勒体育用品波马股份公司在全国各大市场就侵犯其PUMA商标专用权纠纷也展开大规模的系列维权诉讼，在各地共分别提起336件商标侵权案件；❷ 法国路易威登马利蒂公司多年来在全国起诉各地的宾馆、酒店和各类市场经营管理公司及市场内的个体经营户侵犯LV商标专用权纠纷案件360件。❸ 这些世界知名品牌在国内受到侵权还占有一定数量，而且各地市场主体侵权行为每年仍时有发生，经济发达地区案件数量相对更多，说明假冒侵权也较多。权利人通过这样批量和系列维权诉讼，对侵权者起到一定的警示和震慑作用，也表明国外知识产权权利人更倾向于采用司法保护的方式，这样可确定和明晰行为人侵权行为性质并得到充分赔偿，从而充分保障其知识产权的合法权益。

部分中国企业和经营者从此类诉讼中受教良多，或者在事后与外国当事人握手言和，表示尊重权利人的知识产权，经许可合法使用权利人的知识产权，以营造良好的公平竞争的市场环境。

三、发挥司法保护主导作用，为创新增添活力

2008年6月国务院印发的《国家知识产权战略纲要》，将"加强司法保护体系""发挥司法保护知识产权的主导作用"作为战略重点之一。中共十八大明确提出要"实施创新驱动发展战略"，十八届三中全会要求"探索建立知识产权法院"，十八届四中全会强调"完善激励创新的产权制度、知识产权制度和促进科技成果转化的体制机制"。2014年12月，国务院发布《深入实施国家知识产权战略行动计划（2014～2020年）》，把"司法保护主导作用充分发挥"作为主要实现目标之一，人民法院正结合

---

❶❷❸　详见中国裁判文书网，2016年12月21日访问。

工作实际，扎实有效推动这一目标任务的实现。

（一）发挥司法保护知识产权的主导作用具有重要意义

发挥司法保护知识产权的主导作用，是党和政府从国家战略高度出发，结合我国经济社会发展总体状况，在总结知识产权事业发展和知识产权保护规律基础上作出的战略决策，是主动适应新形势和服务大局的必然选择。当今世界，科学技术发展日新月异，知识经济和经济全球化深入发展，知识产权日益成为国家发展的战略性资源和国际竞争力的核心要素。我国经济发展进入新常态，低成本比较优势发生变化，环境资源约束更加明显，经济发展方式由要素驱动、投资规模驱动为主向以创新驱动发展为主转变。在大众创业、万众创新和"互联网+"时代，创新对经济发展的引擎作用更加突出，我国实施知识产权战略的形势更加紧迫，充分发挥司法保护知识产权的主导作用，才能更好地服务我国创新驱动的战略总体目标的实现。2015年全国各级法院共新收一审、二审、申请再审等各类知识产权案件149 238件，审结142 077件，比2014年分别上升11.49%和11.76%。全年共审结涉外知识产权民事一审案件1 327件，同比下降22.67%；审结涉港澳台知识产权民事一审案件387件，同比下降9.15%。❶从全国相关数据比较来看，江苏全省法院立足司法推进全面创新，助力"大众创业、万众创新"，加大对创业投资、公平竞争、技术创新的保护力度，2016年新收一审知识产权案件10 058件，同比增长9.65%。加强对关键核心技术、战略性新兴产业的司法保护，在南京、苏州设立跨区划管辖的知识产权法庭，提升专利等技术类案件审理水平。从上述点面结合的数据上已初步展现了司法保护知识产权的主导作用和实际效果。

司法保护具有稳定长效的优势。通过司法保护知识产权，可以很好地避免行政保护可能形成的执法弊端。司法保护具有明确规则优势，司法保护不仅能够解决纠纷，还能够基于裁判文书的公开性和说理性，明确法律标准和阐明法律界限，划定知识产权案件当事人的行为界限，为处理类似

---

❶ 见《中国法院知识产权司法保护状况（2015年）》白皮书。

纠纷以及行业发展方向提供重要的依据、指导和参考。司法保护还具有终局权威优势，司法保护是知识产权保护的最终环节和最后的救济途径，具有终局的救济效力，较之行政保护更具权威性。由于司法具有上述优势，知识产权权利人特别是外国知识产权权利人日益把司法保护作为维护权益最值得信赖的途径。

全球化要以市场为导向，法律为保障。在涉外知识产权审理中，需要尊重市场规律，建设统一开放、竞争有序的市场体系。知识产权是私人权利，是市场主体参与市场竞争的核心资源和重要武器。知识产权司法保护由权利人自主发动，很好地契合了知识产权的私权属性、市场属性和竞争属性。司法有着严谨、规范、公开、平等的程序规则，通过司法途径保护知识产权，发挥司法保护知识产权的主导作用，对于明确公开开放透明的市场规则、营造公平竞争的法治环境具有根本性作用。

司法是法治的重要体现和象征，司法工作在对外交往和社会生活中的地位、作用和影响更加凸显。在知识产权涉外保护工作中，人民法院不仅负有知识产权民事保护和刑事保护的司法职责，还负有对知识产权行政执法行为的司法监督职责。强化人民法院对知识产权行政执法行为的监督，规范和促进行政机关依法行政，是司法保护知识产权主导作用的重要体现，是知识产权领域法治建设的重要内容，是提升我国国际影响力，树立大国国际形象的重要方式。司法保护是国际通行的保护知识产权的主导性机制，被国际社会广泛接受和认可。推行司法保护为主导的知识产权保护模式，有利于我国融入知识产权保护国际化进程，有利于我国的对外开放和国际交往，有利于我国发出中国声音、把握话语权、参与知识产权保护国际规则制定，有利于树立我国负责任大国形象，提高我国司法的国际公信力。

（二）当前制约司法保护知识产权主导作用发挥的主要因素

"发挥司法保护知识产权的主导作用"这一战略决策提出以来，司法保护知识产权的主导作用日益凸显，但也受到内外各种因素的制约。

第一，知识产权"双轨制"保护模式有待优化。我国法律确立了知识产权行政保护和司法保护并行的"双轨制"模式，在知识产权制度建立之初，"双轨制"模式充分利用行政力量，满足了在较短时间内建成有效知识产权保护体系的需要，为知识产权保护工作作出重要贡献。但是，随着我国知识产权法律制度不断完善和知识产权司法保护的日益成熟，行政保护与司法保护在相互配合、相互协调过程中出现的问题不断增多，"双轨制"模式本身所存在的弊端不断显现，一定程度上制约了知识产权司法保护主导作用的发挥。必须妥善处理司法保护和行政保护之间的关系，正确厘定两者之间的职能范围，做好协调配合和相互衔接。

第二，知识产权相关法律有待修订完善。随着知识产权保护实践的发展和全社会知识产权保护需求的不断提高，现行知识产权法律体系中一些与实践和需求不适应的环节和方面逐渐显现。比如，我国现行民事法律对知识产权法律的基本原则、一般规则及其重要制度、重要概念等未予明确规定；知识产权损害赔偿制度未对侵权人形成足够威慑；知识产权民事侵权诉讼程序与知识产权行政无效程序的各自分立，严重制约了司法保护效率；现行专利商标确权程序定位不科学且过于复杂冗长，等等。知识产权司法保护体制有待健全。我国已经建立起比较完备的知识产权司法保护制度，但仍亟待改革和加以完善。一是民事审判、行政审判和刑事审判相互分立的审判模式不尽合理，难以形成保护合力。二是知识产权审判体系尚待完善，技术类案件上诉审法院不统一，难免出现裁判结果不协调甚至冲突的情况，影响知识产权司法保护的质效。三是知识产权法院各项制度均在探索当中，其运行效果在短时间内难以显现。四是人民法院对知识产权保护临时措施运用不足，影响知识产权司法保护的及时性和有效性。

第三，知识产权法官队伍建设有待加强。当前，知识产权法官的司法能力尚不能完全适应快速增长的司法需求。一是知识产权法官服务创新的针对性、有效性有待进一步提高。二是部分知识产权法官对新法律、新知识和新审判领域的学习研究不够，应对审判热点、难点问题、解决新问题的能力有待进一步提高。三是知识产权保护的国家利益意识有待强化。部分知识产权法官对知识产权国际竞争形势了解不多，知识产权保护的国家利益意识有待进一步增强，国际视野还需进一步拓宽，参与和引领国际知识产权司法前沿的能力有待进一步提高。

（三）充分发挥司法保护知识产权主导作用应采取的主要措施

司法保护知识产权主导作用的充分发挥，既需要立法的修改完善，又需要司法的改革调整；既需要人民法院积极采取行动，又需要全社会的理解、支持和配合；既需要顶层设计，又需要底层探索。

首先，调整优化知识产权"双轨制"保护模式。逐步优化以司法保护为主导、以民事诉讼为主渠道的知识产权保护模式。加强司法保护与行政保护之间的相互协调和衔接。合理确定知识产权行政执法的执法事项和范围，将有限的行政资源集中于危害社会公共秩序和公共利益的严重侵权行为。加强对行政执法行为的司法监督，严格规范知识产权行政执法行为，强化对执法行为的程序审查和执法标准的实体审查，依法纠正执法错误。积极引导行政执法的调查取证、证据审查、侵权判定等向司法标准看齐。

其次，修改完善相关知识产权法律。加强知识产权立法的衔接配套，增强法律的可操作性。明确知识产权在民法典编纂中的定位。以修改专利法、著作权法和反不正当竞争法为契机，参照商标法的规定，增加惩罚性赔偿制度。研究知识产权民事侵权诉讼程序与知识产权行政无效程序各自分立的体制造成的诉讼效率问题及其解决方案，赋予人民法院在民事侵权诉讼中审查知识产权效力的司法职权。改革和简化专利商标确权程序，明确专利商标确权纠纷案件的民事纠纷属性，明确规定人民法院在专利商标确权案件中的司法变更权。建立知识产权案件诉讼证据开示制度，设置完善的程序和规则，赋予当事人披露相关事实和证据的义务，确保最大限度查明案件事实。增设文书提出命令制度和举证妨碍制度，明确侵权行为人的文书提出义务和无正当理由拒不提供证据的法律后果，强化实体和程序制裁，减轻权利人举证负担。

再次，不断健全知识产权司法保护体制。推动建立知识产权民事、行政和刑事审判协调机制，提高司法效率，统一司法标准，发挥整体保护效能。加强与公安机关、检察机关以及知识产权行政执法机关的协调配合，完善工作配套机制，形成保护合力。研究和推动建立国家层面的知识产权高级法院，作为专利等技术类案件的上诉管辖法院，有效统一裁判标准。强化知识产权法院在司法保护主导作用中的引领地位，落实法官员额制、司法责任制，完善各项诉讼制度，探索符合知识产权案件审判规律的专门化审理程序和审理规则，抓紧研究制定技术调查官制度。

最后，加强知识产权法官队伍建设，提升司法能力，改进司法作风。知识产权法官要着力提升涉外法律适用的工作能力，切实维护知识产权权利的正当合法权益，让知识产权权利人感受司法保护的便捷高效，从实体、程序和实效上体现维护知识产权和公平竞争的市场环境，涉外知识产权审判人员需加强对新法律、新领域、新技术的学习培训，不断提高研究知识产权保护的新情况、解决新问题的能力。不断强化知识产权保护的国家利益意识，强化国际视野和世界眼光，准确把握知识产权司法保护的国内外发展变化趋势，提高我国知识产权司法的国际影响力。

（四）中国知识产权司法保护任重道远

依法开展涉外知识产权司法保护，保障对外开放，促进国际经贸合作和科学技术提升，使创新驱动成为中国全面发展、提高全球竞争力的新动力。正确处理好本国利益与他国利益的关系、对外关系与具体案件审理的关系、本国当事人与外国当事人的利益关系，始终坚持依法公正审判和平等保护原则，维护和提升我国司法良好的国际形象，优化经济发展外部环境。统筹国内国际两个大局，妥善处理与贸易有关的重大知识产权纠纷，既确保遵循相关国际公约及国际惯例，又始终维护国家利益和经济安全。在严格保护各类中外知识产权合法权益前提下，注意从个案中发现知识产权工作的薄弱环节和管理漏洞，通过司法建议和裁判说理等形式，对行政管理提出改进建议，为行业和产业提供行为预警，提高企业应对知识产权纠纷的能力，延伸知识产权司法保护效果。

中国在全球经济中的地位和作用与日俱增，知识产权司法的影响国与市场的重要性成正比，市场越大，知识产权司法的重要性和影响力越大。中国市场是国际市场的重要组成部分，中国已成为经济大国，特别是贸易和制造大国，中国的国际地位也在不断增强，因此在国际知识产权司法保护上也需要与之相匹配。此外，我国已成为知识产权的大国，正努力成为知识产权强国。据新华社《2015年中国推动全球专利申请量创新高》中报道：世界知识产权组织发布报告称，2015年中国专利申请量首次在单一年度内超过100万件，推动全球专利申请量创下新高。

据2016年11月23日发布的《世界知识产权指标》年度报告显示，2015年世界各地的创新者共提交约290万件专利申请，比2014年增长7.8%，专利保护需求连续第六年保持增长。

2015年中国国家知识产权局受理110多万件专利申请，申请量几乎相当于全球排名第2～4位的美国、日本、韩国专利主管机构受理的专利申请总量。其中，美国以约58.9万件专利申请位居第二，日本和韩国分别以约31.8万件和约21.3万件申请分列第三、第四位。

世界知识产权组织总干事弗朗西斯·高锐表示，2015年世界各地的决策者都寻求刺激经济增长，促使知识产权申请取得良好进展。除了中国继续推动全球专利申请增长，大多数国家对知识产权的利用也都在增加，表明知识产权在全球化知识经济中越来越重要。

此外，2015年全世界共授权约124万件专利，得益于中国专利授权量增加，较此前一年增长5.2%。中国2015年专利授权量达到约35.9万件，超过美国的约29.8万件，成为授权量最多的国家。另外，在商标和工业品外观设计申请方面，中国也位居世界第一。我国无疑已成为知识产权竞争的重要市场和战场，在中国市场上进行角逐的知识产权当然应当是受到中国法律的保护。而我国法院正在进行着具有重要国际意义的知识产权保护实践，且通过多年不懈努力已取得令世界各国瞩目的骄人业绩。

【思考与练习】

一、名词解释

1.涉外民事关系

2.国际条约

3.国际惯例

4.冲突规范

5.直接调整

6.间接调整

7.涉外知识产权管辖权

8.最密切联系原则

9.属地管辖权

10.属人管辖权

11.不方便法院原则

12.来源国法律说

13.被请求保护国法律说

14.分割适用法律说

15.被请求保护地

16.涉外知识产权转让

17.涉外知识产权许可

18.授权性规范

19.指示性规范

20.双重可诉原则

二、简答

1.简述中国涉外知识产权立法概况。

2.简述TRIPs协议对中国知识产权立法的影响。

3.简述冲突规范产生的原因。

4.简述冲突规范适用规则。

5.简述国际条约和国际惯例在我国的适用。

6.简述我国《民法通则》与《涉外民事关系法律适用法》的关系。

7.简述涉外知识产权民事关系构成要件。

8.简述涉外知识产权民事案件的管辖权的确定。

9.简述涉外知识产权法律适用主要学说的内容。

10.简述涉外知识产权的归属和内容的含义。

11.简述涉外知识产权转让和许可使用的法律适用。

12.简述涉外合同协议管辖条款的效力认定。

13.简述《涉外民事关系法律适用法》第44条与第50条的关系。

14.简述涉外知识产权案件的特点。

15.简述中国涉外知识产权司法保护的成就。

16.谈迪××翻唱维塔斯《歌剧2》音乐作品的定性和湖南卫视播放翻唱作品侵害了原作者哪些权利。

【资料链接】

1. 汤宗舜.知识产权的国际保护［M］.北京：人民法院出版社，1999.

2. 美国加州大学，美国斯坦福大学法学院.国际知识产权法律制度［M］.北京：中央广播电视大学出版社，1998.

3. 冯晓青.全球化与知识产权保护［M］.北京：中国政法大学出版社，2008.

4. 中国知识产权司法保护年鉴（2013）［M］.北京.法律出版社.2014.

5. 中国裁判文书网

6. 北大法律信息网

7. 世界贸易组织官网

参考文献

[1]吴汉东.知识产权国际保护制度研究[M].北京：知识产权出版社，2007.

[2]吴汉东.知识产权法学（第五版）[M].北京：北京大学出版社，2011.

[3]唐广良，董炳和.知识产权的国际保护[M].北京：知识产权出版社，2006.

[4]冯晓青.全球化与知识产权保护[M].北京：中国政法大学出版社，2008.

[5]汤宗舜.知识产权的国际保护[M].北京：人民法院出版社，1999.

[6]郑成思.知识产权论[M].北京：法律出版社，2007.

[7]郑成思.WTO知识产权协议逐条讲解[M].北京：中国方正出版社，2001.

[8]张乃根.国际贸易的知识产权法[M].上海：复旦大学出版社，1999.

[9]孙南申.美国知识产权法律制度研究[M].北京：法律出版社，2012.

[10]曾陈明汝.两岸暨欧美专利法[M].北京：中国人民大学出版社，2002.

[11][美]苏姗·K. 塞尔. 私法、公法—知识产权的全球化[M]. 董刚，译. 北京：中国人民大学出版社，2008.

[12]欧洲专利局.未来知识产权制度的愿景[M]. 郭民生，译.北京：知识产权出版社，2008.

[13]韩立余.世界贸易组织法（第三版）[M]. 北京：中国人民大学出版社，2014.

[14]黄进.中国国际私法[M].北京：法律出版社，2014.

[15]赵相林. 中国国际私法立法问题研究[M]. 北京：中国政法大学出版社，2012.

[16]万鄂湘. 中华人民共和国涉外民事关系法律适用法条文理解与适用[M].北京：中国法制出版社，2011.

[17]张平，刘朝.WTO/TRIPs协议知识产权争端成案及对策[M]. 北京：法律出版社，2016.

[18]朱榄叶.WTO争端解决案例新编[M].北京：中国法制出版社，2013.

[19]张桂红.与贸易有关的知识产权成案研究[M].北京：中国人民大学出版社，2010.

[20]吴汉东.知识产权法教学案例[M]. 北京：法律出版社，2005.

[21]龚柏华.WTO案例集（2006年卷）[M].上海：上海人民出版社，2006.

[22]中国知识产权司法保护年鉴（2013）［M］.北京.法律出版社.2014.

[23]世界知识产权组织.专利合作条约常见问题解答[EB/OL]. http://www.wipo.int/ export/sites/www/pct/zh/basic_facts/faqs_about_the_pct.pdf.2017-02-05.

[24]胡安琪.欧洲专利一体化述评[EB/OL]. http://www.nipso.cn/zywtyj/zl/200805/ t20080509_399539.html. 2016-12-20.

[25]美国商会全球知识产权中心（GIPC）.创新之源—国际知识产权指数报告[EB/OL].www.ipr.gov.cn.2017-2-8.

[26]国家知识产权局. 专利合作条约简介[EB/OL]. http://www.sipo.gov.cn/ztzl/ywzt/pct/ jczs/201310/t20131028_872186.html.2017-01-31.

[27]中国国家知识产权局作为受理局，国际检索初审单位的职能[EB/OL]. http://www. sipo.gov.cn/ztzl/ywzt/pct/jczs/201310/t20131028_872183.html. 2017-02-05.

[28]王正发. PCT申请的国际公布及策略[EB/OL]. http://www.mysipo.com/thread -85059-1-1.html.2017-02-05.

后　记

能以出版这本教材的方式参与南京理工大学知识产权学院创新实践教育中心的建设，并藉由这本教材对知识产权教育事业作出力所能及的贡献，编者深感荣幸。在此，向将该教材纳入中心建设规划的知识产权学院及相关领导表示感谢。

知识产权国际保护制度涉及的知识产权类型众多，其所涉及的法律文件，仅以多边国际条约计，就不下数十部，这给编写工作带来一定的难度。在知识产权学院、创新实践教育中心以及知识产权出版社的精心统筹下，编写组成员反复研讨，确立了以创新实践教育中心教学平台用书为基本定位、以语言的易读性和体例的灵活性为创新点、以内容的实践性和应用性为特色的写作原则。在此原则指导下，全书得以顺利完成。

在成书过程中，南京理工大学知识产权学院曾培芳教授对编写计划和编写体例提出指导性意见。受邀参编的南京市中级人民法院知识产权庭姚兵兵庭长在繁忙的审判工作之余对编写工作给予大力支持，将其在知识产权司法审判中积累的丰富经验和真知灼见毫无保留地贡献给这本教材。在此对二位专家致以崇高敬意。

知识产权出版社刘睿、刘江、邓莹等老师为本书的顺利付梓起到了无可替代的作用，付出了辛勤的劳动，在此致以真诚的谢意。

本书编写过程中，参考了相关研究者的著作、论文等资料，在此一并致谢。

本书的撰写分工如下：第一章及第三章由王鸿撰写；第二章及第四章

由叶建川撰写；第五章由姚兵兵撰写。由于写作时间等原因，本书遗漏与
不足之处在所难免，敬请广大读者批评指正。

2017 年 3 月 26 日